フィリピン移住女性と日本社会

40年のインタラクション

もりきかずみ

明石書店

はじめに

一九九四年三月一三日、神戸学生青年センターで開催された兵庫おんなのフェスティバル分科会「アジアの女と私たち」が、この長い道のりの始まりだった。当時私は大阪の外国人支援団体「ＲＩＮＫ」創設に関わり、外国人からの相談を受けていた。一九七〇年代後半から増え始めたアジアからの出稼ぎ労働者は、日本政府が外国人労働者受け入れを認めなかったため超過滞在で働いたり、女性の場合はブローカーの手によって性産業労働に従事させられるという状況にあった。フィリピン人女性たちのビザは歌手やダンサーなどに与えられる「興行」が多かったが、実際の仕事は「お店」で接客もしなければならなかった。当時の日本ではそれが人身売買であるという認識がなく、「貧しい国から出稼ぎに来て性風俗産業で働くアジア女性」というイメージが定着していった。人身売買の被害にあう女性たちは増え続け、一九九〇年代には悲惨な事件に巻き込まれる女性たちがいた。不法入国、不法滞在、挙句の果てに殺されたり、殺人を犯すはめになったりしたタイやフィリピンの女性たちの事件が相次いで起きていた。

兵庫おんなのフェスティバル分科会で取り上げたテーマは、「アジアの女と私たち―売買春をめぐって」とした。スピーカーは、大阪でフィリピンやタイから来た女性たちの相談を受けてきた雪田樹里弁護士。フィリピン人女性と日本人男性の間に生まれた子ども、ジャパニーズフィリピノチルドレン（ＪＦＣ）の存在についても報告された。

一九八四年の外国人登録ではフィリピン人の「興行」取得者は三八三五人だったが、一〇年後には三万人を超えていた。いつの間にか日本の津々浦々の「お店」でフィリピン人女性たちがエンターテイナーとして働いていた。実態は宿舎と「お店」を行き来するだけの毎日、男性客を喜ばせ、相手をしながら日本語を覚えていく。彼女たちが知り得た日本人は「お店」のお客さんであったり、彼女たちを手配するブローカーでしかなく、三か月、あるいは延長してまた三か月後には在留期間が過ぎ、帰国しなければならなかった。なかには日本人男性との子どもを宿していたが、父親が日本人だからといって法的根拠がなければＪＦＣや母親に日本の在留資格はなく、多くは女性たちが帰国したフィリピンで生まれた。フィリピンに自分の子どもに会いに行く日本人男性はどのくらいいたのだろう。連絡が途絶え、子どもたちの成長とともに、「お父さんに会いたい」という子どもの声が大きくなり、日比での社会運動に繋がり、市民運動側にも大きな課題が投げかけられていった。

こういった問題の背景には「日本の繁栄と驕り」がある。一時期日本に占領されたフィリピンと戦後の復興を急ぐ日本との関係は、日本政府の賠償によって日本企業のフィリピンへの経済進出が可能となっていた。一九七〇年代には、アジアに進出した日本企業は現地では経済的利益のみを追求する「エコノミックアニマル」と呼ばれていた。この頃の経済成長を担った「企業戦士」たち、日本の男たちが慰安旅行を名目に「アジアの女性たちを買い」に行く「セックスツアー（買春観光）」が流行し、日本の観光産業の目玉となった。新聞の投稿には「夫の買春旅行拒めぬ妻」という女性（兵庫県三八歳）からの投稿が載った。「いってらっしゃい。気をつけて」とコンドームを渡す以外に、私たちにできることはないのか、とくくられていた（朝日新聞一九九二年三月二三日）。戦時下のフィリピンでも日本の兵士たちが「従軍慰安婦」とされた「女性たちを買っていた」ことが明らかにされようとしていたときだった。

戦前、戦後そして現代に続くこれら男性による女性への生と性の搾取は、まさに日本社会の「女性蔑視・女性差別問題」に他ならない。フィリピンと日本のフェミニストたちは、買春観光反対運動を展開し、国会でも取り上げられ、多くの批判にさらされてツアーは下火になってきていた。ところが、その反動としてか、一九七〇年代後半から、日比のブローカーたちがフィリピンの女性たちを日本に送り込み始めた。若いフィリピン人の女性たちが次々と来日、性産業に送り込まれていった。彼女たちは日本で何が待っているかまったく知らされず、店で歌を披露し、ダンスをすればお金が稼げると思っていた。出稼ぎの目的は家族のためにお金を稼ぐことだったが、自分たちが人身売買の被害者になるとは想像もしていなかった。

私が、こういった日本の社会事情を知り、日本の女性差別の構造に自分も巻き込まれていると自覚するようになったのが、娘たちの国籍問題からだった。約一〇年間、ベルギー、アメリカ、ブラジルで外国人として暮らしてきたが、外国人家族を伴い日本に帰国後も、当然日本の外国人が抱える問題について考えざるをえなかった。帰国してすぐに連絡を取ったのが、「アジアの女たちの会」だった。そこでは、アジアの女性たちと連帯して「買春観光」に反対し、国民の範囲を定める国籍法のなかの女性差別、父系優先血統主義を排して父母両系「国籍法」への改正運動を展開している人たちに出会うことができた。

敗戦後の復興を果たし、一九六四年には東京オリンピックを開催できるようになった日本から私も学生演劇のメンバーとして、ベルギーやフランスでの演劇祭に参加した。それがきっかけで、先進国のヨーロッパに憧れた。女性の仕事が結婚前の腰掛け程度に思われていた時代、私は就職せずに外国人家族のメイドをして旅費を稼ぎ日本を発った。そのときの私の不安は、フィリピンの女性たちが一大決心をして日本に来たときの気持ちにはとうてい及ばないが、持ち出しを許可された二万円を持って、帰国する予定もないままシベリア経由でベルギーへ旅立った。一ドルが三六五円だった時代、当時のパスポートには、「発行の日から帰国するまで有効」とあった。ベルギーの大学に聴講生として登録し、「インターナショナル・サークル」という大学内のカフェでアルバイトを始めた。ベトナム戦争で闘う「ベトコン」に見られ、目が吊り上がったチャイニーズと呼ばれた。レストランに入れなかったときは、自分がアジア人で、「有色人種」だと初めて認識した。日本に来た若いフィリピン人女性たちが受ける眼差しは、「第三世界」、「貧困」に加えて、「エンターテイナー」、「じゃぱゆき」といったステレオタイプ、これらがまた結婚後の夫から受ける暴力の言葉でもあった。

私はベルギーでブラジル人男性と結婚をし、アメリカ、ブラジルで子育てをし、帰国したが、私が経験した日本は、外国人家族の存在を否定する国だった。家族と共に日本で暮らせるようお願いに行った入国管理事務所では、「外国人の嫁は外国に住んで当然」、「外国人男性が来ると日本の労働市場が危ない」とまで言われた。さらに、日本人父からのみ日本国籍が受け継がれる父系優先血統主義という「国籍法」が私の娘たちに日本国籍を与えなかった。幸い夫の東京駐在の機会があり、「国際業務」資格で日本に住めることになった。国際結婚当事者の仲間と「国際結婚を考える会」を始め、「国籍法」の男女差別を訴える運動をはじめた。その頃問題になっていた「買春観光」反対運動の中心となっていた「アジアの女たちの会」や土井たか子衆議院議員（当時）にも協力いただき、一九八四年には「国籍法」が男女平等血統主義に改正された。その後も「婚外子」（両親の婚姻外で生まれた「非嫡出子」という言葉の代わりに本書では「婚外子」を使う）の国籍取得裁判に関わっていくことになったが、市民の力で制度を変えていくしかないことを悟った。

バブル景気に湧いていた日本にはアジアや中近東、南米から仕事を求めてやってくる外国人が増え始める。日本政府は外国人労働者の流入を認めなかったため、観光ビザで働く「エンターテイナー」や日系人の出稼ぎ、日本人との結婚、特に日本人男性との国際結婚が増えてくる。晩婚であった農村の男性たちが集団でフィリピンや中国に出かけ、見合い結婚するルートができあがっていた。相手のアジアの女性たちは「農村花嫁」と呼ばれ、農家の嫁として、跡継ぎを産むことが期待されていた。農村だけではなく都会でも若いアジア女性との国際結婚が増えていた。

大阪で外国人の相談を受け支援をしていた「アジアンフレンド」や一九九一年に結成された「RINK」で、私はアジアの女性からの相談を受けてきた。そして一九九四年には、フィリピンに帰国した女性たちの仕事作りを目的に、神戸で「アジア女性自立プロジェクト（AWEP）」を開設した。阪神淡路大震災の経験から結成された「NGOこうべ外国人救援ネット」にも加わった。私は、こういったＮＧＯを通してフィリピン人女性たちと出会い、つきあいが始まっていた。相談は結婚、離婚、子ども、仕事といった人生の節目ごとにやってくる。彼女たちとの交流を通して、彼女たちの側から日本社会を経験できた。そして、時代は少しずつ変わっていった。

フィリピン人の来日がはじまって四〇年、ＪＦＣの子どもたちも成長し、びっくりする。「お店」では「ママ」になっている女性、介護ワーカー、お弁当などの工場労働者、あるいは子どもの保育所の英語アシスタントなど、フィリピン女性たちの仕事も職種が増えた。ボランティアをしている日本語クラスの私の周りには新規に来日した若いフィリピン人や子どもたちもいる。「外国人救援ネット」で受ける相談は減るどころか多様な問題にぶつかり、相変わらず「もぐらたたき」が続いている。そのなかでも多いのが、日本人夫の暴力で逃げてきたシングルマザーたちだ。彼女たちの悔しさや苦しみは女性を転売するブローカーから逃れた女性たちのライフストーリーを思い出させてしまう。しかしこういう困難なときにこそ、日本のあちこちでフィリピン人コミュニティが成長し、フィリピン人のネットワークができてくる。

私にはフィリピン移住女性たちが日本社会のなかで自分たちのカラーを描き始めているように思える。かつてフィリピン女性たちが経験した眼差しは塗り替えられ、かつて女性たちに投げかけられた醜い言葉は死語になっていくだろう。性産業に送り込まれ、性的サービスを強要された女性たちが人身売買被害者であることが認識されはじめ、二〇〇五年、日本政府は刑法に「人身売買罪」を新設した。フィリピン女性たちが「エンターテイナー」として来日し始めてすでに二五年たっていたが、彼女たちこそが犠牲を払ってこの法律を作ったといえる。

そして、今や介護の現場ではフィリピン女性の存在は欠かせない。JFCたちは母親の抱えてきた問題の数々を乗り越え、それぞれの人生を歩み始めている。「婚外子」の日本国籍取得も実現し、日本国民の範囲が広がった。

移住女性一人ひとりが日本社会の中で闘ってきた。彼女たちのそういった社会的行為や行動が日本社会に新たな変化を起こしてきた。フィリピン人女性たちの日本への移住が日本社会にもたらした社会的影響は少なくない。移住女性たちが日本で経験した四〇年のインタラクション（社会的相互作用）によって新たな社会関係、枠組みが作られてきた。私はフィリピン女性移住者たちの日本での四〇年の軌跡を私の記憶の中から掘り起こし、書き残しておきたいと思った。

本書の第Ⅰ章「フィリピンとの出会い」ではフィリピン人母子との出会い、フィリピン移住女性たちの聞き取りから問題の所在を明らかにし、それに対処する日比支援団体の活動を追っている。来日した女性たちが日本人男性と知り合い、子どもを出産、育てていく過程で大きな問題となる「国籍」についての考察が、第Ⅱ章「「国際結婚」女性・子どもの国籍」である。「国際結婚の子どもたち」はどこに所属しているのか、日本社会は「子どもたち」を日本国民として受け入れるのだろうか。ここでは二〇〇一年に著した「アジアの女性と国際結婚の子どもたち」と二〇〇四年の「国際婚外子の国籍確認訴訟から」、及び二〇一二年「国籍とジェンダー　国民の範囲をめぐる考察」の拙稿三篇を掲載している。「子どもたち」が日本国籍取得をめぐって起こした裁判の結果は、最終的に日本国民の範囲を多様にし、拡大した。そして第Ⅲ章では、ますます長期定住化するフィリピン移住女性の動向と日本社会の変化を三期に分けて追い、これらが移住女性や日本社会にどういう影響をもたらしたのかについて考えてみたい。第Ⅳ章は、すでに始まっている新しい形の外国人受け入れの枠組みをまとめてみた。

本書では、統計や調査などで得た資料からできるだけ全体を俯瞰しながら、個人的経験や聞き取りによって、いち個人から見たフィリピン移住女性をめぐる日本社会の断面を切り取って残すことができれば、その目的が達せられたことにしたいと思う。

フィリピン移住女性と日本社会　40年のインタラクション◎目次

はじめに　3

第Ⅰ章　フィリピンとの出会い……15

1　バティスセンター　15
2　はじめての聞き取り　20
3　日比ＮＧＯ協力関係の第一歩　26
4　移住女性を送り出す背景　28

第Ⅱ章　「国際結婚」女性・子どもの国籍……51

1　「アジアの女性と国際結婚の子どもたち」　54
2　「国際婚外子の国籍確認訴訟から」　77
3　「国籍とジェンダー　国民の範囲をめぐる考察」　98

第Ⅲ章　移住女性と日本社会――40年のインタラクション……129
1　フィリピン移住女性の四〇年　129
2　第一期（一九八〇年―一九九四年）フィリピン移住女性との出会い　138
3　第二期（一九九五年―二〇〇七年）移住女性の人権　146
4　第三期（二〇〇八年―二〇二一年）移住女性の仕事と暮らし　162
5　日本社会の変容と不変容　184

第Ⅳ章　新しい移住世代――外国人労働者受け入れの拡大……203
1　フィリピン移住者としてのオールドカマー　204
2　「研修」「技能実習」のニューカマー　208
3　「特定技能」制度は移民受け入れにつながるか　218
4　「看護」「介護」にかかわるニューカマー　221
5　「家事支援」分野でのニューカマー　226

日比移住関連年表　234
おわりに　240

第Ⅰ章　フィリピンとの出会い

1　バティスセンター

一九九四年三月二九日、私は往復四万円のパキスタン航空ではじめてフィリピン、マニラを訪問した。三月一三日の兵庫おんなのフェスティバル分科会「アジアの女と私たち」で話し合った内容について、フィリピンの女性団体バティスセンター・フォー・ウイメンのスタッフたちと相談するための訪問だった。

バティスセンターは、日本に出稼ぎに行くフィリピン女性が抱える問題に取り組むため、一九八八年一一月に設立されていた。その頃はすでにリクルーターによって送り出されていた「エンターテイナー」たちは、何回か日本行きを繰り返し、日本人男性と知り合い、子どもが生まれるという経験をしていた。結婚を約束した男性に捨てられ、子どもを一人で育てなければならない女性たちからの法律相談や父親探しの依頼がバティスセンターでは増えていた。性的サービスを強要され逃げて帰国した女性たちをマニラで保護し、カウンセリング、生活の相談にのるのも仕事だった。バティスセンターが発行するニュースレターの日本語版（一九九三年六月号）に、「バティスの扱ったケース」の内容と件数が報告されている（表Ⅰ－1）。そして、バティスセンターを訪れるクライアント（バティスは相談者をクライアントと呼ぶ）数が、一九八八年から九二年までは二一件だったが、九三年前半だけで女性五五人と子ども五一人など合計一一〇人になったと記されている。

急激に増えていった「エンターテイナー」の問題は海外出稼ぎ労働者の問題でもあり、バティスセンターは、移住労働者団体や女性団体と共闘し、マスコミ、そしてフィリピン政府にも移住女性たちの人権状況を訴えるロビー活動を行っていた。その頃、移住先の日本ではアジアの女性たちが暴力の犠牲になる事件が多発していた。一九九一年九月、福島県の病院で病死とされ、棺とともにフィリピンに帰国したマリクリス・シオソンの身体には刃物で拷問された跡があった。翌年の六月、マリベルというフィリピン女性の葬儀が東京のカトリック教会で行われた。彼女は二五歳と偽って一七歳で来日し、同居していた全身入れ墨の男性に殴り殺されていた。これらは氷山の一角に過ぎず、アジアの他の国から来日していた女性たちも犠牲になっていた。

九二年に大阪で、タイ人ホステスを殺害した罪で起訴されたタイ人女性、ナターシャ・サミッタマン裁判があった。私は設立したばかりの外国人支援団体「ＲＩＮＫ」メンバーとして、裁判を傍聴し彼女が殺害に至った経緯を知り、拘置所での面会を続けた。拘置所では日本語を勉強し手紙をくれた。タイからの出稼ぎ女性の来日はフィリピン女性たちと時期を同じくし、八〇年代なかばには人身売買市場ができあがっていた。簡単な仕事があるからと騙されて売られた女性たちは値段がついた「商品」として扱われ、斡旋料とされる借金（三五〇万から五五〇万円）を返済するまで監禁され、暴力や麻薬の力でいやな仕事をさせられた。ナターシャさんもそんな生活のなかで日本人男性との子ども二人を育てていた。出産したのは自力でアパートの部屋のなかだった。そんななかで同じタイ出身の「ママ」との諍いで殺害事件となった。事件のあとの所持金は数十円だったという。彼女は加害者であると同時に被害者だと確信した支援者たちが「ナターシャさんを支える会」を結成した。八九年から九〇年なかばにかけ、アジアの女性が暴力にさらされ、殺される事件が起きていた（タイ女性については https://www.nagoya30.net/study/human/sugiura.html 参照）。人身売買の被害を事前に食い止めることができないが、事件が表面化した場合やブローカーから逃げてくる移住労働者たちを保護する団体が全国的に創設され活動を始めていた。一九八五年、熊本の「滞日アジア女性問題を考える会（現在コムスタカ）」をはじめ、一九八六年には移住女性被害者を保護するシェルターとして、東京のカトリック系団体「女性の家ＨＥＬＰ」ができ、一九八七年東京「アジア人労働者問題懇談会」、同年横浜で「カラバオの会」、名古屋では「あるすの会」、大阪の「アジアンフレンド」。そして一九九一年には神奈川に「女性の家サーラー」が設立された。「女性の家ＨＥＬＰ」開設当初の二年間はフィリピン人女性が最も多く、バティスセンターの働きかけにより子どもの父親探しに取り組んできた「バティスセンターを支援する法律家の会」が全国の団体、個人に「フィリピン日系の子供たちと母親を救う全国ネットワーク」の創設を呼びかけた。フィリピンのバティスセンターには日本から教会関係者や弁護士グループが訪れ、協力関係ができはじめていた。

そのような働きが、私たち神戸の女性団体にも届き、集会のテーマに取り上げ、協力体制を作りたいという思いで、初めてのフィリピン訪問となった。私たちの提案は、「帰国したフィリピン女性の仕事作り」だった。フィリピンの支援団体では、仕事作りは「収入向上プログラム」として確立しており、提案はバティス代表のカルメリッタ・ヌキ（メル）さんも乗り気で、ソーシャルワーカーがクライアントのフィリピン女性を集めてくれるという。最初のフィリピン訪問の目的は達成され、あとは日本に帰ってからの仕事だった。活動の拠点は神戸、「アジア女性自立プロジェクト」という名称も決まっていた。

私は一九九四年三月第一回目のフィリピン訪問のときから滞在中の簡単な記録を書きとめていた。今ではあまり記憶にない当時の様子がそこに記録されていた。今はそのノートも一二冊になり、フィリピン訪問は、二〇一九年まで五二回を数える。本章の内容は当時の記録によるところが大きい。

訪れたバティスの事務所には人の出入りが多かった。クライアントやスタッフだけでなく、日本人ボランティアや日本から来ていたテレビ局の制作担当の若い青年もいた。そして私たちにテレビ局が放映した「フィリピン・ジャパニーズ・チルドレン」のビデオを見せてくれた。ビデオのなかの日本人父がまりこさんの養育費と認知を承諾したという話があとに続くが、当時、一五歳だったまりこさんとお母さんもビデオを見に来ていて、一緒に食事したと記録ノートにあった。まりこさんとはその後長い間会っていなかったが、五年前、二〇数年ぶりに再会し、その後も日本で仕事をしている彼女と連絡を取り合うようになっている。

表Ⅰ－1

1988年-1992年	⇒	1993年1月-6月	
バティスセンター相談内容		バティスセンター相談内容	
子どもへの援助	7	空港出迎え	4
保険請求	3	シェルター	6
精神障害	3	父親探し	21
原因不明の死亡	2	法律関係	54
日本での失踪	1	医療	20
法律問題	2	経済的援助	39
家庭内暴力	1	教育費援助	9
結婚の失効	1	物品支給	5
		カウンセリング	93
		職業指導、紹介	3
		照会	11

「BATIS」VOL4－NO1　1993年6月号

2　はじめての聞き取り

バティスセンターはクライアントである女性と子どもの相談を受けるだけでなく、当事者たちの精神面での立ち直りを支援するエンパワーメントセミナーを開催していた。ちょうど私のフィリピン滞在中に親子キャンプが開かれるというので、山のキャンプ地に同行した。参加したのは母親六人、子ども二〇人、そしてバティススタッフ、ソーシャルワーカー、日本人ボランティアたちだった。

マニラの喧騒から離れた静かな場所へ大勢でにぎやかに車に乗って行った。キャンプ地では、子どもたちはおやつを食べたり、プールに入ったり、絵を描いてあそんだ（**写真1、2**）。子どもたちの父親が日本人なので当然かもしれないが、私が驚いたのは子どもたちの名前だった。子どもが描いた絵のサインをみると、Ｙｕｚｕｒｕ、Ｋａｚｕｙａ、Ａｋｉｋｏ、Ｍｉｋａ、Ｋａｏｒｉ、Ｓｈｉｇｅｏ、ＹＵＫＩなど日本のなまえが多い。子どもたちの名前の多くは父親がつけたそうだが、まりこさんのように生まれたときに父がいなかった場合でも、母親は日本のなまえを子どもにつけている。それだけ父の国へのこだわりが強い。苗字にも日本名があるのは、フィリピンへの出生届の父親欄に父親の姓名が記載されていると子どもの苗字も父と同じになるという。またフィリピン社会では母親の名字の子どもたちは婚外子だとして差別の対象になるため、母親は父の名字を使うケースが多いらしい。やはりここでも子どもたちに向けられる差別の眼差しがあるのだと気付かされた。

日本人のボランティアさんが通訳をしてくださったので、当日の様子について例のノートに記録を

写真1、2　静かなキャンプ地ではプールで遊び、おやつを食べ、子どもたちは思い思いの絵を描いた。

とっていた。その記録からキャンプ地での様子をうかがうことができる。初めて当事者の女性たちから話を聞いた。

一九九四年四月九日―一〇日の記録から

◆ Tさんの話

「彼とは一九八七年二月に東京のクラブで知り合った。毎日来て私を指名してくれた。いろいろ話をして、食事に誘ってくれ、彼の両親の家にも行った。戦争の時代の日本人のイメージがあるので、日本人はいやだと思っていたが、お店でたくさんのお客さんと同伴するのはいやだったので、彼と付き合い、彼のアパートに住んだ。そのとき彼は奥さんと離婚すると言った。日本に来るのが初めてで、あまりよくわからなかったし、日本語がわからなかったので、彼が頼りだった。

エンターテイナーの契約期間が過ぎて帰国した二週間後に彼がフィリピンに来た。私は兄弟の家に住んでいたので、アパートを借りて彼と二か月間、一緒に暮らした。私が日本で稼いだお金の半分は家族に、あとの半分は彼との暮らしに使った。彼のお金もなくなったので、私はまた日本に行きたかった。彼は私の日本行きを反対、フィリピンで死にたいと言った。彼に内緒でダンスを習い、日本行きを待った。彼は日本に戻りたくなく、私だけ行ったので怒った。彼はお金もなく、フィリピンでオーバーステイになり、私の兄にお金を借りてイミグレーションに賄賂を払って日本に帰った。

その後も彼は連絡してきて私が帰国したあとも月二回くらいフィリピンに来るようになった。彼がスポンサーになってまた日本に行き、帰国後一九九〇年四月に結婚した。妊娠していることがわかり、フィリピンに帰って出産し、また日本に行った。五か月間、親子で暮らした。私の弟の学費が必要だったので働きたかったが彼が反対した。その頃から彼は他の女性と付き合った。私がフィリピンに帰りたいと言ったら、彼はチケットを買ってきた。帰国後、彼は三万円を送ってきた。そのあとは送金が途絶えたので私はシンガポールに働きに行った。彼がそれを知ったとき、子どもの世話をしろと言って怒った。子どものために働いているのに私をシンガポールから帰国させた。仕事をしてはいけない、子どもの世話だけをしろと言って三か月間だけ送金があったが、今は何の連絡もない。

一九九三年にテレビでバティスセンターが紹介されたので、相談した。連絡がない彼との関係をどうするか、気持ちの整理がつかない。彼と話し合いたい。そして子どもに経済的援助をしてほしいし、子どもに会ってほしい」

◆ Fさんの話

「一九八九年二月、一九歳のときマカティ（フィリピン、マニラ）のクラブで、四〇歳の、日本の会社のエリアマネージャーに会った。なぜここで働いているのか聞かれたので、高校の学費を払うためと言ったら、彼が教育費を出してくれるという。私の家族は反対したが、一緒に住み始めた。女の人から電話があり、別れ話もしたが、翌年に妊娠した。彼がオーバーステイになり帰国したので、子どもが生まれたとき彼はいなかったが、お金を送ってくれた。九一年に彼がフィリピンに来て結婚した。そのときに二番目の子を妊娠していた。翌年会社が倒産してまた彼は強制退去させられて、次にフィリピンに来たときは一文無しだった。私の母が彼のアパートや生活費など、全部面倒みてくれた。彼は母からも借金していた。私たちの車を売ったお金で彼は日本に帰り、工場で働いて少しのお金を送ってくれた。それも今は仕事をやめたと言って、送金はない。多分ほかの女の人と暮らしていると思う。日本に一緒に行きたかったけれど、書類などが難しいといって実現しなかった。今は彼への気持ちも冷めているが、子どもへの援助だけはしてほしい。彼が私たちを忘れてしまったことに対する怒りは大きい。彼は、私たちの家族のいろんなもの、母のお金、本当は子どもに渡るはずのものを持っていってしまった。私たちが失ったものを取り戻したい」

◆ Cさんの話

「日本には一九八四年から七回行った。その他にも、クウェートその他の中東地域でも働いた。日本人との結婚は日本とフィリピンに届けているが、子どもの出生を届けるのが三か月以内というのを知らず、日本へ届けていないため、子どもには日本国籍がない。今、日本人の夫とは離婚を考えている。イギリス人と付き合っていて、子どもと一緒に住めるなら彼と結婚を考えている。今仕事はしていないし、もう外国へ働きに行くつもりはない。姉妹が九人と弟一人いる。家族の援助なしにはやっていけない。」

私の記録ノートには、女性たちは語り合ううちに泣き出した、とある。ミーティングが行われ、スタッフとソーシャルワーカーの話が続いた。

スタッフの話

「女性たちは自分を否定的にとらえてしまう。それぞれシンは強がっているけれど、心の中は不安。自分は子どもたちをどう育てればいいか分からない。父親の役割もしなければならない。自分が病気になったら子どもはどうするか等、いつも崖っぷちにいるような気がする。短気になって子どもに怒ってしまう。子どもが小さいので大人の話ができない。いつも家では子どもと向き合っていなければならない。子どもの父親と別れたときは危機ではなかった。いつか帰ってくるという気があったから。一番こたえたのは、彼から捨てられたことがわかったとき。希望がなくなったとは思いたくないが、自分が悪かったのかと自分を責めてしまう。結婚した人はいつまでも過去にこだわり、この状態でいたいと思っている。前進していこうとする人は別のパートナーを求めるようになる。」

ソーシャルワーカーの説明

「このキャンプの一番大きな目的は、子どもたちと接することによって今、彼・彼女たちが置かれている状況、生活を把握することと、こちらからは今見えてきている現実を子どもたちに伝えることです。まず驚くことは、子どもたちが現実を見ていないことです。これは母親が、あなたたちのお父さんは日本にいて、いつかこっちに帰って来るという幻想を子どもに与えるか、あるいは子どもたちの質問にきちんと答えない母親が多いからだと思われます。しかし、子どもたちには本当のことを伝えないと新しい生活は始まらないのです。いつもこんな父が帰る夢を追って生活する母子には何も生まれません。母親たちは、この問題を、離婚、あるいは、別離と思いたがっていますが、実際は、夫に捨てられたことが現実なのです。母親に対する啓発が必要です。母親が変わらなければ子どもも変わりません。バティスの活動の最初の目的は、このような母親を対象に考えていました。何回かセミナーを受けた人はだんだん考えが変わって来ました。母子たちの問題は貧困の問題でもあるけれど、女性差別が大きな原因になっています。男性に依存する女性であることをやめなければならないのです。しかしフィリピン経済では女性は海外に出稼ぎに行くか、屋台で物売りをする程度の臨時収入しかなく不安定です。これからは子どもたちをどのように育てていくかが大きな問題です。子どもたちの一番の悩みは、自分はだれなのかというアイデンティティの問題です。私たち（ソーシャルワーカー）としては子どもは完全に文化的にはフィリピン人でしかありません。国籍もフィリピンだけです。それを日本人の血が入っているからと言って変えるわけにはいきません。子どもたちにはフィリピン人であることをもっと認識してもらいたいと思っています」

3　日比NGO協力関係の第一歩

一九七七年に発足した「アジアの女たちの会」は、アジアへの軍事的・経済的侵略に加担しない女性解放運動をめざしていた。設立当初から日本人男性のアジアでの買春観光を糾弾し、機関紙『アジアと女性開放』NO２（一九七七年一〇月）、及びNO８（一九八〇年六月）では【特集】買春観光許すな！」が組まれている。一九八〇年以降は買春観光に反対する集会とデモを日本で展開し、フィリピンの女性団体と共闘して日本の男性や旅行会社を糾弾した。

その頃私は、五年間のブラジル生活に終止符をうち家族とともに日本に帰ってきていた。ブラジル人の父と日本人の母を持つ子どもが日本国籍を得られないという理不尽な法律に向き合わなければならないと思っていた矢先に、このアジアの女たちの会に出会った。そこでは国籍法の父系優先血統主義が女性差別であると、国籍法の改正に取り組む人びとがいた。そして、一九八四年にはその国籍法も父母両系血統主義に改正された。私がアジアからの出稼ぎ女性たちに関わるようになった原因の一つが、国籍法改正運動を支援してくれた「アジアの女たちの会」代表の松井やよりさんからの言葉だった。「国籍法は男女平等になって日本の女性は一つ差別から逃れたけれど、アジアからの出稼ぎ女性が日本の男性に搾取され、自分も子どもも見捨てられ苦しんでいる」という指摘から私は逃れられなかった。農村花嫁になるアジア女性は農家の嫁となるのを回避したい日本の女の身代わりではないか、男性の性を癒す妻の役割をアジアの女性が肩代わりしてくれているといった言説がマスコミなどにも広がっていた。そして、神戸の実家に戻った私は、いつのまにか出稼ぎ女性の相談をしていた大阪のアジアンフレンドに参加していた。

来日アジア女性たちとの連帯を支援する団体や人身売買から逃げてくるアジア女性を保護する団体、女性の人権を守るための活動をする弁護士や市民が動き出し、一九九四年五月「日比混血児（後にＪＦＣと改称されるが、当時の資料のままに記載）を支えるネットワーク」が結成された。朝日新聞社を定年退職した松井やよりさんが代表だった。その年の九月二二日から二六日の日程で、発足したばかりのネットワーク主催のフィリピン現地調査ツアーが企画され、参加者を募集していた。フィリピンのバティスセンターは帰国したフィリピン女性への支援要請キャンペーンを日本の各地で行っていた。社会問題になりつつあった時期であり、関心を寄せる人も増えていた。現状を知り、問題の所在を明らかにしなければならないと感じていた人たちが、関東、中部、関西から集まり、現地調査には二六人が参加した。

4　移住女性を送り出す背景

ＪＦＣを支えるネットワーク調査ツアーに私も参加した。ＪＦＣ弁護団、アジアの女たちの会、教会関係者など外国人出稼ぎ女性を支援する人たちが全国からフィリピンに集まった。バティスセンターが中心になってプログラムが企画されており、マニラの空港に着いたとたん、代表のカルメリッタ・メルさんと大きな歓迎の幕に迎えられた（写真3）。

オリエンテーションがＡＳＩ（Asian Social Institute 経済学、社会学、開発を専門とする大学院）ホールであり、校長ラミレス氏のレクチャーから始まった。そ

「アジアと女性解放」NO.02　買春観光許すな！
ー韓国・台湾から東南アジアまでー　1977.10

【特集】買春観光許すな！ー韓国・台湾から東南アジアまでー
　女の性は商品ではない
　女性の人間回復のために闘い続けて　崔貞烈
［レポート］かくされる買春観光―旅行業者を歩いて―
　「輸入」される女たち　安藤美佐子
　エコノミック・アニマル、セックス・アニマル
なさけない日本の男たち―各国状況―
男たちも怒る　井上ひさし　宇都宮徳馬　武藤一羊　大塩清之助
　女たちは怒る
［女大学］性侵略―この実現　松井やより　加地永都子

出典：アジアの女たちの会刊行物「アジアと女性解放」1977年10月
アジア女性資料センター　http://ajwrc.org/jp/index.php　より

れは、フィリピン海外移住労働者の特質や原因、フィリピン人の国民性を解説してくれる内容で、私たちにとって興味深いものだった。翌日から日本の参加者二六人が三グループに分かれて、フィリピン中部ルソン、セブ、ダバオの三地域に住むフィリピン人母子を訪問した。今回の聞き取り調査の目的は、フィリピン各地の当事者から具体的な話を聞き、現状や背景を把握し、各地のNGOとの協力体制を作ること、そして日本側での今後の活動の進め方を考えることだった。私は、首都マニラに近いパンパンガ州、ブラカン州が調査地のグループであったが、被害女性たちはセブやダバオのように遠いところからも来日していたようだ。二日間にわたって七人の女性を訪問、家族を交えての聞き取りをした。ガブリエラというフィリピン女性解放ネットワーク団体が現地を案内してくれ、夜には彼女たちと円卓会議を行った（写真4）。カラオケバーに行った写真が残っていた（写真5）。最終日はマニラでフィリピン政府、企業、NGOなどを交えて全体会議が持たれた。本人や家族から聞いた話をノートに記録していたので当時の資料（バティスセンター機関紙、パンフレットなど）も参考にしながら、調査ツアーを振り返ってみたい。

①「なぜ海外移住か」、ラミレス氏の講演から

「海外に移住労働者を送り出すフィリピンの特質は、政府の戦略であることが大きい。労働力の輸出は経済再建にベストであると、一九七四年からマルコス大統領が奨励し今も継続されている。移住労働者の職種が多く、医者、看護婦、家内労働、エンターテイナー、船員など、国内で教育投資した資源を外国が享受している。また移住者の教育水準が海外での職種と合わない。しかも、資格外労働

写真3

写真4

写真5

などでの就労が多くなっている。フィリピン移住労働者を生み出す原因は、人びとの貧困からくる。植民地支配を受けてきた期間が長かったフィリピンでは、物々交換経済が長く、お金は西洋化された文化、制度化された人びとのものという感覚があった。貯蓄意識、生産に対する意識、経費に対する考えなどのお金文化は外国のものであって、時間によって生み出される価値＝お金は、時間の

感覚がないフィリピン人には関係のないものだった。しかしそれが、外国文化が入ることによって転換していった。フィリピンの豊富な資源が安く外国に売られ、外国からは消費文化が入ってきた。すぐに換金できる方法が好まれ、「ミシン（物作り）」よりもスモーキーマウンテンのゴミのほうがすぐに売れる。昔ながらの家族志向と西洋から来た貨幣文化の狭間で、家族が生存していくためには労働賃金が低いフィリピンから海外への出稼ぎを選ぶことになる。フィリピン人はお祭りやダンス、歌、お祝い、宗教などを大切にしているが、教育やより良い生活を望んでおり、そのためのお金が必要だ。GNPが高い日本とGNPが低いフィリピンが手をつなぐことができれば、問題解決の方向が見えてくるのではないだろうか。草の根ネットワークでは、相互援助でつながる良きパートナーになることができるだろう。」

② 七人の女性たちを訪問

フィリピン訪問はこの年の四月に来てから二回目だった。四月の訪問では、神戸の女性たちが提案したフィリピンでの「仕事作り」について、バティスセンターと相談した。フィリピン女性の出稼ぎ事情を知り、女性たちが自国で子どもを育てながら収入を得る手段として、ハンディクラフトなどの物作りを考えていた。ラミレス氏の話のなかの「ミシン」を提供し、女性たちが作ったものを日本で販売するという提案は、「IGP（Income generating program）事業として、バティスセンターに相談に来る女性たちのなかから希望者を募ることが決まっていた。IGPという収入創出プログラムは発展途上国の経済開発プログラムとして用いられ広がっていた。女性たちが縫製や販売の研修を受け、自分たちのビジネスを展開し、自国での経済的安定を得ることが目的だった。早速その年の五月にはバティスセンターのスタッフが当事者の女性と来日し、神戸でも「交流会」を開催し、話し合いを積み重ねた。そして七月には、草の根ネットワークの一つとして、相互援助でつながる良きパートナーを目指して、「アジア女性自立プロジェクト（ＡＷＥＰ＝Asian Women's Empowerment Project）」を神戸で立ち上げていた。

そして九月、このような「ミッション」を掲げて活動をスタートさせた会のメンバーとして、二度目のフィリピン訪問だった。今回の三日間に亘っての調査ツアーでは、七人の女性たちの家を訪問し、直接女性たちから話を聞くというもので、その後の協力関係を作っていくためにも、とても参考になるものだった。

二三日早朝、マニラから派手なジプニーに揺られて二時間、パンパンガ州サンフェルナンドのガブリエルの事務所でフィリピン女性の現状や社会経済状況を聞き、アンヘレス市で午後の家庭訪問となった。（**写真6、7**）女性たちの家の周辺には小さい子どもたちが大勢集まってきて、照りつける太陽のもとで走り回っていた。どこの家にも洗濯物があちこちに干してあり、子だくさんの様子がうかがえた。

◆始めに訪問したのは、シャーリーさん。家族に収入がなかったため高校を中退してＯＣＷ（Official Contract Worker）として一九八六年から何回か日本に行った。八八年にクラブで働いていたときに知り合った日本人とフィリピンで結婚して、日本にも届け出た。配偶者ビザで日本の夫の実家に住んだが、義理の両親に嫌がらせを受けた。夫は気分屋でよく気が変わった。妊娠二か月のときにフィリピンに帰国し、あとで彼が来たが一九九〇年から連絡が取れない。友人の話によると他の女性と一緒らしい。子どもを育てるために九月から日本でエンターテイナーとして働くことになっているという。

◆ハスミンさんは一五人兄妹で自分が稼がなければならなかった。彼女にとって日本は美しい国で、お金を稼げるところだった。一七歳のとき二八歳の彼と出会った。一番幸せだったときが、彼と子どもと一緒にいるとき、一番不幸だったときは彼と別れなければならなかったとき。今フィリピンで働いているが、付き合っているフィリピン男性との子どもが生まれた。

写真6

写真7

自分の母親のところに住んでいるが、二人の子どもを育てるのが難しい。私たち訪問者が入れきれない六畳ほどの部屋に家族一〇人が住み、隣は豚小屋になっていた。二年前に日本人の彼に会ったきりで、彼は子どもの顔すら知らない。彼女が抱えていた赤ちゃんに生気がないのが気になった。

◆一番若い女性が一八歳のマリクリスだった。三年前の一五歳のときに、仕事がなかった両親を助けるために年齢を偽って、毎年日本に働きに行った。今年三月、日本で働いていた「お店」で彼に会った。今彼の子どもを妊娠して五か月になるが彼から連絡がない。子どもが生まれたら日本に行くつもりだそうだ。

◆二四日早朝、ブラカン州へ移動する途中、ピナツボ火山の噴火の灰で一杯になった川を通り、アメリカ軍が撤退したクラーク基地を見学した。私たちがこの日最初に会ったヨランダさんは、車椅子での生活だった。フィリピンではモデルや女優の仕事をしていたが、一九八三年から良い仕事がある日本へ行くようになった。マニラで友だちに紹介された日本人男性が日本に行く女性たちをリクルートするプロダクションを作ろうとしていた。彼がヤクザ関係者であることを、あとで知ったが、八五年に名古屋で結婚した。結婚したときは嬉しかったが、子どもが生まれてからは子ども中心になり、しょっちゅう喧嘩していた。八九年に最後の電話があったきり連絡がなく、彼女は絶望的になり自殺を試み未遂、その後遺症で車椅子生活となった。五歳の娘が「パパはどこ」と聞いてくる。「私にはもう希望がないが、子どもはきちんと育ってほしい」。経済的支援は彼女の妹が日本で働き、支えてくれているという。

◆カローラさんは叔父さんの法律事務所で働いていたが、友だちに誘われ日本に行った。大阪のスナックで働いていたときは一〇万円もらっていた。料理も作り、カラオケもやっていた。一八歳のときに知り合った彼は二六歳で、土建屋をしていた。義父が結婚を許してくれず追い出された。フィリピンに帰る時、五〇万円もらった。子どもが四歳になるまで彼に写真を送っていた。子どもは父親の写真にキスする。自分が子どもを育て、自分の責任を果たして彼に見せたい。今はマニラでガイドの仕事をしている。困っていた日本人男性にお金を貸してあげて仲良くなり、了どもができたが、男性にお金を持ち逃げされた。今は四六歳の東京の男性と付き合っている。彼と結婚して日本へ行きたい。

◆次の日は、マニラ郊外にある女性の家を訪れた。この日会った二人は、どちらも日本人男性と知り合った場所がフィリピンだった。エリンダさんは一四歳のとき、マニラの日本人の家族のお手伝いさんとして働いていたがその家の主人（四七歳）にレイプされた。その彼と一九八四年から八九年まで一緒にいたが年に数回しか来なかった。子どもができたときでも来るときは他の女を連れてきた。非難すると暴力を振るう。捨てられたのが分かったのは彼がフィリピンに来ても他の女のところにしか行かなかったから。子どもはお父さんに会いたがった。学校でいじめられてくる。生活が苦しいのでなんとかしたい。

◆ジェシカさんはフィリピンに来ていた彼と知り合った。彼にしつこくプロポーズされ、マニラで結婚した。初めはやさしく、家族も好意的だった。両親の家に住んで子どももできたが、彼が突然家を出ていってしまった。理由はわからない。彼の友だちに聞いても本当の理由を教えてくれない。子どもにも会おうともしない。彼女と家族全員の名誉が傷つけられた。両親に申し訳なかった。子どもは父親に捨てられたと噂されている。今は両親に助けられているが、将来はそうはいかない。子どもをきちんと育てたい。

聞き取りをしている私たちと同席していた両親からは、もう彼への非難は聞かれなかったが、彼女の親戚の伯父さんは、「日本人は全部嘘をつく」「彼に会ったら殺す」とまで言っていた。日本人の無責任さ、責任放棄、人をないがしろにするなど、姪の日本人夫への怒りをあらわにされていた。私たちは彼女の両親にも日本人についてどう思うか聞いてみた。「日本人のイメージは戦争中に悪いことをされたためよいものではないが、娘が結婚すると聞いたときは本人が良ければいいと思った。しかし今、友人の娘が日本人と結婚しようとしたら止める。近所に日本人と結婚しようとする女達がいるが、利用されている。女の方も日本人にお金を期待している」と話された。

その夜、セブとダバオから帰ってきた他の二つのグループと合流し、グループごとに調査結果の報告をし、今後の私たちの責務について夜遅くまで話し合った。

③ フィリピン人女性の日本への移住について、「日比円卓会議」

調査ツアー最終日は、フィリピン社会福祉開発局、女性局、下院議員スタッフ、ＮＧＯ、当事者たち、バティスセンター、そして私たち日本からの調査団が参加しての全体会議だった（**写真８**）。その会議の記録がバティスセンターから「Round table Discussion-The outmigration of Filipino women to Japan」として発行されており、手元にある。各界からの報告のなかから、バティスセンター所長カルメリタ・ヌキさんの「An overview」、阿蘇敏文さんからの「ＪＦＣのための市民ネットワーク報告」の二つをここに記載し、日比協力関係の出発点を振り返ってみることにしよう。バティスセンターからは、移住女性を送り出す当時の社会的背景の説明のみならず、フィリピン女性たちが受けてきた日本での過酷な実体験に基づいた報告がなされている。

写真８

一九九四年九月二六日「フィリピン人女性の日本への移住日比円卓会議」記録から

多様性における統一性　バティスセンター　カルメリタ・ヌキ

数十年前からフィリピン経済を襲っている極度の貧困は、フィリピン国民の国外移住を誘発する主な要因となっています。家族により良い生活環境を提供するために、同胞たちは孤独と逆境の中で世界への旅を続けています。マルコス政権が七十年代半ばに労働力輸出政策を実施して以来、その後の政府は、国民を商品とし、そのドル送金を対外債務削減のための収入源とするドル稼ぎのスキームの一環として、この政策を採用してきました。現在、一三七か国に三五〇万人のフィリピン人移民がいて、世界の労働力となっています。彼らの多くはサービス業に従事しており、家事手伝いや介護、ウェイトレス、看護師、芸能人などとして働いている。フィリピン海外雇用庁（POEA）の一九九一年から一九九二年の年次報告書によると、日本は第三位の受け入れ国であり、五一九四九人のフィリピン人エンターテイナーを受け入

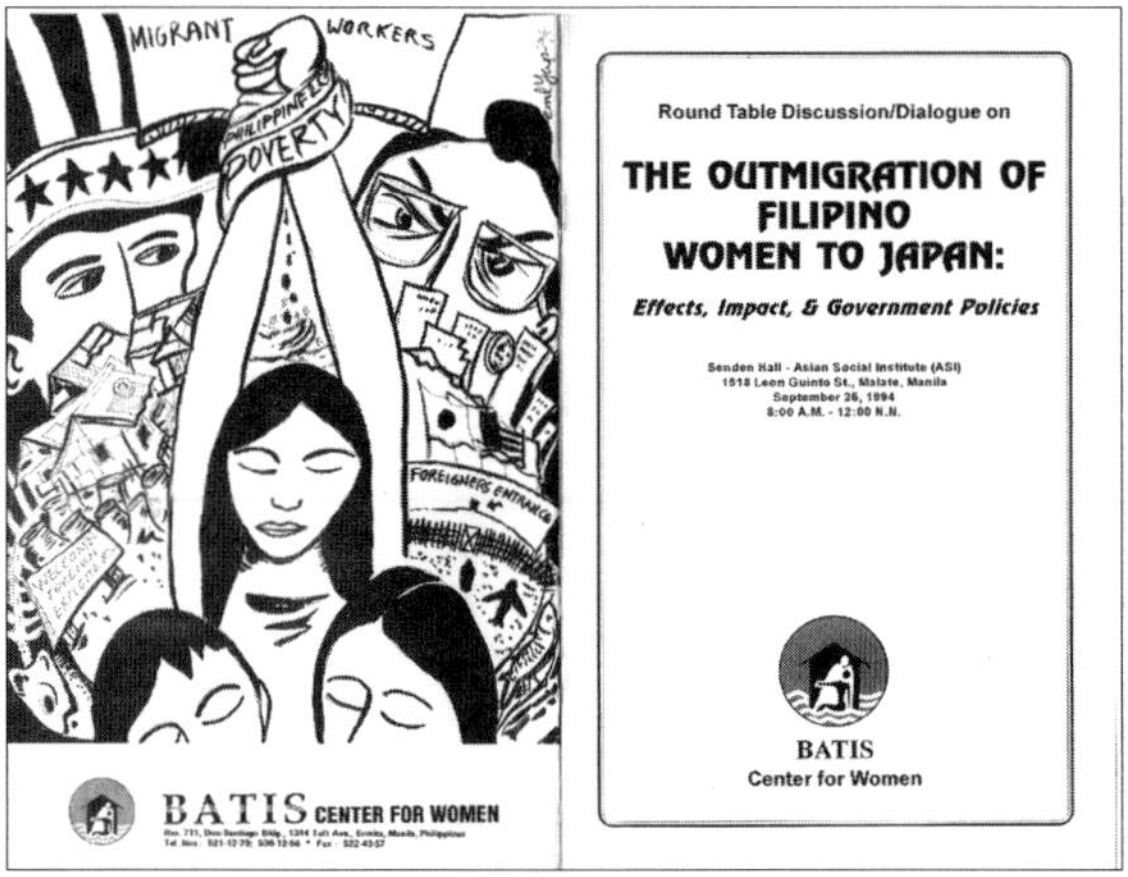

出典：バティスセンター発行、会議記録集カバー

れている。現在、日本で働く芸能人の六六％がフィリピーナである。労働長官のニーヴス・コンフェソールは、一九九三年だけで四万二千人と発表している。しかし、この数字には、日本の労働局が二万四千人としている非正規雇用の芸能人は含まれていない。

この非正規雇用の芸能人のなかには、日本への不法入国者も含まれている。日本の厳しい入管法では、合法的に日本に入国できる可能性は三つしかない。

1）日本人の子孫である場合（日本の入管法では、日本人の血が流れていることを証明できれば、移住して日本の永住権を得ることができます）。
2）日本人の配偶者である場合。
3）芸能人や研修生として働くことを希望する場合。

上記の三つの分野以外には、フィリピン人が日本に入国できるような規定はありません。日本に行くためには、研修生ビザを取得しなければなりません。現在、約一万人のフィリピン人が研修生制度で働いています。海外労働者福祉局（OWWA）の報告によると、研修生には賃金は支払われず、手当のみが支給される。しかし、残業を含む通常の仕事をさせられているため、さまざまな虐待にさらされています。

一九六〇年代、日本での雇用が認められたフィリピン人芸能人は、プロの歌手、ダンサー、俳優として働いていました。しかし、七〇年代後半から八〇年代前半にかけて、彼女たちが奴隷化や売春を強要される風潮が生まれました。それが今でも続いているのです。職場では、トップレスのバーダンスやストリップ、さらには実際の性行為を行うと同時に、男性客からの舌打ちや肉の痛み、体のデリケートな部分への接触などにより、女性たちはさらに蔑まれている。男性たちは、仕事柄、彼女たちを悪女とみなしており、彼女たちに尊敬の念が投げかけられることはありません。雇い主は彼女たちを虐待したり犯罪を犯したりする加害者であるため、彼女たちは雇い主に助けを求めることもできません。

愛情や気遣いをしてくれる男性に期待を寄せ、女性は簡単に彼らと関係を持つようになります。彼らは、同棲するか結婚するかのどちらかを選択します。しかし、どちらのシナリオも同じ結果になるので、大きな違いはありません。フィリピーナは、男性から暴力を受けたり、性的に侵害されたり、男性の家族から見下されたりして、最終的には日本のパートナーに捨てられます。さらに問題なのは、交際の結果生まれた子どもの養育を一人で背負わなければならないことです。女性移住者とその日系フィリピン人の子ども（JFC）に関する文書化されたケースのなかで、BATIS は女性の騙しと放棄に関して二つのパターンを観察しました。フィリピン人女性が日本に行ってから日本人のパートナーと出会うか、日本人がツアーや仕事でフィリピンに来ている間に現地で出会ったかのどちらかです。どちらの場合も、日本人はサポートと母子の再会を約束します。最初の数か月、数年はその約束を守るが、やがて何の連絡もなくなります。

一九九四年八月三〇日現在、BATIS が扱っている事件は三六八件に上る。家庭放棄、婚約違反、日本人男性の二重結婚・一夫多妻、離婚・婚姻無効、子や婚姻届、労働関係、送還、肉体的・精神的苦痛、ドメスティック・バイオレンス、行方不明のフィリピン人女性の捜索、謎の死などです。このうち、家族放棄が最も多く一四五件、次いで児童登録が一二六件で、女性一五〇人、日系フィリピン人の子ども一六九人が登録されています。

このような統計から推測すると、フィリピン人女性が自分の状況を改善し、最終的には永久的な幸福を得るために、日本人男性との親密な関係に頼ったとしても、次から次へと危険にさらされることになるのです。相反する文化的方向性を克服することの難しさに加えて、私たちの女性は、日本人のパートナーから常に差別されています。彼らは、単に日常生活の気晴らしや退屈な妻としか考えていません。

また、両親の離別によって最も被害を受けるのは、日本人とフィリピン人の子どもたちであることを考えると、とても残念なことです。BATISのクライアントの多くは、日本人の父親が子どもたちを見捨てたり、サポートしなかったりすることを訴えています。さらに、日本の父親に認められ、日本政府から国籍取得の権利を与えられるかどうかの不安もあります。日本のフィリピン人の子どもたちは、フィリピン人の母親と父親に捨てられた不幸の犠牲者なのだ。両親の不幸を背負わせるのではなく、社会的な汚名を着せられないようにするための適切な機会を与えるべきです。

子どもたちのニーズに応える一つの方法として、一九九二年六月二三日にBATIS Center for Womenが開始したJFCプログラムや、「在日フィリピン人の子どもたちのための市民ネットワーク」の結成があります。

また、日本人の父親に捨てられた子どもたちの事件を迅速に解決するために、日系フィリピン人子どものための弁護士団（LJFC）が結成されました。これらの組織の目的は、日本にいる子どもたちの親を探すこと、日本人の父親が子どもたちを認めて支援すること、また、不満を持つフィリピン人の母親のために公正な解決を図ること、困窮している子どもたちに生活必需品の提供、紹介、その他の福祉支援を即座に提供すること、子どもたちの教育への支援を生み出すこと、そして、子どもたちの窮状に対する社会の意識レベルを高めることです。

このプログラムの状況としては、子どもの認知に関する四つのケースが法廷外の和解によって解決され、日本人の父親から子どもたちへの経済的支援が行われています。

今回のリサーチ・スタディ・ツアーでは、フィリピンと日本の協力機関との連携により、異なる文化や方向性を持つ人びとが、価値ある目的を達成するために一致団結できることを改めて証明することができました。

ＪＦＣのための市民ネットワーク　アソウトシフミ

バティスセンターのカルメリタ・ヌキさんからは、なぜ日比の子どもたちの問題が表に出てきているのかという状況を教えていただき、子どもたちの状況を見ることができました。そして、ビデオのなかの日系フィリピン人の子どもたちの声を見て、聞くことができたのです。今回も、限られた時間のなかでこれらを実現しました。

この二一件で、結果的には提供された資料が本当に真実であることがわかりました。彼女が話したことを繰り返すつもりはありませんが、この問題の背景には、世界レベルでの大きな経済的・技術的格差、不公平感、不平等感があることを改めて強調しておきたいと思います。そして、人間の（視点）は、このギャップと不公平によって生み出されることにも気づきました。そして、この視点を得るために勉強したのは今だけではありません。

歴史を振り返ると、第一次世界大戦中、日本はフィリピンを植民地化し、フィリピン人の生活を破壊し、人権を侵害し、さらには殺害しました。戦後五〇年を経て、日本人である私は、心の底からお詫びしなければならないと思い、今になって、戦争中、私たちは植民地化し、侵略し、銃でフィリピン人を抑圧していたことを知りました。しかし今は、お金で人びとを抑圧しています。今でも経済的にフィリピンを植民地化しており、女性や子どもを奴隷にしています。

日本政府が提供するＯＤＡ（政府開発援助）は、人びとを貧困に陥れ、人びとの働く機会を奪い、さらにはフィリピンの対外債務を増大させている。これらの状況は、人びとから有益な仕事の機会を奪っています。その結果、人びとは海外で働くことを余儀なくされているのです。このような経済的不公平は、人びとを奴隷化し、より大きな貧困に陥れています。一方で、日本はどんどん豊かになっています。これは、日本がフィリピンだけでなく、世界中で行っていることです。そして、世界銀行やＩＭＦのスキームを通じて、この国はどんどん対外債務を抱え込んでいます。この動きは、日本の経済が主導しています。日本とフィリピンの経済については、もう詳しく説明する必要はないでしょう。しかし、特に日本人は、この日比間の経済格差が、日系フィリピン人の子どもの増加の基本的な原因であることを認識しなければならないと思います。

そして第二に、外国人―特に第三世界の人々―に対する日本人の偏見が、明治維新以来、日本人の心に刷り込まれていることを実感しました。この視点で見ると、私たちは、このように深く刷り込まれた偏見と差別の心を持って、他のアジア諸国の人々を見ていることになります。私たちはフィリピンの人々に（理解を）訴えるとともに、問題を解決できるように自分たちでも努力して見ていかなければなりません。差別や偏見の意識を変えない限り、日本の人びとを変えることはできません。現在の経済システムを変えずに、日本人の人権意識を高めずに、私たちは何もできないのです。これが、今回のリサーチツアーを開催する理由です。

そこで、何をするのかを簡単に説明したいと思います。日米間の経済格差が最大の問題であることを考えると、日本から他国への経済援助の仕組みを変えてみなければなりません。

日本の企業ではなく、フィリピン人自身のためになるように、他国への経済援助に関する日本政府の方針を変えなければならないと思います。そのためには、日系フィリピン人の子どもたちへの支援が重要です。そのためには、日系フィリピン人の子どもたちの状況について一般的な調査を行うことが一つの方法です。日本政府が日系フィリピン人の子どもたちの状況を知らないことは知っています。フィリピン政府はこの問題について調査を行う計画があると聞いています。日本政府はこの研究に資金を提供することができます。

もう一つは、フィリピーナが日本に行く前、あるいは日本人男性と出会う前に、法制度や家族、日本文化について理解を深められるようなセミナーを行うことです。この活動は、現地のNGOが行います。日本政府が地元のNGOのプロジェクトに資金を提供するのは良いアイデアだと思います。また、特に子どもの教育に関するNGOの活動を支援するという方法もあります。

また、日本人とフィリピーナの結婚を登録するシステムも必要だと思います。

私の小さな経験をお話ししましょう。ダバオでカルロータという女性にインタビューをしていたとき、彼女の娘のエリカが私のところに来て膝の上に座ったんです。家を出るとき、エリカは私に「家に帰らないで」と言いましたが、これは彼女がどれだけ父親を大切に思っているかの表れだと思います。彼女は父親に会いたいのかもしれません。だからこそ、私は彼女にクリスマスカードか何かを送りたいと思っています。

日本で必死に子育てをしているお母さんたちに敬意を表したいと思います。また、私たちの経験や意見に耳を傾けてくださった方々にも感謝したいと思います。どうもありがとうございました。

ＪＦＣを支えるネットワーク調査はこのようにして終わったが、これが日本とフィリピンのＮＧＯ協力の初めとなった。調査後の報告として、「日比混血児を支えるネットワーク」事務局長阿蘇さんが帰国後に発行されたニュースレター「マリガヤ」に以下のことを書かれている。「調査団が面接した家庭を通して得た問題の本質的な部分は、日比間の経済格差、日本人のアジア人蔑視、差別、日本人男性の人権感覚の欠如、両国政府の移住労働者政策の問題が存在する」。そして、同会はこれらの問題に対処するために、一〇月に日本政府に次の項目の要望書を提出した。

1　フィリピン政府と協力して「日比混血児」の実態調査を行う事。
2　実態調査の結果を踏まえ、「日比混血児」の養育費、福祉の増進、家族の財政支援を行う事。
3　「日比混血児」のビザ発給、国籍回復を行う事。
4　日比政府間で国際渉外身分事項に関しての相互通報制度をおく事。
5　エンターテイナーの労働に対し基準法を適用すること。
6　エンターテイナー出稼ぎの見直し、代替案を講じる事。
7　これらの諸対策を行う専門機関の設置を行う事。

調査団が持ち帰った課題については国会でも取り上げられ、同じ年の一一月にフィリピンと日本の議員がマニラで会議を開催した。バティスセンターがこの課題の解決のために、日比両国の議員にも呼びかけ、初の共同議員会議となった。国会議員、政府関係者、NGO、研究者、支援者たち五〇人のなかには日本の参議院議員の大脇雅子さんと栗原久美子さんが参加されていた。しかしながら、これらの努力にもかかわらず、「日比混血児を支えるネットワーク」が要望した八項目のほとんどが実現せず、フィリピン女性と子どもたちは政治の外に置かれてきた。

JFCネットワークニュースレター「マリガヤ」第１号

そして、市民による父親捜しが始まった。一九九三年に発足したＪＦＣ弁護団がこれまでボランティアで事件解決に取り組んできたが、依頼件数が増え、手がまわらなくなっていた。父親捜しを依頼される地域は日本の各地に広がっている。大阪では新たに「国際子ども権利センター」が一九九五年四月からバティスセンターの日本語ニュースレターを発行することになり、父親捜しやＪＦＣの国籍取得に協力した。神戸での拠点となった「アジア女性プロジェクト」でも活動を始めていた。

このような協力関係がスタートするなかで、「日比混血児を支えるネットワーク」は「ＪＦＣネットワーク」と名前を変え、一九九八年、フィリピン現地事務所「マリガヤハウス」を開設した。フィ

「子どもの権利条約」ようやく発効

子供の基本的人権の尊重を定めた「児童の権利に関する条約」（子どもの権利条約）が22日、発効した。1989年の国連総会の採択から5年。世界150カ国以上が批准し、子供を大人と対等なひとりの人間として尊重する「人権条約」が長い道のりを経て、ようやく実現した。

条約では、表現・情報の自由▽プライバシー・名誉の保護▽子供に影響を与えるすべての事項について自由に見解を表明できる「意見表明権」—など、子供のあらゆる権利を明確に規定している。発効に伴い、国内法をはじめ、学校現場などでの子供たちの意思形成の手段にも、大きな影響を与えることになる。

しかし、内申書の開示請求などをめぐり、「意見表明権」の扱いが注目される学校現場に対して、文部省が校則や日の丸、君が代について従来の方針に変更がないことを再確認する趣旨を通知。また、出生による差別を禁じた「差別の禁止」規定（二条）が、非嫡出子の相続が嫡出子の半分になっているわが国の民法と食い違っていることなども指摘されており、今後、条約の理念が、具体的にどう生かされていくかが焦点となりそうだ。

ジャパニーズ・フィリピーノ

「ジャパニーズ・フィリピーノ」。日本人の父親から見放されたフィリピン人女性の子供たちのことだ。二十二日発効した「子どもの権利条約」。「子供たちの親からの分離禁止」（九条）が明確にうたわれているが、世界中には、今も家族とともに暮らすことのできない子供たちがいる。そんな「彼ら、彼女たち」が来日し、二十八日、大阪市内で開かれるシンポジウムで「現実」を訴える。置き去りにされた子供たちの人権。それを考えることは、条約の理念でもある。

「日本人のパパに会いたい」

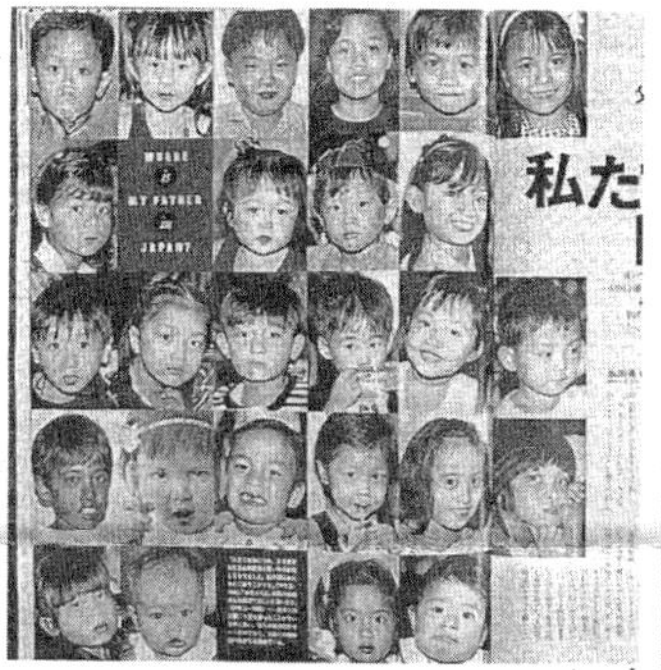

まぶしい瞳

ジャパニーズ・フィリピーノの問題をとりあげた雑誌。子供たちの笑顔がまぶしい＝22日午後、大阪市北区の「国際子ども権利センター」

比国人母子ら来日し実態訴え

28日にシンポ

シンポジウムのタイトルは「わたしたちを忘れないで／ジャパニーズ・フィリピーノの子どもたちからのメッセージ」。

日本人の父親を捜しているマリコ・ラモスさん（一五）と、女手一つで子供を育てているフィリピン人女性をはじめ、女性援護活動を続けるマニラの非政府組織（NGO）「パティス」のカルメリータ・ヌクイ代表や日本人ボランティアらが参加、現地の子供たちや日本人男性の実態を報告する。

「誰でも失った大切な物をさがそうとする。それが一度も会ったことのない、または幼い時にしか会ったことのない『父親』ならば、人は誰でも限りなく追い求めるだろう」

奨学金など支援へ

大阪のNGO

シンポジウムの参考資料の中にはこんな文章が見える。

シンポジウムを主催するNGO「国際子ども権利センター」（大阪市北区）では、この集会をきっかけに積極的にキャンペーンを展開、今秋にも現地を視察し、奨学金の整備など組織的な支援も行う。

日本人とフィリピン人との国際結婚は昨年一年間だけで約五千組。特に日本人男性とフィリピン人女性の場合、現地で入籍したものの、日本で婚姻届を出さなかったり、父親としての認知をせず日本に帰国後、行方不明になるなど、親としての責任を完全に放棄したケースが目立っている。

残された母子は経済的、精神的な苦境に立たされ、中には路上生活を強いられている子供たちもいる。現地では差別的に「ジャピーノ」と呼ばれており、マニラ周辺だけでも約一万人以上にのぼるとみられる。

「パティス」では一昨年からこの問題に取り組んでおり、これまで約二百件を調査。

日本の弁護士グループも昨年夏から調査に乗り出した結果、フィリピンで結婚後、日本で別の女性と結婚する「重婚」のケースも確認されている。

シンポジウムは二十八日午後一時から、大阪市北区の大淀コミュニティーセンターで。資料代千円。問い合わせは国際子ども権利センター（☎06・375・5466）へ。

婚姻届提出後、消息プッツリ

市民団体「HELP」（東京）が昨年十一月、フィリピンに渡って実施した現地の調査から、具体的なフィリピン女性らのケースを見ると。

ケース1

A子さんは昭和六十年に来日。名古屋の店で働き、埼玉県に転居したが、名古屋の時の客が埼玉まできて、同せい。その後、フィリピンに帰国。六十三年末に女児を出産した。

男性は日本とフィリピンを行ったり来たりして、フィリピン政府に婚姻届を出した。平成二年八月に「明日行くから、空港まで迎えに来てくれ」と電話があったが、そのまま姿をみせず、名古屋の男性の実家に何度電話をかけても、通じないままになった。

工場で働くなどして子供を育てたが、食事も十分に与えられず、つらい目にもあった。せめて子供の養育費だけでも送ってほしいと願い続けている。

男児出産…日本に帰ったまま

ケース2

事業を始めるためにフィリピンに来たという男性と二十五歳の時に、知り合った女性。男性は二十歳以上も年上だったが、日本で離婚したばかりで、昭和五十三年に結婚。二年後に男児を出産したが、五十九年十二月に日本に帰ったきり、二度と戻ってこなかった。

男性は結婚時に、日本の籍に入れたと話していたが、男性の戸籍謄本を調べたところ、帰国する直前の五十九年十一月に離婚していた妻と復縁していた。

男性が自分の籍に彼女を入れていたら、前妻と復縁するためには、彼女と離婚しなければならないはずだった。「どうして突然、いなくなったのか」。そのことだけが聞きたいという。

3000ペソ手渡し「今後は縁切れ」

ケース3

相手は青年海外協力隊員だった。昭和五十年、働いていた食堂で知り合い、自宅のメードにと誘われ、親しい仲に。任期の二年が過ぎ、帰国する時には身ごもっていたが、男性の上司は本人と同席のうえ、三千ペソ（約一万二千円）を出し、「今後一切、彼とはかかわらない」という内容の書類にサインさせられたという。その後、五十三年に女児を産んだ。男性はすでに結婚、訪ねた弁護士に「このままそっとしておいてくれ」と言ったという。

「一度でいいから、お父さんに会いたい」

高校生になった娘は、こう言って腕に抱かれたことさえない父親を慕い続けているという。

産経新聞（大阪版）　1994年5月23日

リピン各地から相談者が来所し、父親探し、ビザや国籍の相談などを受けると、東京のJFCネットワークに繋ぐという連携ができあがった。フィリピン、マニラでは、「バティスセンター」が内部問題で分裂し、元所長のカルメリタ・ヌキさんが目的を同じくするが別の団体「DAWN」を一九九六年に設立した。現在もマニラでは、「バティスセンター」、「マリガヤハウス」、「DAWN」の3団体が移住女性と子どもの相談の受け皿になっている。

参考文献・資料

アジアの女たちの会『アジアと女性開放』NO2　一九七七年一〇月、NO8　一九八〇年六月

アジア女性自立プロジェクト

神戸で支援活動スタート

日本人男性との間に子どもを産みながら、養育費も得られない。出稼ぎのために来日し、こうした問題を抱えて帰国しているアジアの女性を支えようと、神戸市内の女性が「アジア女性自立プロジェクト」を発足させた。勉強会を開く一方で、就業の援助などを進めている。会員を募り、カンパを呼びかけている。

入会とカンパ呼びかけ

外国人労働者の人権を守るための運動を続けている森木和美さん(46)と、女性問題に取り組んできた、いなだ多恵子さん(37)。今年三月、「兵庫女のフェスティバル」で「アジアの女と私たち」の分科会を開いたり、五月にフィリピンの民間団体「バティス・センター」のスタッフを迎えたのをきっかけに、「自分たちが援助できる方法はないだろうか」と考えた。

同センターのスタッフから、「日本人男性との間にできた子どもを抱えて帰国した女性は、職がなくて困っている。ミシンを借りるための資金援助があれば、縫製のトレーニングができる」という話を聞き、援助のための寄付金集めを思い立った。また、十月には、フィリピン人女性の問題を、貧困や搾取、抑圧的な社会構造が生み出した問題として理解してもらうための勉強会を予定している。将来は、彼女たちが作った製品を販売したり、奨学金制度を設けたいという。

会員（年会費一万二千円）には、ニュースレターを発行。カンパも受け付けている。問い合わせは、いなださん（078・781・4522・夜間のみ）方へ。

「出稼ぎにきた女性たちが『甘い』のでなく、背景にある社会構造的な問題に目を向けてほしい」と話すいなださん（右から2人目）と森木さん（同3人目）＝神戸市東灘区の「女たちの家」で

1994年8月24日付　朝日新聞（大阪版）
まだ事務所もなく、会員の自宅で会議。阪神淡路大震災以降、たかとりカトリック教会での活動が可能になった。

Batis Center for Women Newsletter「ビーパー」一九九三年～一九九四年「BATIS」一九九三年、九四年
アジア女性自立プロジェクト　ニュースレター　一九九五年～二〇〇〇年
三好亜矢子『フィリピンレポート』女子パウロ会　一九八二年
山谷哲夫『じゃぱゆきさん』情報センター出版局　一九八五年
石山永一郎『フィリピン出稼ぎ労働者』柘植書房　一九八九年
松井やより『女たちがつくるアジア』岩波書店　一九九六年

第Ⅱ章　「国際結婚」女性・子どもの国籍

日本人男性とフィリピン人女性の国際結婚や事実婚、同居などが増え、生まれてくる子どもたち（ジャパニーズ・フィリピノ・チルドレン＝ＪＦＣ）の国籍についてさまざまな問題が見え始めた。一九八四年の国籍法改正は、婚姻中の外国人父と日本人母の子どもに日本国籍を認めるものであったが、日本人父と外国人母の「婚外子」の日本国籍取得にも変化があった。日本人父と外国人母が結婚していない「婚外子」が日本国籍を取得するには、生まれる前に日本人父から「胎児認知」されていなければならない。しかし出生後に認知され、両親が婚姻届けをすれば二〇歳（現在は一八歳）になるまでに届け出ることで、日本国籍が取得できることになった。これが新たに追加された「準正による国籍の取得（第三条）」である。この改正は、認知された「婚外子」の国籍を認めるものではなく、親の「婚姻」が条件として残された。このような国籍法にある不公平を是正するために、当事者たちは裁判を起こし、訴えてきた。

親の国際結婚によって生まれた子どもたちの国籍がどうであるのか、日本国民として受け入れられるのか、あるいは自分たちのアイデンティティの支えとなるものとして、日本国籍（あるかないか）の問題は子どもたちにとって、また移住女性である母親にとっても避けて通ることができない。

自分の子どもに日本国籍がなかったことで、私は同じ立場の女性たちと「国際結婚を考える会」を設立し、八四年の国籍法改正に取り組んだ。しかし、女性を排除してきた国籍法が改正されたといっても、満足のいくものではなかった。父と母の国籍を得た者や外国で生まれたために外国籍も取得した日本人に、どちらか一方の国籍を選択させる「国籍選択制度」が新たに加わえられた。出生後日本人父から認知された子どもは両親の婚姻という条件付きでしか日本人になれなかった。「国籍」を持つことは人間としての権利であり、それを国がいつまで支配できるのだろうか。国が定めた「国籍」に翻弄されてきた人びとは多いが、またそれに異議を唱えてきた人びともいた。国民の範囲は変わるものであり、それらについての考察をまとめたものを、『国籍のありか―ボーダレス時代の人権』（もりき和美著明石書店）として一九九五年に発表した。その後も大阪のフィリピン人女性の子どもの国籍確認訴訟を支援してきたが不合理な結果となった。しかし二〇〇五年に再び婚姻関係にない日本人男性とフィリピン人女性の間に生まれたJFCたちが東京地裁に国籍の確認を求める訴訟を提起し、そして二〇〇八年六月、「国籍法三条が法の下の平等に反する」とした最高裁判所の違憲判決を獲得した。二〇〇七年から国立民族学博物館において共同研究会「国籍とパスポートの人類学」が始まり、私はメンバーとして日本の国籍をめぐる問題を研究発表する機会があった。こういった時代を背景にして折々に発表してきた文章をここに掲載して、国籍をめぐる当時の状況を振り返り、移住女性やその子どもたちが投げかけた日本社会の在り方について理解する一助にしたい。

本章の1では、国籍の問題の背景について、二〇〇一年に発表した「アジアの女性と国際結婚の子どもたち」『アジアの子どもと日本』荒牧重人編（明石書店）をとりあげる。

2では、二〇〇四年発表の「国際婚外子の国籍確認訴訟から」『非婚の親と婚外子』婚差会編（青木書店）をとりあげ、大阪在住のフィリピン人母子の国籍訴訟について報告する。。

3は、二〇一二年初出の「国籍とジェンダー 国民の範囲をめぐる考察」『越境とアイデンティフィケーション』陳天璽・近藤敦・小森宏美・佐々木てる編著（新曜社）であるが、そこでは、日本の国民の範囲を規定する国籍法がジェンダー規範に則ったものであった軌跡を概観し、最後に最高裁が、時代の流れとともに「婚外子」の人権や個人の婚姻形態の選択の自由を認め、二〇〇九年の国籍法改正につながったことを報告している。これにより、出生後であっても日本人父の認知を得た場合、二〇歳（現在は一八歳）までに届け出ることによって日本国籍が取得できる。

（注）二〇二二年四月一日から民法で定める成人年齢が一八歳になったため、国籍法にある年齢要件も二〇歳から一八歳に変更されている。ただし、年齢の条件によっては経過措置がある。詳しくは法務省：国籍Q＆A参照 https://www.moj.go.jp/MINJI/minji78.html#a18

本章の記載にある国籍法の年齢は、発表当時のままとする。

1 「アジアの女性と国際結婚の子どもたち」（二〇〇一年、初版発行）

① はじめに

フィリピン行きの飛行機に乗ると、フィリピン人の母親が小さい子どもを連れて里帰りする光景を見かける。母親がなにか言うと、子どもは聞き慣れた自然な日本語で応えている。クリスマスの頃になると、こんな親子で飛行機はいっぱいになるのではないだろうか。しかし、飛行機に乗っているのは、帰るところに期待を込めて胸を弾ませている親子ばかりではない。馴れ親しんだ日本から強制的に母の国に送られる子どもと母親、あるいは時には子どもだけが送られることもある。日本で生まれ、実際の父親が日本人である「国際結婚」の子どもたちであることが多い。父親が誰であるかについては、母親が一番よく知っている。ただ外国人である母親に滞在資格がなく、日本人の父からは認知がないという理由で、子どもたちも日本にいることができない。このようにして子どもたちは生まれたところや育ったところ、そして父親からも引き離される。

一九八〇年代中頃には、飛行機はアジアの女性たちを日本の各地に運んでいた。エンターテイナーとして、あるいはまた「花嫁」として、フィリピン、タイ、韓国、中国、スリランカなどから若くて、美しく、健康な女性たちがやってきた。アジア女性を来日させる興行ブローカーや結婚斡旋業者が増えていった。アジアの女性を「農村花嫁」に迎える村もあらわれた。日本の観光地ではアジア女性たちが歌や踊りを見せるだけではなく、本来の「興行」以外の風俗営業、接客業に従事する姿を見るようになった。「みせ」の「おきゃくさん」がアジア女性たちの夫やパートナーになるのは自然の成り行きともいえた。

現に一九八五年以降の統計（「夫妻の国籍別にみた年次別婚姻件数」）では、日本で生まれた在日韓国・朝鮮人や中国人以外のアジアの女性と結婚する日本人男性が急増している。（表Ⅱ-1）一九七〇年までの「国際結婚」の主流は、日本人女性とアメリカ人男性の結婚だった。外国といえば「アメリカ」だった時代であり、米軍基地での結婚がその数を増やした。しかし、その後は、高度経済成長の担い手として海外へ出かけた日本人男性とアジア人女性の「国際結婚」、あるいは日本国内で知り合った「国際結婚」など、日本の男性がその主流を占めるようになった。「国際結婚」は日本の国際化のバロメーターである。国際結婚、異文化間結婚、あるいは異民族間結婚と呼ばれる結婚は、日本がその時代時代にどのような人的交流をしてきたかということである。現在は、国が違うが日本に住んでいる外国人どうしの「国際結婚」も含めて多様化している。

したがって、結婚の「形式」についてもさまざまで、婚姻届を出さない、あるいは出せない場合などは、母親や子どもに在留資格がなかったり、父が日本人でも子どもに日本国籍がなかったりなど、多くの問題が起こっている。このような状態におかれたとき、外国人の女性や子どもは日本人男性しか頼る人はいない。日本での在留資格を得るための「偽装結婚」に出入国管理局関係者は目を光らせているが、実際にカップルが同居している事実があっても、役所に「婚姻届」を出さなければ在留資格が得られない。しかし、オーストラリアのように婚姻届けを出さない事実婚が公に認められ、事実上の外国人配偶者にも居住権が与えられ、子どもには親や出生地の国籍が与えられている国もある。

ここでは、日本人男性と「国際結婚」したアジア人女性と、これらのカップルの間に生まれた子どもたちについて、私個人や外国人の支援団体が関わってきた相談をもとに報告するものである。子どもは、親が置かれている「身分（資格あるいは地位）」に従属させられる。「混血児」、「ハーフ」、「ダブル」、『JFC』など、冠がつけられ、そのときから子どもたちは特別の眼差しを受ける。一人一人の子どもの人権が守られるためには、それぞれの親の人権が守られ、子どもへの責任を果たせる状況でなければならない。日本社会が外国人、外国人女性、アジア人女性とどう向き合うか、という問題でもある。本報告は必ずしも全体像をとらえたものではないが、どこにどんな問題があるのか、日本社会にいる者が考えるてがかりになればと思っている。アジアの女性たちや子どもたちが持っている資源、可能性を生かせる社会が育ち、やがては母の国と父の国を往き来する大きくなった子どもたちの笑顔を見てみたいと思う。

② 日本人男性と結婚するアジア女性

◇増えるアジア女性と日本人の結婚

日本社会が外国人に開かれ、外国人が当たり前に受け入れられていれば、日本人と外国人との結婚が「国際結婚」などと呼ばれずに、ふつうの結婚とたいして変わらない扱いを受けていただろう。

日本に生まれ日本に育った在日韓国・朝鮮人と日本人の結婚を「国際結婚」とは呼んでこなかっ

たが、「夫妻の国籍別にみた年次別婚姻件数」(「人口動態統計」)をみると、「夫日本で妻外国」の妻の国籍のトップは「韓国・朝鮮」であった。ところが、一九九一年から、妻の国籍のトップが「その他の国籍」となり、翌九二年から発表された「その他の国籍の」内訳では、「フィリピン」が「韓国・朝鮮」より多くなった。一九九〇年に入ってから毎年約二万人の日本人男性が、外国人女性と結婚している。そのなかでも、一九九五年には七一八八人の日本人男性がフィリピン人女性と婚姻し、四五二一人がニューカマーを含めた韓国・朝鮮人女性との婚姻を届けている(表Ⅱ-1)。

国際結婚の総数は一九七〇年から九五年までの二五年間で五倍に増え、なかでも、「夫日本、妻外国」が九、八倍に増えている。このように、日本人男性と外国人女性、特にアジアの女性との結婚が驚くほど増えているが、それに比べ、「妻日本、夫外国」の場合は、一九七〇年までは「米国」が多く、それ以後の夫の国籍は「韓国・朝鮮」が微増しているのみで、あまり変化がない。厚生省の人口動態統計の婚姻件数は、日本の役所に婚姻届が受理された場合のみで、「国際結婚」の場合、外国での婚姻を日本に届けていなかったり、事実上の結婚がかなりの数になることも考えられるので、実際には「国際結婚」数はもっと多くなると思われる。

一方、日本にどのくらいの「国際結婚」組が住んでいるのかを知るためには、在留外国人登録が参考になる。日本人と結婚した外国人が日本に住むためには、「日本人の配偶者と子」という在留資格(いわゆる「配偶者ビザ」)を得て、日本に外国人登録をしなければならない。一九九〇年には一三万二一八人、一九九八年は二六万四八四四人がこの資格で外国人登録をしており、八年間で二

表Ⅱ－1　「国際結婚」届け出件数

年次	総数	夫日本・妻外国										妻日本・夫外国									
		計	韓国・朝鮮	中国	フィリピン	タイ	米国	英国	ブラジル	ペルー	その他	計	韓国・朝鮮	中国	フィリピン	タイ	米国	英国	ブラジル	ペルー	その他
1965	4156	1067	843	121	...	...	64	...	...	...	39	3089	1128	158	...	...	1592	...	...	...	211
1966	3976	1056	846	115	...	...	43	...	...	...	52	2920	1108	166	...	...	1433	...	...	...	213
1967	4485	1348	1097	139	...	...	53	...	...	...	59	3137	1157	175	...	...	1555	...	...	...	250
1968	4784	1460	1124	176	...	...	53	...	...	...	107	3324	1258	208	...	...	1600	...	...	...	258
1969	5079	1719	1284	206	...	...	80	...	...	...	149	3360	1168	194	...	...	1734	...	...	...	264
1970	5546	2108	1536	280	...	...	75	...	...	...	217	3438	1386	195	...	...	1571	...	...	...	286
1971	5590	2350	1696	325	...	...	97	...	...	...	232	3240	1533	194	...	...	1252	...	...	...	261
1972	5996	2674	1785	445	...	...	102	...	...	...	342	3322	1707	237	...	...	1010	...	...	...	368
1973	6193	2849	1902	410	...	...	122	...	...	...	415	3344	1674	238	...	...	1024	...	...	...	408
1974	6359	3177	2047	477	...	...	142	...	...	...	511	3182	1743	229	...	...	790	...	...	...	420
1975	6045	3222	1994	574	...	...	152	...	...	...	502	2823	1554	243	...	...	631	...	...	...	395
1976	6322	3467	2049	646	...	...	163	...	...	...	609	2855	1564	229	...	...	604	...	...	...	458
1977	6071	3501	1990	635	...	...	196	...	...	...	680	2570	1390	197	...	...	539	...	...	...	444
1978	6280	3620	2110	655	...	...	172	...	...	...	683	2660	1500	198	...	...	601	...	...	...	361
1979	6731	3921	2224	751	...	...	183	...	...	...	763	2810	1597	189	...	...	598	...	...	...	426
1980	7261	4386	2458	912	...	...	178	...	...	...	838	2875	1651	194	...	...	625	...	...	...	405
1981	7757	4813	2585	1032	...	...	219	...	...	...	977	2944	1638	235	...	...	630	...	...	...	441
1982	8956	5697	2903	1345	...	...	225	...	...	...	1224	3259	1809	285	...	...	665	...	...	...	500
1983	10451	7000	3391	1864	...	...	269	...	...	...	1476	3451	1901	296	...	...	734	...	...	...	520
1984	10508	6828	3209	1704	...	...	234	...	...	...	1681	3680	2021	300	...	...	751	...	...	...	608
1985	12181	7738	3622	1766	...	...	254	...	...	...	2096	4443	2525	380	...	...	876	...	...	...	662
1986	12529	8255	3515	1841	...	...	218	...	...	...	2681	4274	2330	349	...	...	896	...	...	...	699
1987	14584	10176	4405	1977	...	...	235	...	...	...	3559	4408	2365	432	...	...	947	...	...	...	664
1988	16872	12267	5063	2234	...	...	234	...	...	...	4736	4605	2535	431	...	...	888	...	...	...	751
1989	22843	17800	7685	3291	...	...	211	...	...	...	6613	5043	2589	614	...	...	946	...	...	...	894
1990	25626	20026	8940	3614	...	...	260	...	...	...	7212	5600	2721	708	...	...	1091	...	...	...	1080
1991	25159	19096	6969	3871	...	...	243	...	...	...	8013	6063	2666	789	...	...	1292	...	...	...	1316
1992	25862	19423	5537	4638	5771	1585	248	99	645	138	762	6439	2804	777	54	13	1350	168	152	56	1065
1993	26657	20092	5068	4691	6394	1926	244	89	625	166	889	6565	2762	766	58	22	1381	220	146	81	1129
1994	25812	19216	4851	4587	5999	1836	241	90	590	146	876	6596	2686	695	46	17	1445	190	147	74	1296
1995	27727	20787	4521	5174	7188	1915	198	82	579	140	990	6940	2842	769	52	19	1303	213	162	66	1514
1996	28372	21162	4461	6264	6645	1760	241	88	551	130	1022	7210	2800	773	56	25	1357	234	199	58	1708
1997	28251	20902	4504	6630	6035	1688	184	90	488	156	1127	7349	2674	834	61	31	1374	225	233	99	1818

出所：厚生省『人口動態統計』1997年　厚生統計協会

表Ⅱ-2　「日本人の配偶者等」の外国人登録者数の推移、国籍別

	1990年	1994年	1995年	1996年	1997年	1998年	1999年
総数	130,218	231,561	244,381	258,847	274,475	264,844	270,775
ブラジル	40,384	95,139	99,803	106,665	113,319	98,823	97,330
中国	23,051	35,058	37,310	39,948	43,714	45,913	48,698
フィリピン	20,516	36,435	39,909	42,521	44,545	45,619	46,152
韓国・朝鮮	19,999	21,750	21,385	21,000	20,738	21,078	21,753
ペルー	5,276	10,784	11,222	11,293	11,309	10,522	10,303
その他	20,992	32,395	34,752	37,330	40,850	42,889	46,539

出所：法務省入国管理局『在留外国人登録統計』各年度　入管協会

倍、毎年約一万二千人ずつ「配偶者ビザ」登録が増えている。一九九八年の統計ではブラジルやペルーの人たちが減っているが、中国、フィリピン国籍はそれぞれ増加がみられる（表Ⅱ-2）。

こういった統計上の数字を見るまでもなく、すでに彼女たちは日本社会の一員になっている。私たちの生活範囲のなかには、アジアの女性たちや「国際結婚」の子どもたちの存在がだんだん大きくなっている。女性たちは、仕事の同僚であったり、英語の先生であったり、隣人であったり、教会の仲間であったり、子どもの友人のお母さんであったりする。外国の文化を身につけている子どもたちが尊重され、幼稚園や学校に国際化を促す貴重な存在となっているところもある。しかし、外国人が日本に住むことから始まって、子どもを育て、結婚生活を続けていく上で、アジアの女性たちは決して日本人と同じ条件にあるのではない。彼女たちは、「外国人」であるために数々の問題を経験する。

◇フィリピン人女性たち

今は夫と赤ちゃんと共に関西で暮らしているフィリピン人女

性のAさんがはじめて来日したところは九州だと言っていた。フィリピン人の夫が事故で亡くなり、子どもを育てるために働かなければならなかったが、国には仕事がなく、日本に来たそうだ。九州の「おみせ」で知り合った男性と再婚し、関西に移り住んだが、妊娠七か月のときに夫がいなくなった。帰国も考えたが、子どもを産むと夫が帰ってくるような気がした。夫のいない病院で女の子を産んだ彼女は、女の子の名前を「ゆきこ」にするといった。一〇月だったので、「雪」は早いよというと、「じゃぱゆき」の「ゆき」だと言う。どこまで「じゃぱゆき」の語源を知っていたかわからないが、彼女はあっけらかんとしていた。夫が帰ってきてくれたが、彼女はまた夜の「おみせ」で働きたいと思っている。夫は反対だが、フィリピンにいる子どもに仕送りをしなければならない。彼女にとって夜の店が一番お金になる。

日本にいるフィリピン人は、外国人登録の統計では一一万五六八五人（一九九九年一二月）、入国後超過滞在になっていると思われる人が四万二五四七人（一九九七年一月法務省調べ）いる。その他に短期滞在のため登録していない人もいるだろう。一〇年前（一九八六年一二月）のフィリピン人登録総数が一万八八九七人だけであったことを考えると、フィリピンと日本の人の交流が急速に進んでいることがわかる。しかも、それがフィリピン人女性と日本人男性との交流が中心であることは、在日フィリピン人の二三％が「興行ビザ」、四〇％が「婚姻ビザ」で、八五％が女性であることからも明らかである（表Ⅱ－3）。

こういった関係が築かれてきたのは、フィリピンと日本の歴史的な関係や戦後再開された経済活動、それに伴う両国の経済格差、日本の偏った外国人受け入れ体制など、多くの要因が考えられる。

それに加えて、日本の男性のフィリピン人女性に対する積極的な関わり、しかも、その関わり方には大きな問題があるが、これを見逃すことはできない。

戦前のフィリピンには日本からの移民が多く、日本人町が築かれているほどだったことはあまり知られていない。日本軍のフィリピン占領によって移民社会が壊されたとはいえ、人間関係のネットワークは戦後に引き継がれたのではないだろうか。フィリピン航空が東京―マニラ間の運航を開始したのは一九六八年だった。フィリピンでは観光入国ビザの廃止から観光振興政策がとられ、一九八〇年頃は、日本からたった四時間でいけるマニラは日本人男性の「セックスツアー」の本場となっていた。週末は大きなホテルの半数の部屋が日本人男性の観光客とフィリ

表Ⅱ-3　外国人登録にみるフィリピン人の主な在留資格

年度	総数	女性	女性の割合	興行	%	日本人の配偶者等	%
1980	5547						
1981	6729						
1982	6563						
1983	7516						
1984	9618			3835	40%	2967	31%
1986	18,897	16,302	86%	9,075	48%	5,299	28%
1988	32,185	28,284	88%	13,243	41%	11,298	35%
1990	49,092	43,206	88%	18,783	38%	20,516	42%
1992	62,218	53,866	87%	20,090	32%	28,351	46%
1994	85,968	74,805	87%	30,464	35%	36,435	42%
1995	74,297	63,094	85%	12,380	17%	39,909	54%
1996	84,509	71,848	85%	16,814	20%	42,521	50%
1997	93,265	79,494	85%	18,954	20%	44,545	48%
1998	105,308	89,645	85%	24,278	23%	45,619	43%
1999	115,685	98,103	85%	27,020	23%	46,152	40%

出所：法務省入国管理局『在留外国人登録統計』 入管協会

ピン女性でいっぱいだったという。両国の女性たちや世論の反対を受け、売春観光が日本の国会でもとりあげられ、大手の旅行会社は「セックスツアー」をとりやめるようになった。しかしもう日本の男性はツアーを組まなくても単独で女性に会いにいけるし、マニラのホテルをセブ島に移しただけのことかもしれなかった。

そのあとは、プロダクションやブローカーや結婚斡旋業者がフィリピン人女性を日本の津々浦々に日本の男性の相手として、エンターテイナーとして、あるいは農村の「花嫁」として送り込んできた。フィリピンでは一九七八年から政府が海外への移住労働者奨励策をとり、現在七百万人を超えるフィリピン人が海外で働いている。国には十分な仕事がないため海外への「出稼ぎ」に頼らざるをえないという事情があり、円高の日本へ来るメリットは大きい。しかし、前述のように日本では今一二万人あまりのフィリピン人がいても、日本が移住労働者を受け入れていないため、在留資格は圧倒的に「興行」と「結婚」、そして「超過滞在」が多い。そしてここ二、三年「定住者」「永住者」資格が増え、日本人と離婚して子どもと暮らすシングルマザーの存在も大きくなっている。

◇苦闘するアジアの女性たち

阪神淡路大震災の混乱のなかで、神戸のフィリピン人女性Cさんから救援活動をしていたＹＷＣＡに電話がかかってきた。出産を一か月後に控えているのだが、一回しか医者に診せておらず、どこで子どもを産めばいいかわからない。日本人の夫が姑と一緒に親戚の所に行ってずっと帰ってこない、家には食べるものがないというのだ。姑は息子の結婚に反対で、嫁であるそのフィリピン人女性を近所の人にも見せないようにしていたらしい。彼女は一人家に残され、不安に絶えきれなく、電話してきた。

　子どもが生まれてくる前に子どもの父親がいなくなり、困り果てた外国人の母親が支援団体や教会や領事館にSOSを発信することがよくある。まず出産費用を捻出しなければならない。「日本人の配偶者」の在留資格があれば、国民健康保険や入院助産制度を使うことができる。しかし、超過滞在などで在留資格がない場合は、助産制度や生活保護などが受けられない。誰の救けもなく、病院へ行くこともじたいが困難で、いつも退去強制に怯えていなければならない。一九九三年、外国人の支援をしている「ハンド・イン・ハンドちば」が日本に出稼ぎにきている女性たちを対象に調査をした結果では、妊娠して医者に診てもらったのは、たった三〇％だった（朝日新聞一九九四年四月八日）。

　二人のフィリピン女性たちAさんもCさんも、有効な「配偶者ビザ」を持っていたので、なんとか地域の福祉課で病院を紹介してもらうことができた。しかし、以前ある事件を起こして裁判をしていたタイ人女性のNさんや、次女には日本国籍があるが、長女にはないということで長女の国籍確認の裁判をしているフィリピン人女性Mさんは、「オーバーステイ」だった。NさんとMさんの境遇はよく似ていた。それぞれが同居していた相手の男性の「結婚する」という約束を信じて、男性のみを頼りにしていた。Nさんは一九九二年に、Mさんは九四年に二人目の子どもができたことを知り、悩みながらも、産む決心をした。しかし、どちらの男性も妻帯者で、結局、彼女たちから逃げてしまった。Nさんはお金がなく、自宅で子どもを産むしかなかった。Mさんのほうは、子どもが生まれる前に外国人支援団体に連絡してきた。そのため状況がすこし変わった。

子どもが生まれる前に父親に認知（これを胎児認知という）してもらえば、子どもは日本国籍を得るという一つの解決方法がある。そこで、弁護士とともにMさんの相手（子どもの父）を説得し、子どもは生まれる一日前に胎児認知された。子どもは日本国籍だというので、その子の母であるMさんは入院助産制度を受けることができた。彼女にとって出産後もいろいろ相談できるところがあったのは幸運だった。しかし、一方のNさんにはその方法がなかった。彼女はあることで知り合いのタイ人女性と争いになり、殺人事件を起こしてしまった。私たちは事件を知り、Nさんと出会った。裁判支援を通してわかったことは、知らない日本で彼女はどうにもできない状況に追い込まれていたということだった。

このように出産後、一人で子どもを引き受けなければならない女性がいる一方で、夫の実家に子どもを取り上げられてしまい、自分の子どもになかなか会えないというアジアの女性たちがいる。熊本の「コムスタカ（外国人と共に生きる会）」ニュースレター第三六号（一九九七年七月二六日発行）には、あるフィリピン人の話がある。日本人の夫と子どもと暮らしていたが、夫の両親と住みはじめてから両親がアジアの「嫁」を受け入れられず、夫も両親の側につき、彼女を追い出してしまったという。現在支援グループと弁護士の援助を受け調停が成立しているが、子どもに月一回会えるという調停内容もなかなか守られないという。同じような話は、大阪で日本語ボランティア教室をしながらアジアの女性たちの悩みをきいている支援者からも聞いた。アジアの女性というだけで彼女たちが受ける偏見が、日本での生活を生き難くしている。同居していた息子の嫁をなるべく外に行かせず、隠していたという神戸のCさんの姑は、Cさんの母親がフィリピンから来たとき会おうともせず、家にも入れてくれなかった。Cさんは出産後、子どもを連れて離婚した。

③ 国際結婚の子どもたち

◇ 子どもたちが日本に住む権利

外国人のための電話相談には、「オーバーステイだが、日本人と結婚できるか」という相談が何年か前から増えている。「もちろん結婚できる」と私たちは応える。ビザの更新が難しい入国管理体制のなかで超過滞在のまま仕事をしていても、生活があり、人とのめぐりあいがあり、男女関係がある。

合法、非合法を含めたこのような「国際結婚」の状況を子どもの側から考えるとどうだろうか。数としては少ないが、母が日本人女性で、父が外国人、アジア人男性である場合、あるいは最近の外国人相談からはペルー人とブラジル人、あるいはフィリピン人と在日韓国人など、国籍は違うが在日外国人どうしの国際結婚による子どもたちも生まれていることがわかる。しかしこれらの子どもたちは、外国人登録をして親の在留資格にそった居住の許可をもらわなければならない。もし親がオーバーステイであれば子どももオーバーステイ、日本で生まれ外国を知らなくても「不法滞在」とされる。

一九八五年に国籍法改正が施行されてから、外国人男性と日本人女性の子どもも日本国籍を取得することができるようになり、当然「国際結婚」の子どもの数は増えている。厚生省人口動態統計の概況により作成された統計では、一九八七年に約一万人が出生、一九九四年は約二万人が出生している（**表Ⅱ－4**）。

しかし、これらは日本人を親に持ち、法的に届けられ、日本国籍を取得した子どもたちだけである。日本では、子どもが日本で生まれても日本国籍を取得するのではない。結婚が届けられていない場合（胎児認知を除く）や親が外国人どうしの場合、子どもは外国籍あるいは無国籍になり、外国人登録にその旨記載される。あるいはどこにも登録されていない場合もある。

「国際結婚」の子どもたちが外国で生まれた場合は、生まれてから三か月以内に国籍留保付きの出生届を日本側に提出しなければ日本国籍を喪失する。このとき喪失した日本国籍を回復するには、親権者と日本に住み、二〇歳になるまでに法務局へ届け出なければならない。両親が婚姻届を日本に出していれば、「日本人の配偶者と子」という在留資格で日本に滞在できるのが原則である。しかし実際は日本人父の保証が得られないなどで、来日できない母子が多いのが現実である。外国人の場合、問題は日本に住む許可となる在留資格があるかないか、子どもの場合は日本国籍があるかないか、なければ在留資格があるかないか、どんな資格を持っているかによって極端に扱かわれ方が違う。

◇三人の無国籍児

新聞で外国人支援団体の存在を知り、一九九五年の春、電話をかけてきたフィリピン人女性Eさんと日本人男性Hさんは子ども四人の大家族である。夫婦は一緒に住んで八年になる。相談は、子ども四人全員に国籍がなく、長男が七歳なのに学校に行くことができない。なんとか二学期からでも入ることができないかというものだった。就学年齢に達していてもどこにも登録されていなければ当然就学通知も来ない。

Eさんは他の人の名前のパスポートで来日し、Hさんと同居するようになって超過滞在になってしまった。Hさんもその事情を知っていたので、普通には婚姻届が出せないだろうと思っていたらしい。婚姻届を出していないので、子どもが生まれても出生届ができないと思い込んでいた。子

表Ⅱ-4 国際結婚の子ども / 父母の国籍別出生数

	1987	1990	1993	1994	1995	1996	1997	1997 年割合（%）
父日本・母外国総数	5538	8695	12412	13414	13371	13752	13580	63.1
父外国・母日本総数	4488	4991	6220	6962	6883	7312	7945	36.9
総数	10022	13683	18632	20376	20254	21064	21525	100.0

母の国籍 / 年度	1987	1990	1993	1994	1995	1996	1997	1997 割合
フィリピン			4836	5351	5488	5551	5203	38.3
韓国・朝鮮	2850	3184	3704	3736	3519	3550	3440	25.3
中国	803	1264	1991	2222	2244	2376	2667	19.6
タイ			691	748	851	827	859	6.3
ブラジル			330	381	406	439	430	3.2
米国	188	161	184	212	178	202	165	1.2
その他の国	1697	4086	538	619	525	611	649	4.8
父日本・母外国総数	5538	8695	12412	13414	13371	13752	13580	100.0

父の国籍 / 年度	1987	1990	1993	1994	1995	1996	1997	1997 割合
フィリピン			88	71	83	88	100	1.3
韓国・朝鮮	3039	3048	3249	3649	3261	3418	3469	43.7
中国	287	375	573	651	716	678	772	9.7
タイ			25	34	22	34	52	0.7
ブラジル			92	125	130	165	207	2.6
米国	641	829	1073	1181	1171	1212	1353	17.0
ペルー			35	50	76	64	84	1.1
英国			167	177	183	204	212	2.7
その他の国	517	739	918	1024	1221	1449	1696	21.3
父外国・母日本総数	4484	4991	6220	6962	6863	7312	7945	100.0

出所：厚生省「人口動態統計」1997 年厚生統計協会

どもを四人連れて夫婦が相談に来たときは、国籍がなくても子どもは育つものだと思ったが、このままでいけば、健康保険がかけられなかったり、学校へ行けなかったり、この子たちが被る困難、そして強制退去という心配が頭をかすめた。それからは、子どもの就学手続き、夫婦の婚姻届の準備、父親が子どもたちを認知する届け出、法務局での国籍取得という順番で手続きを進めていった。支援団体のボランティアも一緒に役所にいった。国籍のなかった子どもたちは、両親の婚姻届と認知届の提出があれば日本の国籍がとれ（準正による国籍取得）、また、フィリピンに届け出をすればフィリピンの国籍もとれるという二重国籍を得ることも可能になった。一方母親のEさんは、法務大臣が特別に許可する特別在留許可の申請をしなければならないが、そこからは弁護士さんに委ねることになった。

◇生まれる前からの不安

日本で無国籍の子どもが増えたことに関心が寄せられ、国会でも問題にされた。一九八六年の在留外国人登録にある無国籍欄の〇歳から四歳までの子どもは六九人だったが、一〇年後の一九九六年では七三四人に増えている（表Ⅱ－５）。これは、日本で外国人登録をしている無国籍総数の約三五％である。無国籍のなかには在留資格「未取得者」が一九九六年度末で四八六人いる。一年で一三〇人も増えている。

無国籍の子どもたちがなぜこんなにも多くなるのだろうか。国際人権規約や子どもの権利条約を引用するまでもないが、子どもには国籍を得る権利が保障されなければならない。そのために、欧米では無国籍の子どもを無くす条約があり、出生地の国籍が取れるなど無国籍の発生を防いでいる。しかし日本の国籍法では、日本で生まれただけでは日本国籍がない。「父母がともにしれないとき」、あるいは「父母が無国籍のとき」という条件がついている。

一九八二年に生まれたマリちゃんは日本国籍だったが、戸籍上の父との親子関係がなくなったために六歳のとき、日本国籍がなくなり、母親と同じフィリピン国籍になってしまった。一九九一年に生まれた時、母が行方不明になったアンドレちゃんは、アメリカ人夫婦の養子となったが、どこの国籍もなかった。日本で生まれ、「父母がともに知れないとき」は、日本国籍となることが国籍法に明記されているにもかかわらず、母親がフィリピン人らしいということで認められなかった。アンドレちゃんの国籍確認は裁判で争われ、四年後の最高裁判所の判決でやっと「日本国籍」が認められた。ダイちゃんも一九九一年に生まれた。日本人の父親はダイちゃんのフィリピン人の母親と結婚していなかった。胎児認知をしておけば両親が結婚していなくても日本国籍が取れると聞いたので、生まれる前に認知を届けに行った。しかし役所は母の出生証明書がないということで受理せず、その後生まれたダイちゃ

表Ⅱ-5　在留外国人登録にみる無国籍児数（人）

	0~4 歳	5~ 9歳	10~14 歳	15~19 歳	合計
1986 年	69	49	47	64	229
1988 年	79	39	33	91	242
1990 年	74	29	30	57	190
1992 年	138	48	32	29	247
1994 年	266	66	34	29	395
1995 年	464	70	24	27	585
1996 年	734	86	35	27	882
1997 年	933	117	40	26	1116
1998 年	942	150	52	21	1165
1999 年	837	228	61	19	1145

『在留外国人統計』より作成。調査は各年度末。

んは日本国籍がとれず、母親同様「不法滞在」となってしまった。一九九三年、この母子に退去強制命令が出されたため、これの取り消しとダイちゃんの日本国籍確認の裁判になった。九六年、政府との和解協議が成立、ダイちゃんに日本国籍、母親に在留資格が出された。

フィリピン人女性Mさんの次女は父親の胎児認知が間に合い、日本国籍がとれたが、長女は父親に認知されたが出生後であったので日本国籍がない。フィリピン領事館ではMさんの長女の登録を受け付け、パスポートを発行したので、Mさんの長女はフィリピン国籍になった。つまり、Mさんの子どもたちはきょうだいでも国籍が違うことになった。母親のMさんは、長女に日本国籍がないことに納得がいかない。この不平等を訴えた裁判が一九九五年に始まった。第一審判決は父親との結合が薄いなどの理由で国籍確認請求が棄却されてしまった（二〇〇〇年一二月現在控訴中である）。その後も別の子どもたちの国籍確認訴訟は続いている。韓国人女性が日本人と婚姻中に子どもが生まれ、実際は子どもの父が別の日本人であったため、三か月後、夫と子どもの親子関係不存在を裁判で確定し、その後実の父が認知するということが起こった。ところが出生後認知であるため子どもの日本国籍は認めてもらえず、裁判に訴えていた。その最高裁判決が一九九七年にあり、母が婚姻中であったため、実の父は法律上子どもの認知ができなかったというやむを得ない事情を考慮し、「遅滞なく手続きをとること」を条件に出生後認知でも婚外子の認知を認めた。ところが、別の件ではその手続きが八か月たっていたため、大阪高裁は、子どもの日本国籍を認めないという判決を出した（朝日新聞二〇〇〇年一一月一六日）。

もう一人の女性、今は刑務所で服役中のNさんは子どもたちの世話をすることができない。いずれは母の国タイへ強制送還になるというので、支援者たちは、子どもたちが早くタイに馴染むことができるよう、Nさんの了解を得て子どもたちをタイの施設に送ることにした。タイ政府は「帰国」する子どもたちをタイ人と認め、パスポートを発行した。子どもたちは今のところ、父の国日本に帰ってくることはないだろうが、法律的にも父との関係を明らかにしたいという母親の願いもあって、子どもたちの名前で父に認知請求を起こし、裁判で認知を得ることができた。しかし、日本の国籍はとれない。

ここにあげた子どもたちの例は、私の身近なところで起きている外国人女性や子どもたちのほんの一部の状況であって、これらは日本の各地で起きている。しかし、親や外国人を支援する人たちによって、このように裁判にまで持ち込むことができる例は大変まれだと思う。ほとんどの子どもたちがこのような状況を運命として受け入れなければならないのが現実である。前述の「ハンド・イン・ハンドちば」の調査でも登録されていない子どもが半数以上（五一％）あった。日本では人権が及ぶ範囲は、日本国籍を持つ者、そして日本の居住が許可され、在留資格が現在も有効である外国人であって、たとえ日本で生まれ育っても、父が日本人であっても、住みなれた日本から追いだされてしまう。年間約千人の子ども連れの外国人が、強制退去させられている（朝日新聞一九九六年七月三一日）。

④　子どもたちの将来

◇翻弄される子どもたち

家族を形成するというのは、婚姻関係だけではなく、多様な家族の在り方を認めていこうとするのが、国連が提唱した国際家族年の意図だったと思う。一九九六年七月、法務省は日本人の実子を育てる外国人の親に対する在留資格を認めていく通達をだした。今までは、「婚姻」という絆に結ばれた家族でなければ、家族としての在留資格を得るのが困難だった。そのため、日本人との結婚が破綻した外国人は、日本に住むことができなくなっていた。昨年の通達は、日本人と離婚をした外国人でも、あるいは日本人と結婚していなくとも、日本人との間の子ども（日本人父が認知した子ども）を育てる場合（親権者である外国人）は、「定住者」という在留資格で日本に住むことができるというものである。

しかし、親の離婚は、子どもにとって一方の親を失うことを意味する場合が多い。親権を得た親がもう一方の親に子どもを会わせなかったり、親権を失った親が日本に住むことができず帰国してしまう場合などである。日本ではまだ離婚に際して親権を母親に認める傾向があるそうだが、子どもの奪い合いが凄まじく、犠牲者は小さな子どもであることが多い。しかも、日本社会は、外国人である母親、あるいは父親だけが子どもを育てていくことは非常に困難である。六年前に相談を受け、今でも付き合いのある外国人女性Sさんは日本人の夫との離婚裁判で子どもの親権を得た。日本での在留資格は得たものの、小さい子どもの世話をしながら働くことは不可能だった。子どもは外国の実家に預けられ、彼女は日本での生活基盤づくりに一人で励んだ。父親からの養育費もなく、しかたがなかったとはいえ、突然知らない国に連れていかれた子どもが引き受けなければならなかった負担は大きい。しかし、日本に家族のいない外国人は誰を頼ればいいのだろう。子どもは今日本に呼び戻され、日本の小学校に入学した。

実際、子どもを自国の母親に預けて日本で働いている女性の話をよく聞く。日本でできるだけ稼ぐことが、子どもの幸福につながると信じている人もいる。多くの収入を得る仕事は、やはり夜の店で働くことであるのを彼女たちはよく知っている。離婚して子どもを引き取り、寝ている子どもを店の近くの保育所に預けて夜通しカラオケバーで働く女性もいる。冒頭のフィリピン女性Rさんは、実家の母に預けている前夫との子どもに養育費を送らなければならない。が、今は夫と子どもの世話で働けない。夫は彼女が働くことに対しては反対しているが、フィリピンへ送金する余裕もない。そんなことで彼女は離婚したいとまで考えるようになっている。離婚すれば現在の夫との子どもをフィリピンの母の元に送り、今なら彼女はまだ若いので夜の商売で働けるという。

女性が外で働くときに、子どもを実家の母親に預けることは日本の多くの女性がやっていることでもある。しかし、日本と外国の場合は少し事情がちがう。二つの国にまたがって子どもを育てることは非常な努力なしにはできない。母親と子どもの距離があまりにも大きい。子どもを母親に預けている女性たちは、いつかは子どもの所に帰ろうと思っているかもしれない。しかし、日本で再婚するチャンスがあれば子どもとの距離はまた遠くなってしまう。再婚した夫に頼んで子どもを呼び寄せることができる場合もある。子どもを日本に呼び寄せるための手続きや夫の養子にするための方法についての相談もある。しかし、それは、はたして子どもにとってどうなのだろうか。子どもが母親の元にくるということだけではない。知らない日本社会や家族に適応しなければならない。日本社会や家族には、これができるだけの十分なケアーが子どものために用意されているだろうか。海を渡って親の元に来た子どもが日本社会に適応できず、再び来た海を帰らなければならなかったこともあった。いずれにしろ、子どもたちは親の生き方に影響されざるをえず、これらの子どもたちにとっての「最善の利益」が何なのかを考えさせられてしまう。

◇資源としてのアイデンティティ

日本人父の戸籍に記載され、日本の名前をつけられた「国際結婚」の子どもたちは、母の国の文化をどう表現していくのだろうか。大多数の日本人の子どもたちのなかで、自分たちの居場所を築いていくことは容易ではない。父が日本人であっても会ったことがなかったり、日本の母子社会を反映して、これら多くの子どもたちが外国人の母に育てられたりしている。

日本人がアジア人女性を見る目がどんなものであるか、成長した子どもたちは敏感に感じ取る。ときにはそれが、日本人の夫たちが中国人やフィリピン人の妻に夫婦喧嘩の罵倒のことばとして投げ掛ける人種差別発言も含むことがある。アジアの南北問題や経済発展の優劣が、夫の口から妻へ、あるいは姑からまるでそれが妻のせいであるかのように言葉の暴力が加えられる。子どもたちは、外国人の親と日本社会のクッションの役目をするが、子どもたちの成長過程では、親に対する偏見が自分にも投げかけられていることを敏感に感じ取る。しかし、この状況をプラスに転じることはできないだろうか。

両親が二つの文化を持つ子どもたちは、二つの文化を得ると同時に、ときにはそれを担っていかなければならないことがある。当然、両親の国を知り、言葉を覚え、やがては自分が生活する場所に両親の国の両方が選択の範囲に入ることも可能である。私は機会あるごとに「国際結婚」をしたカップルに子どもの国籍を聞く。これらの子どもたちは、母と父の二つの国、そして生まれた所にその出生が届けられ、そこの国籍を取得する権利があると思うからだ。国籍は、両親の国が子どもたちにその文化的基盤や生活権を保障する。

一九八四年に国籍法が改正され、外国人と結婚した日本の女性たちの子どもに日本国籍が取得できるようになったが、同時に外国人父の国籍を得る二重国籍の子どもたちが増えるということで、「国籍選択制度」が導入された。二二歳になるまでに、どちらかの国籍を選ぶというものである。当時、国籍法改正のために運動をしていた当事者たちは、私も含めてこの「国籍選択制度」に反対していた。子どもたちが生まれながらにして両親の国籍を得たのであれば、これは子どもたちの貴重なアイデンティティであって、だれもこの権利を剥奪することはできないはずである。母の国の国籍か、父の国の国籍かは、子どもたちが心に両方の国を持つかぎり、選択できるものではない。国籍は入国権や居住権、生活権を保障し、子どもたちが両親の文化を受け継ぎ、家族と再会し、国を追われないための条件を与えてくれる。

しかし、「国籍選択制度」はできてしまった。ただし、これは日本の国にだけ自分の選択の意志を伝えるだけで、もう一つの国籍の離脱は必ずしも必要ではない。したがって、もう一つの国が二重国籍を規制していないならば、日本の国籍選択後も二重国籍を持ち続けることができる。だから、私は、機会あるごとに、「国際結婚」をしたカップルに子どもの国籍を聞く。国籍選択制度を知らない親もたくさんいる。国籍選択の届け出をしなければ子どもの日本国籍がなくなってしまうこともあるという危険な制度でもある。

子どもは両親の二つの国籍を得る権利があるということ、子どもたちが親から二つの文化を受け継ぎ、それを育み、両国にある偏見を無くしていくことができるということは、決してマイナスではない。「国際結婚」の子どもたちが増え、子どもたちが持っているはずの個性が生かされる社会になれば、日本社会は内からの国際化が可能になるかもしれない。それには、子どもたちの母親であるアジアの女性たちが、正当な評価を受け、自信を持って自立して生きていくことができる社会でなければならない。

参考文献

アジアの女たちの会機関誌『アジアと女性解放』二号、七号、八号、九号、一八号、二〇号
宿谷京子『アジアから来た花嫁』明石書店、一九八八年
外国人配偶者の在留資格を求める弁護団
『オーバーステイ結婚マニュアル』海風書房、一九九四年
アジア人労働者問題懇談会編『侵される人権・外国人労働者』第三書館、一九九二年
大野俊『ハポン』第三書館、一九九一年
国際結婚を考える会編『二重国籍』時事通信社、一九九一年
もりき和美『国籍のありか』明石書店、一九九五年
森木和美「日比『混血児』と母親たち」『ひょうご部落解放』兵庫部落解放研究所、一九九五年一月№六一
法務省入国管理局編『在留外国人統計』一九八五年、八七年
入管協会『在留外国人統計』一九八九年、九一年、九三年、九五年、九六年、九七年

畠山学「日本人の実子を扶養する外国人親の取扱いについて」『国際人流』一九九六年一〇月
藤田小織「統計から見た最近の国際結婚の状況」『国際人流』入管協会一九九七年二月

2 「国際婚外子の国籍確認訴訟から」（二〇〇四年、初版発行）

はじめに

両親が婚姻していない場合でも、母が日本人であれば父が外国人であっても子どもは日本国籍を持ち、日本人である。ところが、父が日本人であっても母が外国人であれば子どもに日本国籍が与えられない場合がある。日本国籍の有無を決める国籍法は、「出生の時に父または母が日本国民であるとき」（第二条一号）、「出生前に死亡した父が死亡の時に日本国民であったとき」（同二号）日本国民とすると、血統による国籍取得を規定している。婚外子の「母」は分娩という事実によって母と認められるが、婚外子の「父」はそうした事実の確定が困難なので、法律に則った父でなければならない。母が外国籍の婚外子の日本国籍取得には、認知による父子関係が「出生の時に」なければならないとされる。日本人の父の認知がなかったり、出生後になったりした場合には、これら国際婚外子には日本国籍が与えられない。

この章で特に問題としたいのは、父が日本人である国際婚外子の国籍取得のあり方である。日本人父からの「認知」の有無、時期、外国人母の婚姻などによって、日本国籍を取得できない国際婚外子が近年増加し、深刻な問題となっている。母親が外国人であっても日本人の父と婚姻している「婚内子（嫡出子）」は日本国籍を持ち、戸籍に記載される。そして、一九八四年に改正された国籍法では日本国籍が取れなかった婚外子でも、両親の婚姻と認知によって「婚内子」となる「準正」によって、日本国籍を取得することができるようになった。しかしながら、すべての子どもの平等という観点からすれば、両親の婚姻を基準にした国籍規定や出生前（胎児）認知を求めるこのような現行国籍法は見なおされなければならない。

一九九〇年代には日本に来ていたフィリピン人女性らの相談が大阪の外国人支援グループにも多く寄せられるようになっていた。当時いくつかの支援グループで電話相談を受けていた私は、国際婚外子の日本国籍取得には出生前の認知、「胎児認知」が必要だというアドバイスをしていが、このようなときに生後認知された国際婚外子の国籍確認訴訟を起こそうとしていたフィリピン人母子に出会った。

① 日本国籍取得をめぐって

姉妹の父は同じ日本人

一九九五年四月二八日、フィリピン人女性のマイラさんは、二歳の長女の法定代理人として、日本国籍確認と慰謝料五〇万円の支払いを国に対して請求する裁判を大阪地方裁判所に起こした。マイラさんの長女は日本人の父が認知したにもかかわらず、その認知が出生後だったために日本国籍がとれなかった。当時生後五か月だった次女の場合は、出生前に同じ父から認知され、日本国籍を取得できた。マイラさんと長女は現行の国籍法が平等原則を規定した憲法違反であることに異議申し立てをしたのだった。

マイラさんは、一九八三年短期ビザで来日して大阪で働く機会を得た。子どもの父である日本人男性Yと知り合い、同居するようになったが、ビザの更新ができず、超過滞在になっていた。彼女はYの結婚の約束を信じていたが、あとになって彼に妻と子どもがいることがわかった。「子どもが学校を卒業したらお前と結婚する」という彼の言葉を信じて六年たったとき、Yの子どもを妊娠していた。Yは産むことに反対したが、カトリック信者であるマイラさんにとって、中絶は、「子どもを殺すこと」に等しかった。そして、一九九二年六月、Yの協力が得られないまま長女を産んだ。

出産後Yは家に来たり来なかったりで、母子の生活は苦しかった。マイラさんは生まれてすぐの赤ちゃんを鍵のかかった部屋に残し、仕事に出かけた。結婚の約束を守らず、子どもへの責任も果たさないYと別れる決心をしたが、生活が安定せず、借金を重ねることになった。子どもはどこにも登録されず、無国籍のままで健康保険もない状態だった。Yがマイラさんと子どもからだんだんと離れていったのもこのころだった。そんなときに、再び彼の子どもを妊娠していることを知った。家にいないYに相談することもできず、途方に暮れてフィリピン領事館に助けを求めたところ、アジアン・フレンドという外国人のための電話相談に応じている市民団体を紹介された。

知らなかった「胎児認知」

アジアン・フレンドの電話相談には、外国人女性から同様の相談がよく寄せられていた。出産費用にも困っている女性が多く、なんとか児童福祉法の「入院助産制度」を利用しようとするのだが、九三年四月以降、厚生省（当時）は超過滞在などで在留資格のない外国人には適用しないように指導していた。母親に在留資格がなければ、日本で生まれた子どもでも在留資格がなく、日本の福祉から切り捨てられる。日本に存在することさえ否定され、見つかれば母の国に強制送還される。ただし、日本人の父が子どもの出生前に認知届を出せば、子どもは出生と同時に日本国籍を取得し、日本人としてのすべての社会福祉を受けることができた。そのような説明をされても、マイラさんは胎児認知という言葉すら聞いたことがなかった。フィリピンには認知制度がなく、出生届に父と母の姓名を書くことで父が誰であるかを確定する。しかし、マイラさんの子どもの父親Yは娘の出生届すら出していなかった。マイラさんは「もうすぐ生まれてくる次の子どもに日本国籍が取れるのであれば取りたい。日本で日本人父から生まれたので当然だ」と思った。

それからは弁護士やボランティアの手を借りて、Yを探しだし、説得を始めた。なんとか二人の子どもの認知を承諾した父親は、わずかながら養育費の支払いも約束した。そして、一九九五年四月、胎児認知された日の翌日に次女が生まれ、次女一人の戸籍を作ることができた。長女には適用されなかったが、次女は日本国籍があるということで入院助産制度や母子保健制度の対象となり、乳幼児検診も受けることができた。しかし、長女の認知のほうは、認知によって日本人父との親子関係は法的なものとなり、Ｙの戸籍に認知事項が記載されたのだが、日本国籍は取得できず、戸籍は作られなかった。同じ日本人男性の子である姉妹の間に、国籍取得に決定的な相違があることが浮き彫りになった。

次女が得た日本国籍をなぜ長女は取れないのかという疑問は、マイラさんだけでなく、かかわったボランティアや弁護士にも生じた。支援者とともにどのようなことができるか模索しあった結果、マイラさんは弁護士の協力を得て長女の日本国籍取得を裁判に訴える決心をした。「二人の子どもの母親として一方に国籍がないことは悲しいことで、自分は子どもたちに説明できない、子どもたちのために裁判をして納得のいく説明をしてもらいたい」と考えた。

マイラさんには不安もあった。はたして日本社会は外国籍の子どもを受け入れてくれるだろうか。外国人の母が日本人の父と結婚できないのは、子どもたちにはどうしようもできない。日本に生まれて外国人として暮らすことがどんなことか、小さい子どもたちにはまだよく分からないだろう。が、母親のマイラさんにはそれがよく分かっていた。だからこそ、彼女は子どものために裁判を決心したのだった。

私たち支援者にとっても、マイラさんから投げられた疑問は解決していかなければならないことだった。「マイラさん母子を支える会」を結成し、「国籍を求める要請書」の署名を集め、裁判所に提出するなどの支援活動を始めた。

この裁判は、「婚外子」に対して差別を設け、認知の時期によって異なる扱いをする国籍法の解釈をめぐって争われた。しかしながら、九六年六月の大阪地裁判決、九八年九月の大阪高裁判決ともに、長女の日本国籍は認められなかった。両裁判所の「非嫡出子差別に合理性がある」という判決は、とうてい納得のいくものではなかった。マイラさんは、「子どもが大きくなってなぜ自分は日本人でないか聞かれたら、これでは説明できない」と、最高裁への上告手続きを取った。だが、上告から四年後の二〇〇二年一一月二二日に最高裁が出した判決は、棄却であった。

②「国際婚外子」と日本社会

ジャパニーズ・フィリピノ・チルドレンの誕生

一九八〇年代後半から国際結婚は増加し続け、特に日本人男性とアジア人女性の組み合わせが多い。電話相談などの経験から、こういった組み合わせは、統計に表れない非婚カップルにも増えているように思う。婚姻届がなされないまま子どもができ、その後日本人男性が女性や子どもから去っていくという問題が一九九〇年以降、日本でもフィリピンでも顕在化してきた。[ii] 当事者の女性たちから相談を受けたフィリピンの女性グループは、日本人男性の無責任さを告発し、「父親探し」を日本社会に訴えるキャンペーンを展開した。日本人父とフィリピン人母を持つ子どもたち、ジャパニーズ・フィリピノ・チルドレン（JFC＝日比国際児）の多くは「アキラ」や「ミカ」など日本の名前を持ち、父が知れないという背景から、フィリピン社会でも差別されると訴えた。フィリピンだけでなく、タイでも同様に、日本人父の国際婚外子が増えているといわれているが、日本人である父からの援助がなければ、このような母子が日本に来る手段はほとんどない。

一般に、外国人が日本に来て住むためには、経済的な条件だけでなく、法務省入管局が与える在留資格が必要だ。「結婚ビザ」とよく言われる「日本人の配偶者」資格は、日本の役所（在外公館を含む）に婚姻を届けることによって初めて認められる。国際結婚の届出は本国の書類も必要であり、日本人同士の婚姻より手続きが煩雑である。やっと書類を整えて提出しても役所で受理伺いになったりすることがある。フィリピンなど一方の国の役所に届け出ているので日本には届けなくてもいいと思っている人もいる。日本人の夫が重婚であったため来日できなかったフィリピン人妻もいる。このように二つの国にまたがる家族関係は、国の入国管理政策などにも影響され、離散を余儀なくされる場合も生じている。

また、「日本人の配偶者」資格は婚姻中の在留資格なので、離婚によって失われる。一九九六年までは在留資格のなくなった外国人は帰国の対象とされ、子どもと共に帰国するか、超過滞在（オーバーステイ）にならざるをえなかった。オーバーステイの外国人を増やすことになりかねない事態に日本政府も対応しなければならず、一九九六年七月三〇日、「日本人の実子を扶養する外国人親の取り扱いについて」という通達（七三〇通達）を出し、日本人の子どもを育て、親権を持つ外国人親に対して、「定住者」としての在留資格を認めた。

マイラさん母子のように、相手の日本人男性が既婚で、婚姻届が出せない場合は、子どもの国籍だけではなく、「日本人の配偶者」「日本人の子」としての在留資格も得られない。つまり事実婚という選択は「日本人の配偶者」以外の在留資格を持たない限り、在日外国人にとって難しい。マイラさんと長女は超過滞在のため法務省入管局に出頭しなければならなかった。「日本人の子」には在留資格があるにもかかわらず、当時は、子どもが未成年で養育しているのが外国人母の場合は、多くが母子ともに強制送還になっていた。ところが、前述の七三〇通達によって初めて、在留資格のない国際婚外子の外国人親にも「日本人に認知された子の親権者として子どもを監護養育する」という理由で、日本に住む在留特別許可が与えられるようになった。そのためマイラさんと長女にも「定住者」の在留資格が認められて、子どもにとっては見知らぬ国フィリピンへ強制送還されるという不安は消えた。[iii]

国際婚外子の戸籍

日本人母と外国人父の国際婚外子は、日本人父の国際婚外子と異なり、日本国籍取得に問題は生じない。なぜなら、日本人母の婚外子は、「分娩の事実によって母子関係が発生する」と解されていることから、父が誰であろうと、出生により当然に日本国籍を取得し、母の戸籍に入るからだ。一方、日本人父が国際婚外子を認知した場合、その事実は父の戸籍の身分事項欄に記載される。ただし、子どもの出生前に認知していないと、日本国籍が与えられないということは、マイラさんの長女の例で見たとおりである。出生前に認知届けが出されている場合は、出生届には父と母の姓名が記入され、それをもとに子どもの単独戸籍が編製され、日本国籍を取得する。ただし「嫡出子」ではないので父の戸籍には入らず、認知の事実だけが記載されるだけだ。

日本国籍を取得できない子どもたちは、在留資格を得て外国人登録をしなければならない。しかし、どこにも出生届を出していない場合もあり、児童相談所などではその際「無国籍」扱いをしているようである。[iv] 外国人登録の統計を見ても、国籍の欄が「無国籍」となっている一九歳までの子どもが増えている。日本は血統主義を中心とした国籍付与の法体系を持ち、米国のように生まれた場所の国籍を取得する出生地主義をとっていない。したがって、日本で生まれた子どもたちでも日本国籍がなく、諸事情によって父の国籍、母の国籍も取得できない「無国籍」の子どもたちが生まれている。日本人父の国際婚外子が日本国籍を取得できないために「無国籍」の子どもが増えていることが考えられる。

このように私たちが気づかないところで、在留資格がなく、外国人登録もされない子ども、母の国に帰された子ども、母の帰国によって外国で生まれた子どもなど、国際婚外子は増え、成長しているのである。

③ 国際婚外子と国籍取得

日本国民の要件を定める国籍法

日本国籍は、憲法一〇条で「日本国民たる要件は法律でこれを定める」と述べられ、具体的には国籍法によって決まる。ここで、日本の国籍法の歴史的沿革を見て、現行法の問題点を整理しておこう。

一八九九（明治三二）年にできた最初の国籍法は、出生のときに父が日本人である子が生来的に日本国籍を取得するという父系中心の血統主義だったが、日本人父または母に認知された婚外子は、その時点から伝来的日本国籍取得が認められていた（旧国籍法五条三号）。そして、婚姻や養子などの身分行為による国籍の得喪もあり、日本人男性と婚姻した外国人女性には日本国籍が付与され、外国人男性と婚姻した日本人女性は日本国籍を失った。

一九五〇（昭和二五）年の新国籍法で、身分行為による国籍の取得、喪失がなくなり、外国人と婚姻した日本人女性は日本国籍を維持できるようになった。認知による国籍取得も廃止されたが、日本人母の婚外子は分娩の事実から日本国籍が取得できた。ところが、外国人と婚姻した日本人母の子どもは日本国籍を取得できなかった。これは女性差別であり、子どもの人権侵害であると、国際結婚をした女性たちから国籍法改正運動が起こされた。改正運動や国連の女子差別撤廃条約の影響を受け、一九八四年に国籍法が改正され、翌年から「国際結婚」の日本人母を持つ子にも日本国籍が認められるようになった[v]。外国人父の国籍も同時に持つ子どもが増えることが懸念され、そのときから「国籍選択制度」が新たに設けられた。

一方、国際婚外子が日本国籍を取得するのには、日本人父の胎児認知による法的父子関係、または分娩した母が日本人であることが求められている。日本人父と外国人母の婚外子は父が胎児認知した場合のみ国籍法第二条一号の「出生の時に父又は母が日本国民であるとき」という条件を満たすとされ、子に日本国籍が付与される。ここでいう「父又は母」が日本国民である子とは、婚姻中に生まれた子であるか、婚外子であるかは問われない。しかしマイラさんの長女のように、認知が出生後になった子どもは日本国籍取得の道が閉ざされている。改正国籍法では、そのような出生後に認知された子の日本国籍取得に親の婚姻を条件とした。第三条「父母の婚姻及びその認知により嫡出子たる身分を取得した子で二〇歳未満のものは、法務大臣に届け出ることによって、日本の国籍を取得できる。」（準正による国籍の取得）という規定が新設され、子の出生後に父母が国際結婚した場合だけ伝来的に日本国籍が取得できるようになった。しかし、親が婚姻しない婚外子に対しては新たな差別を生むことになったのである。

母が婚姻中の「国際婚外子」

日本人父が外国人母の子を出生前に認知したくてもできず、出生した子どもの日本国籍が取得できないことが問題となっていた。父が認知できるのは、子の母が独身でなければならない。母が他の男性と婚姻中である場合、子どもは、母が婚姻中の夫の子と推定され（民法七七二条）、子の出生後の「嫡出否認の訴え」や「親子関係不存在確認の訴え」によって親子関係が否定されてからでなければ、実の父は認知ができない。この場合の胎児認知はまったく不可能とされ、日本国籍を取得できなかった。

ところが、日本人男性と婚姻継続中の韓国人女性が別の日本人男性の間に生まれ子の国籍訴訟で、一九九七年一〇月、最高裁判所は、やむなく生後認知になった婚外子の国籍をある一定の条件の下において認めるという判決を出した。その条件とは、母の法律上の夫と子との間の戸籍上の親子関係不存在を確定する法的手続きが子の出生後遅滞なく執られ、その確定後に速やかに実の父が認知を届出た場合である。そして胎児認知された場合に準じて、国籍法二条一号「出生の時父が日本国民」の適用を認め、子どもに日本国籍が与えられることになったのである。

この最高裁判決後、かなりの変化がみられた。判決後法務省は、戸籍実務を判例にあわせるため民事局長通達を出し、「子の出生後三ヶ月以内に嫡出推定を排除する裁判が提起され、その裁判確定後十四日以内に認知の届出等がされている場合（中略）子は出生により日本国籍を取得したもの」とした。また、一九九九年の法務省民事局課長通知では、たとえ受理されなくても胎児認知を届けておくことによって、後日親子関係不存在確認または嫡出否認裁判が確定すれば胎児認知の不受理処分を撤回し、日本国籍を得ることができるとされている。[vi] また最高裁は二〇〇三年六月にも、子どもの出生八か月後に親子関係不存在の訴えをおこした大阪在住の韓国人女性の子どもに日本国籍を認める判決を出している。[vii] このように、日本人父と外国人母の婚外子でも母が婚姻中に出産した場合には、やむなく生後認知になったとして、日本国籍が付与されることになった。

残された問題は、マイラさんの長女のように出生後に認知されていても両親が婚姻していない子に日本国籍がないということである。

④ 国籍確認訴訟の争点

認知の遡及効

マイラさんの長女を原告にした日本国籍確認訴訟の弁護団は、第一に、原告が日本人父に認知されていることは「出生の時に父が日本国民である」ことを意味し、「日本国籍を取得している」と訴えた。その根拠は、民法に規定されている「認知の遡及効」である。出生後であっても認知の効力は出生の時点にまで遡及すると民法七八四条で規定されており、それが採用されると出生の時点で日本人父との親子関係が形成されていることになり、生来的に日本国籍を取得することになる。このような考えから、弁護団は、生後認知された国際婚外子の日本国籍取得を制限する国の解釈が「法の下の平等」を定めた憲法に違反し、「国籍を持つ権利」を定めた国際人権規約や子ども権利条約に違反すると主張してきた。

これに対して、国は、「認知の遡及効は親族法上の効果に係るものであり、国籍法の適用に関しては認められない」とし、その理由として、「国籍の浮動性」防止をあげる。すなわち、生来的に取得する国籍はできるだけ出生時に決定されるべきもので、生後認知により出生時に遡って日本国籍を得ると子の国籍が父の認知があるまで不確定なものとならざるを得ない。国籍は選挙権や公務就任権など公法上の権利義務に係わるため、国籍が不確定（浮動）であるのは好ましくないとする。さらにこのような差別には次のような合理的理由があり、許容されるとした。①生後認知された子の国籍取得は、親の婚姻をともなう「準正による国籍取得」（三条）があり、二〇歳未満で届出の時点で日本国籍を取得する。これから考えても認知の遡及効はありえない。②また親の婚姻が望めない場合は簡易帰化による国籍取得がある。③国際婚外子は日本国籍以外の国籍を有する可能性があるので、日本国籍を取得すると「重国籍の防止」が必要となる。④国籍法の経緯、「沿革的理由」をみると、旧国籍法では認知による伝来的国籍取得が認められていた。しかし一九五〇年の新国籍法では、子の意志にかかわりなく当然に国籍の変動を生じることは憲法二四条の精神に反するとして改正されており、現国籍法に引き継がれていると主張する。さらに国は、子どもの国籍取得の条件として、次に述べる

⑤「親子関係の実態重視」、「親子の実質的結合関係」をあげた。

国が主張する「実質的結合関係」とは

国が主張する日本国籍取得の根拠は、「血統という単なる自然的、生理的要素を絶対視せず、親子関係を通じて我が国との密接な結合が生じる場合に国籍を付与するとの基本的政策に立脚する」というものであった。したがって日本人父の国際婚外子に国籍を付与する場合、父子関係の「実質的結合関係」が重視され、婚外子には「親子関係の実態」がないと断定され、日本国籍が制限される。政府が描く日本国民の家族像は婚姻家族であって、子は「日本国民の家族に包摂されることによって日本社会の構成員になる」と主張する。つまり、国は婚外子が婚姻家族に属さず、親子の実質的結合関係がない、これらを考慮すれば国籍を付与しないことは十分に合理性があるというのだ。また同じ婚外子であっても出生後の認知と出生前の認知では実質的な父子関係の度合いが異なるので、このような差異を設けることも合理的な理由に基づくものだという。ところがこれはマイラさんの娘たちの場合にはあてはまらない。先に生まれた長女のほうが父との接触が多く、次女は父をまったく知らないからだ。

人権としての国籍

国のこのような主張に対し、弁護団は、人権としての国籍をかかげた。ある国の国籍を持つことは、その国との法的関係が結ばれることで、そこには権利義務が生じる。しかし外国籍になると一定の権利が制限される。日本でも基本的人権は、日本国籍のない者に対して制限されている。たとえ原告がフィリピン国籍を持っていても、日本国籍がないことによって、本人のアイデンティティの形成にも影響し日本での処遇もまったく異なったものになる。国籍の有無は人権にかかわる問題である。そのような人権にかかわる問題であるのに、国が主張する「合理的理由」の下で差別的解釈を許してよいのだろうか。国際婚外子に対して国籍付与を制限する国側の理由は、正当であるのか、また、それらは本当に必要なのだろうか。

たとえ「国籍の浮動性」の問題が生じたとしても、認知による国籍取得を否定するほど大きな弊害はないし、重国籍は選択制度などによって防止されている。また国籍法三条が前提とする両親の婚姻は、子どもにとって預かり知らないことである。簡易帰化による国籍取得は、法務大臣の裁量によるもので、確実に日本国籍が取得できるものではない。

地裁から高裁へ――国際人権条約違反ではないか

こういった弁護団の反論に対して、一九九六年五月に出された大阪地方裁判所の判決は、現行法の基本的立場が「現今の国籍法政策上合理性を欠くものとはいえず」、親子関係が希薄とする婚外子への差別を認めるものだった。判決は弁護団の反論にはほとんど答えておらず、国の主張をそのまま認めていた。マイラさんの決意は固く、長女のために大阪高等裁判所に控訴した。それを受けて弁護団は次の審理が新たな結論を導くよう、従来の意見陳述に加えて、国の国際人権条約違反を強調した。

当初から弁護団は、国際婚外子に対して国籍が付与されないという事実が日本国憲法に違反しているだけでなく、国籍を取得する権利を定めた国際自由権（B）規約[viii]（市民的及び政治的権利に関する国際規約）、及び子どもの権利条約[ix]に違反していると指摘してきた。日本は憲法（九八条二項）で、「日本国が締結した条約および確立された国際法規は、これを誠実に遵守することを必要とする」と規定しており、国も裁判所もこれを否定することはできない。だが、これに関して地裁判決は、国際条約が規定する「国籍取得の権利保障」を、「無国籍児童の一掃を目的としたもの」と解釈し、原告にはフィリピン国籍があり、現行法解釈は不合理な差別とはいえないのだから国際条約にももちろん違反しないというものだった。

しかし、裁判の争点は、日本国内で日本国籍が取れない差別を論じており、他国の国籍のことを論じているのではない。弁護団は、子どもの権利条約が子どもの出生のときから国籍を持つ権利を保障しており、締約国は出生による差別をしてはならないことを訴えた。そして、日本が締結した条約は、「公布とともに国内的効力を生じ、少なくとも法律より上位の位置を占めるというのが、政府、裁判所、学説に共通した認識である」ので、裁判所が国内法を条約違反と判断して無効にすることもできるという意見書を出した。しかしながら、高裁判決は地裁と同じ立場を採り、規約人権委員会などの意見は「締約国の国内的機関による条約解釈を法的に拘束する効力は有しないものであり、もとより我が国の裁判所による条約解釈を法的に拘束する効力は有していない」として取り上げなかった。一九九八年に出された判決は、生後認知された婚外子の日本国籍取得を認めないのは、国の解釈に「合理的な根拠」があり、憲法に違反しないというものだった。

⑤　最高裁判決

再度の「合理的根拠」

二〇〇二年一一月二二日の最高裁判所判決は上告「棄却」だった。争点であった国籍法二条一号の憲法十四条違反については以下のように判断が示された。「法の下の平等を定める一四条は絶対的平等を保障したものではなく、合理的理由のない差別を禁止する趣旨のもの」であること。国籍法二条一号は、「単なる人間の生物学的出自を示す血統を絶対視するものではなく、子の出生時に日本人の父又は母と法律上の親子関係があることをもって我が国と密接な関係があるとして国籍を付与しようとするもの」で、生来的な国籍取得はできる限り子の出生時に決定されることが望ましい。したがって国籍法では生後認知が出生時までさかのぼらず、日本国籍の生来的取得を認めない原判決には、合理的根拠があり、国の主張や高裁の原判決を追認した。しかしながら、国籍法三条については前の判決にはなかった問題が提起されたのである。

国籍法三条について弁護団は、「嫡出子と非嫡出子との間で伝来的国籍取得に差異を設けている」ことが憲法違反であり、無効であると、一連の裁判で主張していたが、これに対し最高裁は、「仮に法三条の規定の全部又は一部が違憲無効である」としても上告人請求が「日本国籍の生来的な取得を主張する」ため、「原判決の結論に影響しない問題について違憲性を主張してもこれを採用することはできない」と結論づけた。しかしこの問題は非常に重要なことであるとして。裁判官三人の補足意見があり、法三条の合理性には疑問があるということが指摘された。

国籍法三条の違憲性

五人の裁判官のうち、三人の裁判官から出された補足意見は今までの判決には見られなかった問題提起である。そのうちの二人の裁判官は次のように指摘する。国際婚外子は、①日本人母の子には日本国籍があり、②母が外国人であっても日本人父から胎児認知を受けると日本国籍となる。しかし、③日本人父に出生後認知された婚外子は日本国籍がない。密接な親子関係を通じて日本国籍を付与するという主張は理解されるが、父母が婚姻関係にない子ども（①と②）でも日本国籍を認め、親子の実質的結合関係を国籍取得の要件にしているわけではない。つまり国籍法は、国籍取得の要件を定める上でそのような主張を必ずしも貫徹しているわけではない。③の国籍取得は国籍法三条によって親の「婚姻」が条件となる。「しかしながら、今日、国際化がすすみ、価値観が多様化して家族の生活の態様も一様ではなく、それに応じて子供との関係も様々な変容を受けており、婚姻という外形を取ったかどうかということによってその緊密さを判断することは必ずしも現実に符合せず、親が婚姻しているかどうかによってその子が国籍を取得することができるかどうかに差異を設けることに、格別の合理性を見いだすことは困難である」（梶谷玄、滝井繁男裁判官）。

さらに補足意見は、男女の役割がジェンダーフリーの視点でとらえられ、「父子関係と母子関係の実質に一般的に差異があるとしても、それは多分に従来の家庭において父親と母親の果たしてきた役割に依ることが多いのであって、本来的なものとみるかどうかは疑問であり、むしろ、今日、家庭における父親と母親の役割も変わりつつあるなかで、そのことは国籍取得の要件に差異を設ける合理的な根拠とはならないと考える」と明確に述べられている。
また、「日本人を親として生まれた子どもは日本国籍取得を期待し、その期待はできる限り満たされるべきである」と、基本的人権の保障としての国籍を認めている。国籍取得上の差別をなくすために、一定の年齢に達するまで所定の手続きの下で、認知による伝来的国籍取得を容認する発言もあった。最後に、親の婚姻を国籍取得の要件にしている法三条の差別性に言及し、「嫡出子の一部に対する差別をもたらすことは立法目的に照らし、十分な合理性を持つと言うことは困難であり、憲法一四条一項に反する疑いが極めて濃いと考える」と括られている。

おわりに

日本政府や裁判所は、日本国籍取得における婚外子差別には合理性の根拠があるとし、二重国籍防止、国籍の浮動性防止、国籍法の沿革、第三条の準正、実質的親子関係を理由にあげた。しかしこれらは、すべての場合において厳密に適用されてこなかった。したがって一部の婚外子だけにこれらを厳格に適用することは不当である。国は婚外子を「嫡出子」と別個に扱うことを当然とし、その理由として、「非嫡出子は、正常でない家族関係における子」と、法務省の国籍法についての解説書[x]で表現されている。

婚外子を「正常でない家族関係における子」という誤った国の認識自体が差別であるが、だから日本人として認めないという法律上の差別は、必ず解消されなければならない。かつての国籍法が日本人女性の子どもに日本国籍を与えなかったが、「これは二重国籍者が増えるという合理的理由のためで、けっして女性差別ではない」[xi]と、国や裁判所が主張していた。だがその後、一九八四年の国籍法改正で、日本人女性のすべての子どもに日本国籍取得が可能になった。このように、日本国籍の取得要件は時代によって変わってきた。

結婚するかしないかは、人の生き方の問題であり、最近は婚姻届を出さないカップルも増えている。日本人の父を持つ子どもにとって、父の国の国籍は、母の国の国籍を取得することと同様に重要な問題である。いつか必ず日本人父のすべての子どもに日本国籍が取れ、婚外子に対する差別が解消されることを、私は確信している。その予兆が、「棄却」されたとはいえ最高裁の補足意見から伝わってくる。

注

i　フィリピン家族法第一六三条は父子関係の事実主義を規定している。
ii　松井やより著『日本のお父さんに会いたい』岩波ブックレット、一九九八年
iii　二〇〇一年頃から七三〇通達が準用されず、外国人母と日本人の子が強制退去命令を受ける事例が多くなっている。「子の父親日本人なのに」朝日新聞、二〇〇一年十二月二十日より。
iv　奥田安弘『数字でみる子どもの国籍と在留資格』明石書店、二〇〇二年
v　もりき和美『国籍のありか』明石書店、一九九五年
vi　国友明彦「日本人父の出世以後の認知による子の国籍」『判例タイムズ』二〇〇二年一一月

vii 最高裁判決を受けて、二〇〇三年七月法務省は渉外的胎児認知届の追加通達を出した。

viii 規約二四条一項「すべての児童は、人種、皮膚の色、性、言語、宗教、国民的若しくは社会的出身、財産または出生によるいかなる差別もなしに、未成年者としての地位に必要とされる保護の措置であって家族、社会及び国による措置についての権利を有する」。規約二四条三項「すべての児童は国籍を取得する権利を有する。」

ix 子どもの権利条約第七条一項「子どもは出生ののち直ちに登録される。子どもは出生の時から名前を持つ権利、及び国籍を取得する権利を有し、かつ、できるかぎりその親を知る権利および親によって養育される権利を有する。」

x 法務省民事局内法務研究会編『改正国籍法・戸籍法の解説』一九八五年

xi 土井たか子編『国籍を考える』時事通信社、一九八四年

3 「国籍とジェンダー　国民の範囲をめぐる考察」（二〇一二年、初版発行）

はじめに

明治の開港以来、近代国家を目指した日本も外国との関わりのなかで日本国民を明確化し、国家としての体裁を整えていく。戸主を中心とする「家父長制家族制度」が日本の家族のあり方とされ、家父長への絶対的服従という男女の役割を固定化したジェンダー・イデオロギーが日本の近代化を特徴づける（大越　一九九七）。そんな時代的背景のなかで、国家はどのように「国民」を規定するのか、そこにジェンダーがどう関係するのか、本論では、「国民の形成」を歴史的に概観して、ジェンダーが果たした役割について考察する。

世界の国々が国籍の取得喪失に採用する基本的立場として、出生による国籍取得、婚姻など身分変動による取得、そして自主的意志による国籍取得があるが、ほとんどの国では、これらについて定めた法制度を持つ。かつては「夫婦国籍同一主義」という共通のジェンダールールが存在したが、各国それぞれが国民の範囲を決めるため、「国籍の抵触」も起きている。このようなジェンダー規範が戦前の国際結婚による妻の国籍に影響を与え、日本人女性は「国ヲ去ル」こととなった。日本の植民地支配下においても朝鮮人男性が日本人の家に入夫婚姻により移籍するという日本独自の男性役割が見られた。

戦後、何回か改正された国籍法改正の動きをみると、国連の人権条約が国籍取得の権利を明確化するなかで、国籍のあり方がジェンダーを越え、国民の「多民族化」が起きていることがわかる。これは、男性中心の家族主義から多様な個人（国籍）を含む家族形態への移行であり、上からの国民形成ではなく、国民の範囲を国民が決める方向を示唆する。

① どのように「国民」になるか

人は生まれたときから国籍を持っているのだろうか。一九四八年国際連合第三回総会で採択された世界人権宣言の第一五条では、「すべて人は国籍を持つ権利を有する」としている。人権宣言の内容を条約化した国際人権規約自由権規約（一九六六年）第二四条や子どもの権利条約（一九八九年）第七条においては、「すべての児童は、国籍を取得する権利を有する」と明記され、締約国はこれらの条項を守らなければならない。しかしながら、こういった人権に基づいた共通認識が醸成されるためには、長い歴史的道のりがあった。ここでは世界で採用されている国籍取得制度について概観する。

①-1 出生による国籍取得

どこの国においても出生による国籍取得の範囲を決めているが、国籍付与の条件は、その国の立法上の趣旨によってさまざまである。出生による国籍取得は主に、生まれた場所や土地との結びつきを重視する立場があり、そこでは領土（国）内に出生する者が国民であるとする。一方で、親との血縁的な結びつきを重視し、生まれた場所がどこであろうと、親の国籍を継承するという考え方がある。前者は自国の領域内で生まれた子どもに国籍を与える「生地主義」であり、アメリカ合衆国やカナダ、オーストラリア、ブラジルなどの南米の国など、移民によって国家が形成される国に多い。後者は自国民から生まれた子どもに国籍を与える「血統主義」であるが、日本をはじめ、アジアやヨーロッパの国に多く見られるが、フランスやドイツのように外国人居住者を社会に包摂する目的で、血統主義から生地主義に移行したところもある。

　生地主義を採用する国では、両親が外国人であっても生まれた場所の国籍を取得する。しかし、生地主義の国から来た国民の子どもが外国で生まれた場合、親の出身国の国籍が取得できるとは限らない。たとえば、アメリカ人と外国人の親を持つ子どもがアメリカ国外で生まれると、アメリカ国籍は親がアメリカ領土に通算五年以上居住していなければ取得できないなどの条件がある。ブラジルに渡った日本人移民の子どもの多くがブラジル人になり、近年、日本にも日系ブラジル人として働きに来る人が多い。血統主義の日本で生まれるブラジル人夫婦の子どもには日本国籍がなく、ブラジル国籍もないという無国籍問題が起き、海外では約二〇万人が無国籍状態になったという（二〇〇七年五月二二日付け「ニッケイ新聞」）。この事態を解消するためにブラジル政府は、二〇〇八年に法律の改正を行い、外国生まれのブラジル人の子どもに居住要件を付けずに国籍を与えた。[1] このように、生地主義の国でも、ある程度の制限を課しながら、父母の国籍を与えるという一部血統主義をとっている国が多い。

同様に、血統主義を採用する国でも、父母が知れない場合や、両親に国籍がない場合、国内で生まれた子どもに国籍を与えるという部分的生地主義を取り入れている。いずれの国籍取得原理でもすべての子どもに国籍付与の機会が保障されているとは限らないためこのような付随的な立法措置が取られている場合が多い。また血統主義の国籍法は、生まれた場所に関係なく子どもに父または母の国籍を認めるのが原則だが、外国で生まれた子どもの国籍に制限を設けている国が多い。日本の国籍法では、外国で生まれた子どもが日本国籍を「留保」する制度を設けており[2]、三か月以内に留保届けがない場合に日本国籍を失う。フィリピンでは日本人と結婚しているフィリピン人女性が子どもを自国で生む場合があるが、国籍留保手続きを知らず、子どもの日本国籍がなくなっている場合がよく見られる。この場合は、子どもが二〇歳になるまでに日本に居住し、国籍の再取得の届出をすれば国籍を回復することができる（国籍法第一七条）。

血統主義の場合は両親のジェンダーの違いによって、国籍付与に相違がおきる。血統主義は、父の子どもにだけ国籍を認める父系優先血統主義が主流であったが、現在では父または母の一方が自国民である場合に国籍を認める父母両系血統主義に移行している。生地主義をとる国でも、外国で生まれる自国民の国籍付与に際して父系優先血統主義を採用したところも多く、アメリカでは一九三四年以降に父母両系主義に改正されている。血統主義をとる日本の場合、戦後の国籍法改正においても父系優先血統主義が採られ、外国人と法的結婚をした日本人女性の子どもは日本国籍の取得ができなかった。西洋諸国においても、父系優先血統主義を採用していた国が多く見られたが、近年男女平等を求める声が高まり、一九七三年にフランスが、一九七五年に西ドイツが父母両系血統主義に改正した。

一九七九年国連総会で採択された女子差別撤廃条約が国籍における両性の平等を規定し、「締約国は女性に対し、子どもの国籍に関して男性と同等の権利を与える」ことを要請した。一九八〇年に制定された中華人民共和国国籍法は父母両系血統主義とされ、日本の国籍法は一九八四年に、韓国国籍法は一九八六年に父母両系血統主義に改正された。

①‐2　身分行為の変更による国籍移動

出生によって国籍を取得した後も、外国人との結婚や離婚、認知や養子縁組といった渉外身分の変更によって、もとの国籍から異なった国籍に移動するということが起きていた。日本の旧国籍法（明治三二年）は、婚姻、認知、養子縁組等による身分の変更にともなう国籍移動を規定していた。この影響を直接受けることになったのが「国際結婚」など外国人との渉外身分関係を結ぶ女性たちであった。国籍が異なる者どうしが婚姻した場合、家族のなかで国籍が異なるのを避け、世界的な傾向として、妻は国籍を失い、夫の国籍となる「夫婦国籍同一主義」が採用されてきた。一八八〇年の万国国際法学会は国籍を異にする夫婦の国籍について、「妻の国籍は夫のそれに従う」とし、一九三〇年のハーグ条約でも国籍の自由選択には触れられなかった。当時の日本政府は、日本の社会制度の基礎である家族の統一に反するとして従来どおり男女平等に反対の立場をとり、妻である女性の国籍が移動するジェンダー規範を堅持した。

前述した世界人権宣言ではその一五条二項で、「何人も、ほしいままにその国籍を奪われることはない、又その国籍を変更する権利を否認されることはない」とある。これが国際結婚をした女性の国籍の世界的規模の見直しにつながり、一九五七年の「妻の国籍条約」に結実する。ここにおいて、夫婦国籍独立主義が世界的に認知され、戦後日本の国籍法においても、国際結婚による女性の国籍喪失は削除されることになった。妻の国籍移動を現在でも残している国は、イランがあげられるが、妻の元の国籍を保持する二重国籍が認められている。

認知や養子縁組といった身分変更による国籍取得条項は国によって異なり、渉外関係を結ぶときには国際私法（日本の場合は法例）や関係国の法律を確認しなければならない。日本の一九五〇年国籍法では、旧国籍法では認めていた認知や養子による国籍取得が廃止された。一九八四年国籍法では、改正前の国籍法にはなかった準正[3]による国籍取得制度を設けるなど、親の身分変更によって子どもに日本国籍が付与されるものとなった（国籍法第三条）。旧国籍法における認知による国籍取得は、日本人父の認知のみで日本国籍が取得できたが、準正による国籍取得は、両親が婚姻をし、婚外子から「嫡出子」の身分を取得した場合にだけ日本国籍を認めるものである。後述するように、この新設された準正による国籍取得は後に問題となり、いくつかの国籍確認訴訟を経て、二〇〇八年最高裁判所大法廷の違憲判決により、国籍法改正が行われ（二〇〇九年一月施行）、認知による国籍取得制度が復活した。

①-3　自主的意志による国籍取得

世界的な人の移動によって、出生時に得た国籍の国ではないところに暮らす人が増えている。国家は外国人居住者がその国籍を取得する条件を設け、国民となる機会を与えている。「国籍自由の原則」が一般的に認められ、国籍の取得喪失に関して個人の自由意思が尊重されるべきだとしている(江川・山田・早田　一九七三初版)。日本では、一定の居住暦や生計要件を満たし、素行が善良であるなどが要求され、「日本人」に適性であるかどうかの判断を管轄の役所が下すという裁量権が国に認められている。国籍取得の条件は国によって異なるが、申請者である外国人が自国民の配偶者や子どもである場合には特別な措置を設けている国が多い。日本ではこれを「帰化」と呼び、国籍法で許可条件を規定している[4]。旧国籍法の帰化の条件においても、「夫婦国籍同一主義」が採用され、妻は夫の帰化に従うこととされ、家族ぐるみの帰化が要請された。

帰化による国籍取得のほかに、「届出による国籍取得」がある。これは国の法律で規定する条件をそなえる者が「届け出」という行為のみによって、国籍を取得する制度である。

イギリスは一九四八年の国籍法においても、イギリス人男性の外国人妻にはほぼ無条件に登録によってイギリス国籍を与えたが、イギリス人女性の外国人夫には何の特別規定もなく、一般の条件のもとで国籍取得申請をし許可を得なければならなかった。もっともそれ以前では、イギリス人女性は外国人と婚姻することによってイギリス国籍を失い、離婚、あるいは夫との死別によってイギリス国籍を再取得しなければならなかった(二宮　一九八四)。

日本では、一九八四年の国籍法改正の中で届け出による国籍取得制度を設けた。準正による取得、国籍を喪失した後の再取得である。また国籍法改正の経過措置として、当時二〇歳未満の子どもが届け出によって日本国籍を取得した。

男性中心のジェンダー基準は、後で述べるように、国際結婚の場合にも顕著だったが、現在の世界的傾向として、自主的意思による国籍取得条件に男女差を設けている国は少ない。国際結婚の場合も外国人配偶者や子どもに対しての優遇措置はあるにしても、男女間の差異を残しているところは少ない（国際結婚を考える会 一九九一）。

②「国際結婚」と国籍移動

外国に門戸を開放した日本は、居留地に外国人を受け入れ、やがて雑居を許可し、外国人と日本人の婚姻、「雑婚」を許可する時代を経て、やがて海外に植民地支配を経験する。植民地支配における領土拡大は異民族間の人的交流を促し、内鮮融和のための「内鮮結婚」が奨励された[5]。本項では、「文明開化」の国際結婚から、そして植民地時代の経験から、国籍とジェンダーの関係を読み解く。

②-1 戦前における「国際結婚」

明治の開港まもなく、英国領事より日本政府にイギリス人と日本人女性との婚姻についての照会がなされ、外国人との婚姻の可否が検討された。国が違う者どうしの婚姻は、日本人が「国籍」に真正面から向き合うきっかけとなり、その結果、国籍に関して日本で初めての法制度、太政官布告一〇三号「外国人民ト婚姻差許条規」一八七三（明治六）年が公布され、「日本人、外国人ト婚姻セントスル者ハ、日本政府ノ允許ヲ受クヘシ」とされた[6]。同じ年の六月、日本で最初に国際結婚の許可を受けたのは、士族北川泰明の娘静と英国人フリームの婚姻だった。しかしそれ以前にイギリスでイギリスの方式によってイギリス人ライザ・ピットマンと結婚していた日本人男性、南貞助がいたことが『国際結婚第一号』(小山　一九九五)に記されている。

これら明治の二組の国際結婚を国籍の移動からみてみると、日本人女性静は、当時の「外国人民ト婚姻差許条規」が「外国人ニ嫁シタル日本人ノ女ハ日本人タル分限ヲ失フヘシ」と定めているため、「日本人の分限」(「国籍」)を失ったことになる。日本人男性南貞助には何の規定もなく、妻ライザ・ピットマンは、「日本人ニ嫁シタル外国ノ女ハ、日本人ノ国法ニ従ヒ、日本人タルノ分限ヲ得ヘシ」ということから日本国籍を得ることになる。ところが、実際上はどちらの女性も戸籍上の手続きが取られず、国籍移動の問題を回避できたという。しかし、この国籍移動の問題がドイツ、フランス、イギリスの公使などから指摘され、日本は外国人の国籍を決める権利がないとして、同法の改正が求められた。太政官布告一〇三号は、当時世界的潮流であった「夫婦国籍同一主義」に倣ったものであるが、問題とされたのは、婿養子による外国人男性の日本国籍取得についてであった。これは、男性が、婿養子となって女性の家を継ぎ、家制度を保持するという日本独自のものであったため外国政府からは理解が得られなかったのである。小山によると、明治政府に許可された二三〇件の国際結婚リストの中に、婿養子と入夫婚姻が一五件見られ、そのうち九件は英国人であった。

帝国憲法が一八八九(明治二二)年に発布され、その第一八条には、「日本臣民タル要件ハ法律ノ定ムル所ニ依ル」とあり、一〇年後に日本最初の国籍法が一八九九(明治三二)年に公布された。また、その一年前に、外国との関係をどこの法律で対処するかについて規定した国際私法、「法例」[7]が出され、この時点で、国際結婚は届け出制に移行する。

明治三一年の戸籍法によって、戸主及び戸主と一定の身分関係にある者を公証するための戸籍制度が整い、民法が「家父長制家族制度」を支え、やがて国民の生活規範となっていた。明治の国籍法においても、国際結婚による国籍移動のジェンダールールは残された。民法では、「妻ハ婚姻ニ因リテ夫ノ家ニ入ル」（七八八条）ことから、日本人妻は外国人夫の「イエ」（国）に入るとされ、国籍法では、「日本ノ女カ外国人ト婚姻ヲ為シタルトキハ日本ノ国籍ヲ失フ」（一八条）こととなった。日本人男性が外国人と結婚しても国籍は変わらず、外国人女性が「日本人ノ妻ト成リタルトキ」（第五条）日本国籍となった。また日本の家制度によって、「日本人ノ入夫ト成リタルトキ」、「日本人ノ養子ト成リタルトキ」、外国人男性が日本人になることも可能であり、日本独自の家制度が日本民族ではない者によって担われることもあったと思われる。この国籍法立案に際してもっとも注意されたのは、国籍法を家族制度に適合させること、および「国籍の抵触（重国籍あるいは無国籍となること）」をさけることであったが、前者の目的のためには国籍の抵触が生じることもやむをえないとしている（二宮一九八四）。外国人と婚姻を結ぶ日本人女性の国籍喪失は、夫の国籍が得られなければ無国籍になることから、後にそれを防止するために国籍法に修正[8]が加えられた。このような国籍法が明治から戦後の一九五〇年新国籍法制定まで続いたのであるから、戦後長い間経た後も、外国人と結婚する日本人女性は、日本の国籍が無くなるといった先入観を持つ女性も少なくなかったようだ（ヤンソン一九八一）。

②-2　植民地支配から生じる問題

国内法である国籍法に規定のない国籍移動が起きるのは、領土の帰属に変更が生じたときである。

日清戦争後一八九五（明治二八）年に締結された「下関条約」によって、遼東半島、台湾等が日本に割譲され、そこに住む住民の国籍が日本に移動した。朝鮮は、一九一〇（明治四三）年「韓国併合ニ関スル条約」によって日本の支配下におかれ、朝鮮人すべてが日本国民とされた。台湾の場合は二年の猶予があったとはいえ、どちらも強制をともなう国籍移動であった。

日本の植民地支配は、日本人を「外地」へ移動させ、植民地の人びとの日本への渡航を促し、日本社会に異文化を導入した。それは、「日本帝国」として異民族を内包するという新たな体験でもあった。台湾には日本の国籍法が適用され、国民の範囲がそれによって規定された。しかし、植民地朝鮮では朝鮮総督府制令が事実上の法律とされ、異法域である朝鮮に国籍法は施行されなかった。日本帝国は日本戸籍法を植民地に適用しない方針を取り、新たな日本人の戸籍を「外地戸籍」、生来の日本人の戸籍を「内地戸籍」として区別し、異法域間の「移籍」を遮断した。これで、植民地支配の同化政策によって「日本人化」が進んでも、帝国日本のなかに民族的境界・差異が残されることになった。

このような状況において、朝鮮と日本の異民族間結婚についてはどのような政策がとられ、実際どうだったかのだろうか。初期の植民地支配政策に関していえば、異法域間の結婚に関して具体的な施策は採られていない。一九一二（大正一）年「民事ニ関スル事項ハ本令ソノ他ノ法令ニ特別ノ規定アル場合ヲ除クノ外左ノ法律ニ依ル」とされ、その第一に日本「民法」が適用されたが、その第一一条では、「第一条ノ法律中能力、親族及相続ニ関スル規定ハ朝鮮人ニ之ヲ適用セズ」とし、内地人には民法を適用し、朝鮮人には朝鮮の慣習（事実主義）が継続して用いられた。したがって、当初は朝鮮人と日本人の婚姻（「内鮮結婚」と呼ばれ、以下ここでも使用する）があったとしても、両地域間に共通法がなかったので、婚姻届をともなわず、結婚による移籍手続きは行われなかった。

このころの植民地朝鮮では、一九一九（大正九）年三月独立運動が展開され朝鮮民衆の異議申し立てが起きていたが、翌年四月には、李王世子（皇太子）垠と梨本宮方子の結婚が「内鮮融和の象徴」として政策的に実行された。しかしながら一般民衆の「内鮮融和」は進まず、朝鮮総督府調査によると、一九一八年には一一五組あった「内鮮結婚」が、一九一九年には六八組となり、翌年も八五組にとどまる結果であった（金 一九九九）。

②-3 「内鮮結婚」による移籍

一九一八年、法律を異にする両地域を交渉する共通法が実施されたが、両地域の婚姻による身分変動を規定した第三条は、一九二一（大正一〇）年「民籍ノ手続キニ関スル件」に引き継がれた。共通法第三条は「内鮮人通婚民籍手続き法」[9]と呼ばれ、共通法第三条の実施時点から、朝鮮人と日本人の婚姻、養子など身分関係による「戸籍移動」手続きができるようになった。その内容は、日本人女性が朝鮮人男性に嫁ぐ場合、夫の「家籍」、つまり、朝鮮戸籍に入ることになり、日本人男性と結婚する朝鮮人女性は夫の内地戸籍に編入するものであった。植民地においても、明治民法の「家父長制家族制度」のジェンダー役割に基づく身分変動が求められたのである。

通常の婚姻形態では女性の籍が変動し、男性は変わらなかったが、前項でも見たように、日本の家制度は特別の場合に、婿養子あるいは入夫婚姻という形で男性の移籍を認めていた。これは、植民地の男性が内地戸籍を得る唯一の方法でもあった。当時、日本人女性の「家」に婿養子や入夫として入籍する可能性を法務省民事局が次のように解説している。「旧法中の入夫婚姻については、朝鮮の慣習上は存しないが、旧民法施行時においては家制度の要請上、当時の法例一四条二項において『外国人カ女戸主ト入夫婚姻ヲ為シ又日本人ノ婿養子ト為リタル場合ニ於イテハ婚姻ノ効力ハ日本ノ法律ニ依ル』としており、この規定が外地人たる朝鮮人男にも準用されて、内地法たる旧民法が優先適用されることから、朝鮮人男は妻の家に入って内地籍を取得し、朝鮮の家を去ることになっていたのです」（法務省民事局第五課　一九七八）。

明治民法では、日本人妻の「家」に入籍した朝鮮人夫は、「内地戸籍」の戸主となることができた。戸主となった朝鮮人夫は自分の親族を「内地戸籍」に移籍させることも可能であった。同民法七三七条において、戸主の親族で他家の者であっても戸主の同意によって移籍ができると規定されているが、「家」の「戸主」である場合と兵役義務未了の者は移籍ができなかった（共通法第三条二項及び三項）。[10]前述した明治の国籍法は、日本人男性が婿養子となって外国へ国籍移動することを前提としていなかったが、共通法は、右の条件を設けながらも内地人男性の朝鮮籍への移動を禁止していなかった。しかしながら、朝鮮の慣習では、息子がいない場合は同本同姓の氏族から甥を養子にし、他姓の者を取らない「同本同姓不婚」や「異姓不養（同族でない者を養子にしない）」の原則があり、日本人男性が朝鮮の「家」を継承することは考えられなかった。

植民地後期になると、「内鮮結婚」、「内鮮一体」は日中戦争から太平洋戦争にかけて人的資源を獲得するための朝鮮総督府最高統治目標となっていく。一九三八年には「陸軍特別志願兵令」が植民地においても公布され、「皇国臣民」作りが徹底された。一九三九年、制令第一九号「氏設定に関する」制令（朝鮮民事令改正）、二〇号「朝鮮人の氏名に関する件」が公布され、日本式「家」制度が朝鮮人に適用される。氏の創設、婿養子、異姓養子、裁判上の離婚制度が翌年から施行された。そして、朝鮮家族制度の三大鉄則、「姓不変」「同姓不婚」「異姓不養」による宗族制度を廃し、日本の家制度を貫徹させるため、今まで宗族の姓を用いてきた朝鮮人に新たに「家」の氏を創設させ、そこに日本式の「異姓養子」を迎えることも可能とした[11]。

朝鮮人男性が内地籍になることは、内地籍の戸主権、渡航の自由、居住の自由、経済活動の自由、居住制限なしの選挙権[12]、民族差別からの脱出など、日本人としての権利を獲得することである。一方日本側では、軍隊に男性がかり出された後の日本の「家」が朝鮮人男性の働き手を得、同時に「家」の存続をはかる生き残り方法でもあった（森木　二〇〇二：三〇五）。

日本への朝鮮人強制連行が始まり、日本在住朝鮮人は急増する。植民地朝鮮では「内鮮人の通婚」が「内鮮融和」に好ましいとされていたが、実際、在朝日本人と朝鮮人の結婚は低調であった（鈴木一九九二）。それに比べて内地では戦時期に朝鮮人男性と日本人女性のカップルが増えた。植民地後期になると朝鮮人男性は流暢に日本語を操り、「内地人」となんら区別がつかなくなっていた。結婚の相手が朝鮮人であることを知らずに、あるいは知っていても、「日本人」だからと結婚した日本人女性も多い。ところが、当事者たちは、「日本人」であった夫は韓国人であり、朝鮮人であるという事実に、遅かれ早かれ向き合わなければならず、朝鮮の家族制度の中の朝鮮民族のジェンダー役割を担っていかなければならなかった。

②-4　妻たちの日本国籍喪失

一九四五年、日本は無条件降伏に応じ、新憲法制定、民法改正、そして一九五〇年には婚姻などの身分事項の変更による国籍移動を廃止した国籍法ができた。旧植民地出身者の日本国籍については一九五二年四月サンフランシスコ条約発効に際して出された法務省民事局通達まで待たねばならなかった。法務省民時局通達（一九五二年四月一九日民事甲四三八号法務府民事局長通達）には、「朝鮮および台湾は、条約発効の日から日本国の領土から分離することになるので、これに伴い、朝鮮人及び台湾人は内地に在住している者を含めて、すべて日本の国籍を喪失する」とし、元の国籍の回復が確定した。ところが、「もと日本人であった者でも条約発行前に朝鮮人又は台湾人との婚姻、養子縁組などの身分行為により内地戸籍から除籍せられるべき事由の生じたものは、朝鮮人又は台湾人であって、条約発効と共に日本の国籍を喪失する」とし、外地戸籍にあった日本人の国籍を選択の余地なく消滅させた。日本は、領土変更にともなう国籍の変更を条約ではなく、この一片の通達によっておこなった。朝鮮人や台湾人はもとの国籍を回復し、そして外地戸籍に移籍した日本人、その多くは日本人女性だが、彼女たちは日本国籍を失った。

法務省通達は、一夜のうちに多くの人の運命を変えた。かつて日本国籍を強制され、元の国籍を剥奪された民族にとって、国籍の回復は当然のことであったが、日本に生活基盤を移した「外地籍の日本人」は、今後、外国人として、外国人登録法、出入国管理令の下で日本の生活を送らなければならなかった。しかしこのような国家による一方的な国籍変更については世界的な規定がなく、フランスの旧植民地出身者に対する国籍の扱いは地域によって異なり、アルジェリア出身者の国籍はフランス国内在住に限り、フランス国籍を保持するなどの配慮が見られる（大沼 一九七九）。またドイツなども旧領有国に定住している独立国の国民に国籍選択権をあたえている（崔 一九八九：七七－七八）。

日本の植民地支配は、「内鮮一体」などと民族の結合をいいながらも、「外地戸籍」と「内地戸籍」に身分を区別し、両者の婚姻や婿養子入夫婚姻によって戸籍間の移籍を家父長制のジェンダールールに基づいて行った。そして、植民地返還後は、右に記したように、「外地戸籍」に属する日本人（主に女性）から日本国籍を奪い、「内地戸籍」に移籍した朝鮮人（主に男性）を日本国民として包摂したのである。

ところが、その当時、こういった妻の国籍移動は女性の人権を侵害するとして世界的に議論が起きていた。妻の国籍に関する国際条約がはじめて両性平等の原則を採用したのが、一九三三年の「モンテビデオ条約」である（二宮 一九八四）。すでに世界的に「夫婦国籍独立主義」が検討され、アメリカ合衆国など採用する国もみられた。世界大戦後は国際連合によって提唱された世界人権宣言の趣旨に則って、一九五七年総会では妻の国籍は夫の国籍移動に影響されないとする「妻の国籍条約」が採択され、翌年発効した。「夫婦国籍独立主義」の基本原則を規定したものであり、それは日本でも一九五〇年国籍法に採用されている。しかしながら、その二年後のサンフランシスコ平和条約に伴って出された法務省通達は、「夫婦国籍独立主義」とは相反するものであって、明治政府の太政官布告一〇三号や明治国籍法と同じく女性の人権を省みるものではなかった。

この日本政府の通達によって、外国籍となった日本人女性の数はわからないが、韓国・朝鮮に限ってみると、朝鮮総督府「朝鮮人口動態統計婚姻届出件数」（金 一九九九；森田 一九九六）の一九三八年から一九四二年までの朝鮮人夫と内地人妻の婚姻総数は五五一六件あった。その内の入夫婿養子を除く普通婚をした日本人女性四一八五人、さらに一九四三年から一九五〇年国籍法施行までに朝鮮人との婚姻を届け出た日本人女性たちを加えた人たちが日本国籍を失ったことになる。終戦後、韓国へ帰国する夫に従って韓国へ渡った女性たちも多く、厳しい反日感情に耐え、日韓の国交樹立後も帰国がかなわず、現在も、「在韓日本人妻」として韓国で暮らしている女性たちもいる[13]（山本 一九九四：朝日新聞二〇一〇・三・四）。また、一九五九年から一九八四年まで続いた北朝鮮への帰国事業で多くの人が帰国した。帰国者九万三三四〇人のうち、日本人配偶者を含む日本国籍者が六七〇〇人いるというが、日本政府による安否確認や保護はいまだ実現していない。（菊池 二〇〇九：朝日新聞 二〇一〇・三・四）。

梨花美代子さんは一九六一（昭和三六）年、この帰国事業の船に乗るために新潟港で幼い息子さんと一緒に朝鮮人の夫を待っていた。しかし、夫は現れず、理想の国家建設に参加する夢が挫折した。一〇年後、彼女は夫との離婚を決意し、役所に届け出たところ、意外なことがわかった。離婚しても復籍できず、日本国籍が無くなっていた。しかも、韓国には婚姻が届出されておらず、韓国籍も取得していなかった。結婚したのは一九五〇（昭和二五）年四月、国籍法施行まで三か月待てば戸籍から除籍されずにすんだが、サンフランシスコ講和条約時の法務省通達によって、除籍された者すべてが日本国籍を失っていた。再び日本人になるには帰化しかなかったが、生活保護を受けた彼女が何度帰化申請しても法務省は元日本人の帰化を許可しなかった。外国人という身分を強制的に押し付けられた彼女は、五年ごとの指紋押捺を伴う外国人登録を拒否し、在日外国人や無国籍者の人権を訴えてこられた（李家・石野 一九九一）。

日本国籍を失った女性の国籍確認訴訟が起こされ、最高裁まで闘った女性もいた（崔　一九八九）。このような訴えに対して多くの判決、先例は、朝鮮人との婚姻入籍によって朝鮮人としての法的地位を得、通達によって日本人としての地位を失ったことは正当であるというのが大勢であった。

妻の国籍移動は旧植民地出身者との婚姻によるものだけではない。戦前に開拓団として満州に送られた日本人が戦後も中国大陸に残され、生きるために中国人と結婚した日本人女性や中国人の養子となった子どもが国籍離脱の対象とされていた。中国からの帰国事業が進まなかったため、失踪宣言によって除籍されたり、中国国籍を取得したとされて日本国籍を抹消されるという問題も起きていた（大久保　二〇〇六）。こういった中国帰国者や身分変更によって国籍を失った「日本人」の国籍回復は、個別に就籍手続きや国籍確認訴訟、帰化によって行われている。

日本のように妻の国籍の回復を個別に判断するのではなく、オーストラリアでは一九九七年国籍法改正によって、外国人と婚姻した自国民とその子どものオーストラリア国籍の回復を認めた。「豪人戦争花嫁にオーストラリア国籍返還」（日豪プレスオーストラリア最新情報　二〇〇七・四・二二）によると、アメリカ兵と結婚した元オーストラリア国籍の女性一万五千人とその子ども四万人がオーストラリア国籍を得るという。日本も戦後日本人女性とアメリカ兵との結婚体験がある。ちょうど一九五〇年国籍法が制定される時期にアメリカに渡った日本人が四万人から五万人いると言われている（安富・スタウト梅津　二〇〇五）。彼女たちが日本国籍を保持していたかどうかは、その婚姻の時期によるが、日本国籍があったとしても、日本は彼女たちを受け入れていただろうか。次項で述べるように、沖縄にはアメリカ軍人を父に日本人を母に持つ無国籍の子どもが生まれる社会的背景があった。

③「国際結婚」にみる子どもの国籍

戦後の駐留アメリカ軍人と日本人女性の結婚、そして女優岸恵子がフランス人と結婚して一躍「国際結婚」という日本独特の言葉が生まれ、定着した。国際結婚が与えるイメージは、欧米人と日本人、特に日本人女性との結婚というものであるが、実際には、日本人男性とアジア人女性の結婚が圧倒的に多く、国際結婚の多くを占めている。本項では、国際結婚をした日本人女性の子どもの国籍と日本人男性と外国人女性の婚外子の国籍について述べ、最近まで残されていた国籍法上のジェンダー関係をみることにする。

③-1 父系優先血統主義

一九四六（昭和二一）年の新憲法では、国民主権、両性の平等、個人の尊厳などが明記され、翌年の民法改正によって、日本固有の「家父長制家族制度」が廃止された。国籍法の改正は一九五〇（昭和二五）年になったが、夫婦国籍同一主義が改められ、外国人との婚姻によっても妻の国籍は移動しない「夫婦国籍独立主義」となった。本法の施行日である七月一日以降、外国人との結婚を届け出た日本人女性はそのまま日本国民として扱われるようになった。また日本人男性と結婚する外国人女性の国籍も元のままであり、日本人との養子縁組によっても国籍の移動はなくなった。

身分変更による自動的な国籍移動が廃止されたため、日本人との縁組によって日本国籍を取得する場合は、帰化の方法が講じられた。ところが、帰化申請に際して日本人男性の外国人妻は日本での居住や期間を不要とする（国籍法第六条一項）一方で、日本人女性の外国人夫には引き続き三年以上日本に住所を有することを条件とした（国籍法第五条一項）。これは、一九八二年まで日本人女性の外国人夫に対しては在留資格がなく（ガルシア 一九八四）、日本での居住が許可されない状況と同じであった。

このように、戦後も続いていた日本人男性中心の家族主義を背景にした社会的情勢は、一九五〇年の国籍法の内容にジェンダー規範を払拭できなかったが、それは出生による国籍取得にも現れている。新国籍法が規定した日本国民は、旧国籍法と同様、「出生の時に父が日本国民であるとき」（国籍法第二条一項）、または「出生前に死亡した父が死亡の時に父が日本国民であったとき」（国籍法第二条二項）という父系優先血統主義を採用するものであった。これらはいずれも婚姻関係を前提としたものであり、日本人母の婚姻中の夫が外国人である場合には、母が日本国民であってもその子どもに日本国籍がないとされた。日本人母の子どもが日本国籍を得られるのは、外国人父と婚姻関係になく、父が知れない場合や、父が無国籍であるときに限られた（国籍法第二条三項）。このような差別的な国籍法を知る日本人女性は、子どもの日本国籍を得るために外国人との婚姻を届けない、あるいは離婚して産むという決断を迫られた。

③-2　国籍法改正への動き

両性の本質的平等を定めた新憲法のもとで、国籍法の父系優先血統主義がまったく問題にされなかったわけではない。当時の立法過程では、血統主義を取る各国の国籍法が父の国籍を付与するものであり、もし日本人母の子どもに国籍を付与すれば、子どもは父と母の二重国籍となるため、国籍の抵触を防止する意味から父系優先とすることにしたという説明がされてきた（二宮　一九八三：二四四）。しかしこのような説明は戦後教育を受けた女性たちには納得がいかず、一九七七年と一九七八年に日本人母の子どもの日本国籍確認訴訟が二件起こされ、国籍法の父系優先血統主義の違憲性が訴えられた。

これら二件の裁判の原告である子どもの父はどちらもアメリカ国籍だが、最初に裁判を起こしたHの父の家族はロシアからの亡命者で国籍がなく、彼は成人になってからアメリカに帰化した。アメリカの国籍法によると、アメリカの領土外で生まれた子どもは、一方の親が外国人の場合、アメリカ人である親は一四歳に達してから五年以上、通算一〇年以上アメリカ国内に居住していなければアメリカ国籍がない（三〇一条G項）。Hは父がこの条件を満たすことができず、また日本人母の日本国籍も継承できず、無国籍であった。二件目の原告は、子どもと日本人母の二人で、国籍法が日本人女性の子に日本国籍を認めないのは、子どもだけではなく、母である日本人女性にとっても権利と利益を侵害していると訴えた。国籍法の父系優先血統主義が子どもに不利益をもたらし、女性を差別しているかどうかが裁判で問われた（石田　一九八四）。

一九七七年三月には国会で初めて土井たか子衆議院議員が国籍法の女性差別について質問した。当時、沖縄には日本人母の子でアメリカ人父の国籍が得られない子どもが約八〇人（一九七八年）いると国会で報告されている（福地　一九八〇）。このような事情を受けて、一九七九年二月には社会党提案として、「国籍法の一部を改正する法律案」が出された。国際結婚をした女性たちも、「国際結婚を考える会」という当事者団体を結成し、国会への国籍法改正請願署名運動など全国的な展開をみせた。

前述した国籍確認訴訟の被告となっていた国を動かしたのは、一九七九年国際連合総会において採択された「女子差別撤廃条約」であった。一九八〇年に日本もこれを署名し、一九八五年の発効までに国内法の見直しを迫られた。「女子差別撤廃条約」には、国籍における男女平等が定められ（第九条）、一つは、「女性は男性と同じく、国籍を取得し、変更し又は保持する権利を持つ」とされ、前述した一九五七年「妻の国籍条約」を踏襲したものである。もう一つは、「女性に対して、子どもの国籍に関して、男性と同等の権利を与える」というもので、日本の国籍法の父系優先血統主義が問題であった。

一九八一年に国籍確認訴訟の東京地裁判決が出された。そこでは父系優先血統主義による性差別を明確に認めているが、それが重国籍防止には相当効果のある措置であって、補完的な簡易帰化制度を持つ限り、著しく不合理な差別にはあたらず、合理的差別であるとされた。一九八二年の高裁判決においても、憲法は国籍基準を決めているわけではないので違憲判断には至らないというもので、国籍付与の問題は国会が持つ権限であり義務であり、司法ではないと控訴人を突き放すものであった。

その国会では、一九八一年に法制審議会に国籍法改正について諮問し、その結果を法務省民事局が「国籍法改正に関する中間試案」（一九八三年二月）として発表した。その後提出された国籍法改正案では、「出生の時に父又は母が日本国民のとき」子は日本国民とし（国籍法第二条）、父系優先血統主義から父母両系血統主義への移行が明記されていた。また外国人配偶者の帰化要件については、「日本国民の配偶者は日本に引き続き三年以上住所または居所を有し、かつ日本に住んでいる場合」に帰化申請ができるとし、さらに「婚姻の日から三年が経過し、引き続き日本に一年以上住所を有する場合」に帰化申請することができるとした（国籍法第七条）。一九八四年五月、「国籍法及び戸籍法の一部を改正する法律」が成立し、翌年の一月一日に施行された[14]。

③-3　婚外子の国籍

外国人との結婚によって日本女性が日本国民でなくなる時代から、女性の子どもも日本国民になる時代までを概観してきたが、日本の国籍法が血統主義を採用する限り、もう一つ忘れてならないのは、日本人男性と外国人女性の婚外子の国籍である。戦後の家族制度が婚姻家族を前提とし、出生後の認知や養子による国籍取得が廃止されていた。前回の国籍法改正時には、日本人男性が認知した子どもの母と婚姻した場合に子どもが「嫡出子」となる（準正）ため、二〇歳までの届け出によって日本国籍を認める条項を新設した。婚外子が父の日本国籍を得るためには、準正による国籍取得、あるいは生まれる前に日本人父に認知されると、「生まれたとき父が日本国民」であることから日本国籍が取得できる。しかし、出生後に認知され、両親の婚姻が望めない婚外子は日本国籍の道がなく、日本人父に認知された子どもたちから国籍確認訴訟が何件か出されていた[15]（もりき　二〇〇四）。

二〇〇八年六月四日、最高裁大法廷は、日本人父から出生後に認知され、フィリピン人母を持つ子ども一〇人が自分たちに日本国籍がないのは違憲だとして提訴していた国籍確認訴訟に対して、違憲判決の判断をした。日本人母の婚外子に対して親の婚姻を求めているわけでなく、婚外子のなかに区別を設けることは憲法一四条、法の下の平等に反し、準正による国籍取得を認知による取得と改めるべきであるとした。国会はこの判決を受けて、国籍法改正に取り組み、二〇〇八（平成二〇）年一二月、「認知された子の国籍取得」として国籍法第三条を「父又は母が認知した子で二十歳未満のものは、（中略）法務大臣に届け出ることによって、日本の国籍を取得することができる」と改正し、二〇〇九年一月一日に施行した。この改正によって日本国籍を取得できた子どもは一年間で一〇〇六人となっている（法務省　http://www.moj.go.jp/MINJI/minji174.html）。

おわりに

「元来国際法上の原則として、国籍の決定は各国の国内管轄事項に属するものとされている」（江川・山田・早田　一九九七：一六－一七）が、実際、一九八五年国籍法は女子差別撤廃条約の批准によって見直された。また日本人父が認知した婚外子の国籍は、子どもの平等、家族の多様なあり方、自分たちのアイデンティティを主張する子どもたち（当時は外国籍）の訴えによって、認められた。このように、国家は無制限にその権力を国籍の決定に使用することはできず、国際的慣習や条約、そして時の社会に制限されている。

国籍は、「個人を特定の国家に結びつける法的な絆」と解説され（山本　一九八四）、国民はその属する国家が認める国内法上のあらゆる権利を享受し、外国にあっては自国の救済を求めることができるとしている。実際上は、この国籍の持つ機能的側面が必ずしも実態のあるものではないことが、歴史的事実から明らかにされており、国家と国民のあり方が変化してきている。また、国家は自国民と自国に住む外国人を分け、国民が享受できる市民的権利に差異を設けている。しかし、国際社会が築いてきた国際人権条約は、「内外人平等」を目指すものであり、住民として生活している外国人も国家の構成員であり、国家は自由に外国人を排除することはできない。

国家と個人の絆としての国籍の壁を低くして、国民の範疇を多国籍化する試みが、外国人の参政権や公務員の国籍条項撤廃である。国民を形成する原理が多様化しているなかで、国民は誰かという問いが出てくる。日本では、近年やっと、女性たちや女性の子どもたちが国籍を得て国民となったが、日本社会の「女性」国民は、社会、経済、政治的活動領域において市民権を得ているだろうか。国籍を得るという法的平等が、「国民」として扱われる実質的平等に結びつくものでもなく、いまだに、ジェンダールールによる男女格差が残されている。一方で、市民的権利を得るという法的平等が在日外国人に保障されているものでもない。「国民の範囲」を国籍に限定する国家主義から、国内的には「住民」としてのむすびつきを重視する住民主義への移行を検討するために、「国籍」を相対化し、社会構成員の「国民化」の意味を再度考えてみる必要があるだろう。

日本の国籍法に関連する年表

一八七三（明治六）　太政官布告一〇三号「外国人民ト婚姻差許条規」
一八八九（明治二二）　帝国憲法
一八九八（明治三一）　法例（国際私法）
一八九九（明治三二）　旧国籍法（1899年4月1日～1950年6月31日）

一九一〇（明治四三）　「韓国併合ニ関スル条約」
一九二一（大正一一）　共通法第3条「内鮮人通婚民籍手続き法」
一九四七（昭和二二）　日本国憲法
一九五〇（昭和二五）　国籍法改正施行（1950年7月1日）
一九五二（昭和二七）　サンフランシスコ条約　民事甲438号法務府民事局長通達
一九五七（昭和三二）　国連「妻の国籍条約」採択、1958年発効
一九七九（昭和五四）　国連「女子差別撤廃条約」採択、1981年発効、1985年日本批准
一九八五（昭和六〇）　国籍法改正施行（1985年1月1日）
二〇〇九（平成二一）　国籍法改正施行（2009年1月1日）

参考文献（五十音順）

安富成良・スタウト梅津和子　二〇〇五　『アメリカに渡った戦争花嫁』明石書店。
石田玲子　一九八四　「華子と佐保里―国籍法違憲訴訟」土井たか子編『国籍を考える』時事通信社。
今川勲　一九九〇　『現代結婚考　国策結婚から国際結婚へ』田畑書店。
海野幸徳　一九一〇　「日本人種と朝鮮人種との雑婚について」『太陽』第16巻16号。P98 -104
江川英文・山田鐐一・早田芳郎一九八九　『国籍法』有斐閣。
大越愛子　一九九七　『近代日本のジェンダー現代日本の思想的課題を問う』三一書房。
大久保真紀　二〇〇六　『中国残留日本人』高文研。

大沼保昭　一九七九「在日朝鮮人の法的地位に関する一考察（3）」『法学協会雑誌』九六巻八号、東京大学。
　二〇〇四『在日韓国・朝鮮人の国籍と人権』東信堂。
上坂冬子　一九八二『慶州ナザレ園　忘れられた日本人妻たち』中央公論社。
ガルシア和美　一九八四「国際結婚―私の体験から」『国籍を考える』時事通信社。P4-35
金英達　一九九九「日本の統治下における〝通婚〟と〝混血〟―いわゆる〝内鮮結婚〟の法制・統計・
　政策について―」関西大学『人権問題研究室紀要』第三九号抜刷。
国際結婚を考える会　一九九一『二重国籍』時事通信社。
小熊英二　一九九七「『日本人』という牢獄―大日本帝国における朝鮮人の戸籍と国籍」『情況』4月
　号　一九九八『日本人の境界』新曜社。
小山騰　一九九五『国際結婚第一号』講談社。
鈴木裕子　一九九二『従軍慰安婦・内鮮結婚―性の侵略・戦後責任を考える』未来社。
崔昌華　一九八九『国籍と人権』酒井書店
一宮正人　一九八四『国籍法における男女平等』有斐閣。
福地曠昭　一九八〇『沖縄の混血児と母たち』青い海出版社。
法務省民事局第五課　一九七八『国籍・帰化の実務相談』日本加除出版。
宮田節子　一九八五『朝鮮民衆と「皇民化」政策』未来社。
もりき和美　一九九五『国籍のありか』明石書店。
森木和美　二〇〇二「移住者たちの〝内鮮結婚〟」山路勝彦・田中雅一編『植民地主義と人類学』関西

学院大学出版会。
もりきかずみ　二〇〇四「国際婚外子の国籍確認訴訟から」婚差会編『非婚の親と婚外子』青木書店。
森田芳夫　一九九六『数字が語る在日・韓国朝鮮人の歴史』明石書店。
山本かほり　一九九四「ある〝在韓日本人妻〟の生活史―日本と韓国の狭間で―」『女性学評論』第八号特集近代化と女性問題　神戸女学院大学　女性学インスティチュート
山本敬三　一九八四『国籍　増補版』三省堂。
ヤンソン由実子　一九八一『国際結婚』ＰＨＰ研究所。
李家美代・石野伸子　一九九一『むこくの詩《うた》』李家さんと語る会制作。

注

(1)　一九九四年に改正されたブラジル憲法第一二条では、外国で出生したブラジル人父または母の子のブラジル国籍はブラジルに居住するに至ったとき取得するとあるが、二〇〇七年に居住要件が無くなった。

(2)　国籍法第一二条に「出生により外国の国籍を取得した日本国民で、外国に生まれた者は戸籍法により日本の国籍を留保する意思を表示しなければその出生のときにさかのぼって日本の国籍を失う。」とあり、戸籍法一〇四条はその期間を三か月以内としている。

(3)　婚外子が両親による婚姻届出と認知を得て婚外子でない身分「嫡出子」となること。

(4)　国籍法四条から一〇条まで帰化に関して規定されており、日本人の子や配偶者の簡易帰化条件が設けられている。

(5) 日本の朝鮮植民地支配において、「内地」の日本人と朝鮮人との異民族間結婚を、「内鮮結婚」とよんだ。当時の朝鮮人に対する同化政策の一つに入れられていた。

(6) 太政官布告一〇三号（明治六年三月一四日）「外国人民ト婚姻差許条規」（一八七三年）。

― 日本人、外国人ト婚姻セントスル者ハ、日本政府ノ允許ヲ受クヘシ。

― 外国人ニ嫁シタル日本ノ女ハ、日本人タルノ分限ヲ失フヘシ。

― 日本人ニ嫁シタル外国ノ女ハ、日本人ノ国法ニ従ヒ、日本人タルノ分限ヲ得ヘシ。

― 外国人ニ嫁スル日本ノ女ハ、其身ニ属シタル者ト雖モ、日本ノ不動産ヲ所有スルコトヲ許サス。

（後略）

― 日本ノ女、外国人ヲ婿養子ト為ス者モ、亦日本政府ノ允許ヲ受クヘシ。

― 外国人、日本人ノ婿養子トナリタル者、日本国法ニ従ヒ日本人タルノ分限ヲ得ヘシ。

― （外国における届け出の項、略）

(7) 「法例」は、外国人と結婚する日本人女性は相手の国の法律で結婚、離婚が定められるという日本人女性にとって不利なものであったが、一九九〇年一月まで改正されなかった。

(8) 国際結婚した夫の国が自国民の配偶者に国籍を与えない場合には妻が無国籍になるため、大正五年の国籍法改正において、その場合に限り女性の日本国籍は喪失しないこととなった。

(9) 「①一ノ地域ノ法令ニ依リソノ地域ノ家ニ入ル者ハ他ノ地域ノ家ヲ去ル　②一ノ地域ノ法令ニ依り家ヲサルコトヲ得サル者ハ他ノ地域ノ家ニ入ルコトヲ得ス　③陸海軍ノ兵籍ニアラサル者及兵役ニ服

スル義務ナキニ至リタル者ニ非サレハ他ノ地域ノ家ニ入ルコトヲ得ス但シ徴兵終決処分ヲ経テ第二国民兵役ニ在ル者ハ此ノ限リニ非ラス」とある。

(10) ただし、朝鮮人に対する兵役義務は一九四二年からであった。

(11) 一九三八年に届出があった日本の入夫婚姻・婿養子婚姻は全婚姻届の六・六％だが、一九四二年に届けられた「内鮮結婚」のうち朝鮮人男性による入夫婚姻・婿養子婚姻率は三七％に増えている（金一九九九）。

(12) 在日朝鮮人・台湾人は普通選挙法によって一年の居住を条件に選挙権を得ていた。

(13) 一九九一年ソウルの芙蓉会（在韓日本人妻の会）の調査によると日本人妻の国籍の内訳は、日本国籍一六四人、二重国籍一五〇人、韓国籍一七〇人である（山本　一九九四）。

(14) ところが改正案には、当時も問題とされた「国籍選択制度」（第一四、一五、一六条）、そして後になってその問題点が明らかになる「準正による国籍取得」（第三条）が新設された。

(15) 大阪のフィリピン人女性の娘二人が日本人父によって同時に認知されたが、次女は生まれる前、長女は出生後となったため、日本国籍が取得できなかった。二〇〇二年に出された最高裁判決は上告「棄却」だったが、三人の裁判官から出された補足意見は、二〇〇八年の違憲判決を導くものであった。また、一九九七年最高裁は、日本人と婚姻中の韓国人女性と別の日本人男性の子どもが出生前の認知が不可能であったため、ある程度の条件を設けて、日本国籍を認める判決を出した。

第Ⅲ章　移住女性と日本社会——40年のインタラクション

1　フィリピン移住女性の四〇年

二〇二〇年末の在留外国人数二八八万七一六六人の国籍別割合は、中国が二七％で一番多く、次のベトナムが一五・五％、そして韓国が一四・八％となっている。四番目に多いのがフィリピンで九・七％の二七万九六六〇人となっている。しかし四〇年前をふりかえってみると、一九八〇年は在留外国人数が七八万人、そのうちの八割は戦前から日本に住み、日本国籍があった旧植民地出身者、特に朝鮮半島出身者だった。これらの人びとをオールドカマーと呼んでいたが、あとの二割は国際業務、留学生、国際結婚等で来日するニューカマーで、フィリピン人たちも五五四七人と少数ながら既に参入していた（図Ⅲ－1）。

図Ⅲ-1　　国籍別在留外国人数、40年の推移

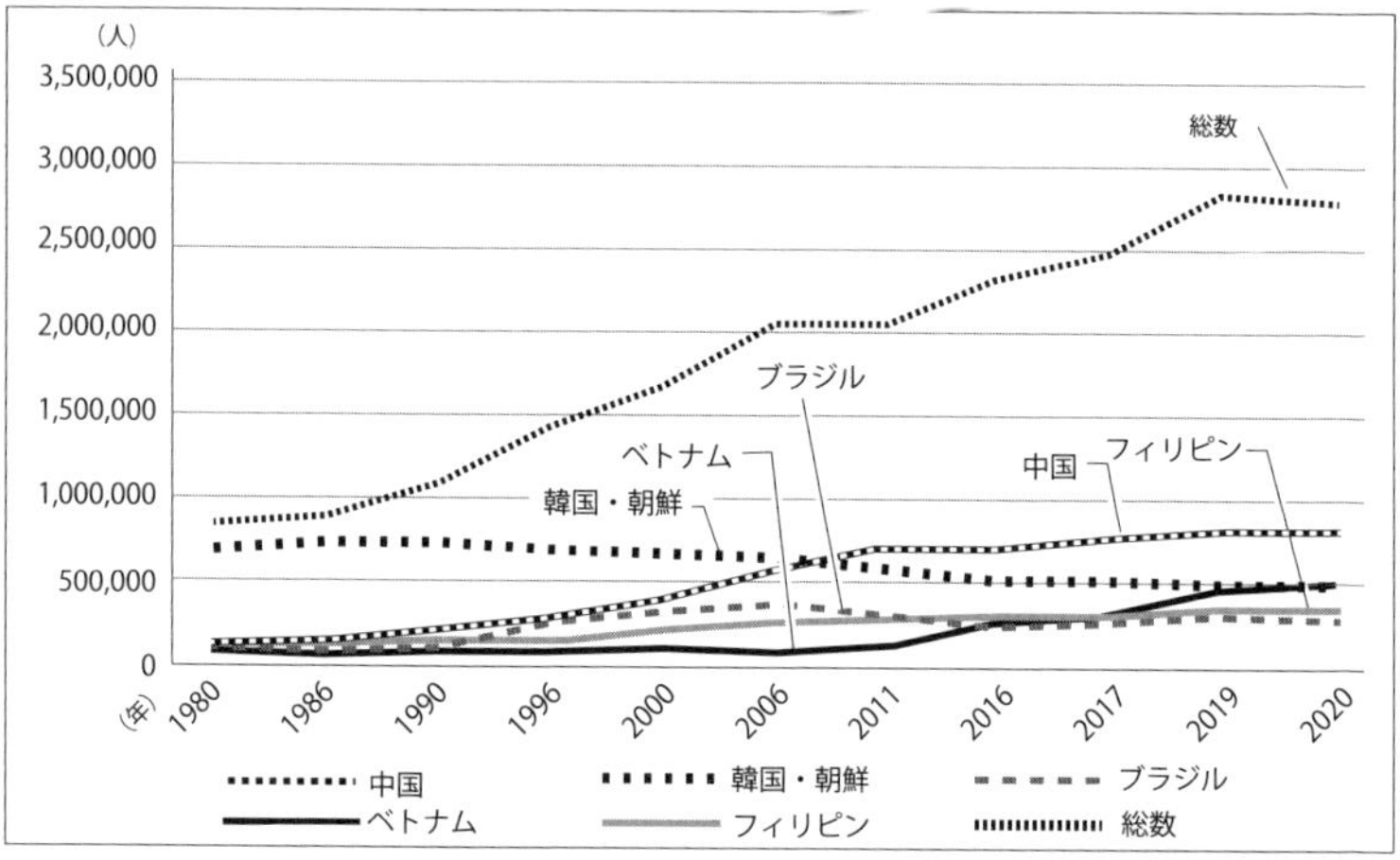

出典：法務省「在留外国人統計」より作成

日本政府は移民の受け入れを否定し続けているが、労働力不足を補うため一九九〇年には南米などから日系人移住者を受け入れ、また「発展途上国」出身者には「研修制度」を設けるなどして、外国人労働者の手を借りてきた。外国人登録者数が二〇〇万人を超えた二〇〇六年以降、中国からのニューカマー（主に留学生、研修生、国際結婚等）が韓国・朝鮮出身者より多くなる。中国やベトナムからの移住が増えたのは、送り出す側の経済的要因もあるが、日本が進めてきた「研修生」、「技能実習生」、「日本語就学生」、「留学生」等（学生であっても資格外就労が可能）の受け入れ拡大によるところが大きい。彼・彼女らは日本の「生産」部門を補う人員の一部であったにもかかわらず、外国人労働者として認知され始めたのは最近のことである。

フィリピン人が五万人台になるのは九〇年以降となるが、増加の要因は、「生産」部門への出稼ぎではなく、「興行」や「日本人配偶者」として

の移住であり、しかも女性が多い。第Ⅰ章ではフィリピン女性たちの日本とのかかわりのスタートを見てきたが、彼女たちはいつの間にか、日本社会の「再生産」労働者として組み込まれていた。人間の社会生活を支える「生産」活動を担うのが「男性」で、その「生産」活動を支える「再生産」活動、つまり子どもを産み育て、男性の生産性を高める役割を担ってきたのが「女性」。このような性別役割分業の固定化が女性の解放を妨げているというフェミニズムからの指摘は私にとっても納得のいくものであった。しかしこれはどこの社会にも通用するのだろうか。多くの女性がそのどちらの「生産」も担っている。一九六〇年以降、移住の女性化といわれるほどに発展途上国の女性たちが海外で「女性の仕事」に従事することが多くなった。特に欧米では移民の半数が女性で、「ケアーワーカー」「家事労働」「国際結婚」など、「再生産」活動に従事する傾向がある。先進国の性別役割分業のジェンダー規範に則って、途上国の女性たちは国を離れ、国の家族の大黒柱になる。

フィリピン移住女性と私の「かかわり」のスタートが一九九四年、それから約三〇年経た現在も、フィリピン人女性やコミュニティとのお付き合いが続いている。フィリピン人の来日が始まって約四〇年、現在では日本の在留外国人のなかでは四番目に多い。しかしその頃若かった女性たちも中年になり、JFCの子どもたちは成長して社会人になっている。第Ⅱ章の日本国籍取得に取り組んだ母親やJFC本人たちの努力によって、日本国民の範囲が広がり、多様性が見られるようになった。

日本に来るフィリピン人たちの出稼ぎ願望は今でも続いているが、日本での仕事の内容は変化している。外国人労働者受け入れを認めなかった日本政府が「興行」という在留資格でフィリピン人女性たちの出稼ぎを容認してきたことが、その後のフィリピン移住者の渡日を促進してきた。その後の日本人男性との結婚により、「日本人の配偶者等」や「定住者」、「永住」の資格で、彼女たちは生活者として日本社会の構成員になってきた。定住していくうちに、生活基盤ができると、フィリピンにいる子どもを呼び寄せることもできた。姉や妹、友人、親族の女性たちを日本人男性に紹介し結婚するケースもよくみられる。夫が日本人、妻がフィリピン人の国際結婚カップルは中国に次いで二番目に多い（図Ⅲ-4）。長い間、在日フィリピン人の八〇％以上が女性だった時代から、現在では新たな在留資格が新設されてフィリピン人男性の参入も可能となっている。

こういった時代の流れのなかで、アジアからの移住女性の存在がもたらした日本社会の変化は少なくない。定住化が進むフィリピン移住女性が経験する諸問題は、彼女たちの居住地域がバラバラで、それぞれの個人的状況によって異なるが、支援団体に持ち込まれる相談を俯瞰的にみると、同じような問題が生じていることがわかる。相談に来ることができるのは氷山の一角にすぎないかもしれないが、これらの問題を通して私たちは日本社会の未熟さを知ることができる。以前から日本の人権レベルが問われていたが、外国人差別は、一九八二年の「難民条約」の締結で「内外人平等」が謳われ、女性差別に関しては、一九八四年の「女子差別撤廃条約」によって法律上の男女平等、内外人平等への改正が実現した。しかしながら、これらは当時増えていたアジアの女性たちの人権を守るものではなかった。なんらかの対策が取られるには、女性たちが被った被害が明らかにされるまで待たなくてはならなかったが、彼女らの存在、経験、社会的行為などがあったからこそ、日本社会が変わらざるを得なかったのだ。本章では、フィリピン移住女性の四〇年を以下の三期に分け、日本社会と移住女性たちの社会的な相互作用、インタラクションについて書き留めておきたい（表Ⅲ―1には、在日フィリピン人の在留資格別人数の推移と年度ごとの主な出来事を記載している）。

① 第一期（一九八〇年―一九九四年）

日比間での人的交流が始まった時期で、初めて経験する「問題」が多発していた。

この間に来日したフィリピン人は、主に「興行」という限られた在留資格で最長六か月の滞在が許される出稼ぎであった。一九八〇年のフィリピン人登録者数は五〇〇〇人台、八四年の同登録者の「興行」資格が三八三五人、それは「日本人配偶者等」の二九六七人よりも多い。また「観光」ビザなどで入国する短期滞在者の存在も見逃せない。九〇年にはフィリピン人の入国者数が十万人を超えた（図Ⅲ－2）。

そして、「興行」や「観光」などの在留期間が過ぎ、「オーバーステイ」状態での在留者が増えていた。アジアの女性たちが日本の性産業界に送られ、暴力や殺人事件などに発展する事件が多発した時期でもあった。フィリピン政府は海外芸能人に対して年齢制限を設け、一九九四年には「芸能人資格認定証」を創設して出国を制限した。フィリピンの女性団体は帰国した女性たちから相談を受け、連絡が途絶えた日本の夫や恋人との子ども（ＪＦＣ）の父親探しを依頼され、両国での父親探しが始まった時期である。一九九〇年に入り、在留資格「日本人の配偶者等」の数が、「興行」資格を追い越した。これは、結婚移住という形のもう一つの日本への「出稼ぎ」であり、行政が仲介する「農村花嫁」や営利業者による結婚斡旋が増えてくる。

② 第二期（一九九五年―二〇〇七年）
世界的に女性の人権擁護が高まり、移住女性への夫からの暴力、人身売買への対応が迫られた。

一九九五年は阪神淡路大震災が起き、前年度のフィリピン政府の出国制限もあり、「興行」の在留資格が一時的に減少するが、その後も徐々に増加し、二〇〇四年には五万人台のピークを迎える。また、この時期はフィリピン人女性と日本人男性の結婚が増加し、二〇〇七年には五万人以上が「日本人配偶者等」の資格を持つ。しかし、この頃から離婚数も増え始める。夫婦関係が破綻する原因にもなった「夫からの暴力」が社会問題になり、これに対処するための法律「配偶者からの暴力の防止及び被害者の保護等に関する法律（DV防止法）」が二〇〇一年に制定された。

日本政府が「興行」という隠れ蓑のもとで横行する「人身売買」を容認しているという批判が国際的に広がり、国内でもやっと「人身取引対策」が講じられ、二〇〇五年の「興行」ビザ発給の厳格化につながった。実際に二〇〇五年頃から「興行」資格者数は減少していった。一方で、「日本人の配偶者等」や「永住」資格を得る人、日本人の実子を育てる親としての「定住者」資格を得る人たちも、その数を増やし、フィリピン移住女性たちが「生活者」として、この第二期を形成していく。

③ 第三期（二〇〇八年―二〇二一年）

日本で家族を形成し、在留が長期化、高齢化する移住女性の生活の実態、将来、ＪＦＣの成長。

定住する女性たちをとりまく状況はよくなったのだろうか。多くのフィリピン女性の移住目的が「出稼ぎ」であって、結婚後もなんらかの仕事をしてフィリピンの家族への仕送りは続いている。「移住者と連帯する全国ネットワーク」の女性部会が移住女性たちの仕事の内容を追跡するインタビュー調査を行い、私も何人からか聞き取りを行った。その調査からは、女性たちの日常から何が日本社会の問題点なのかが見えてくる。

この時期には、Ⅱ章の最後にふれた「国籍法」改正によって日本国籍を取得するＪＦＣが増え、母親と来日する機会を得るが、借金を背負わされ人身売買の犠牲になる母子たちがいた。一方で、ＪＦＣ

図Ⅲ-2　フィリピン人の入国者数と在留登録者数 40 年の推移

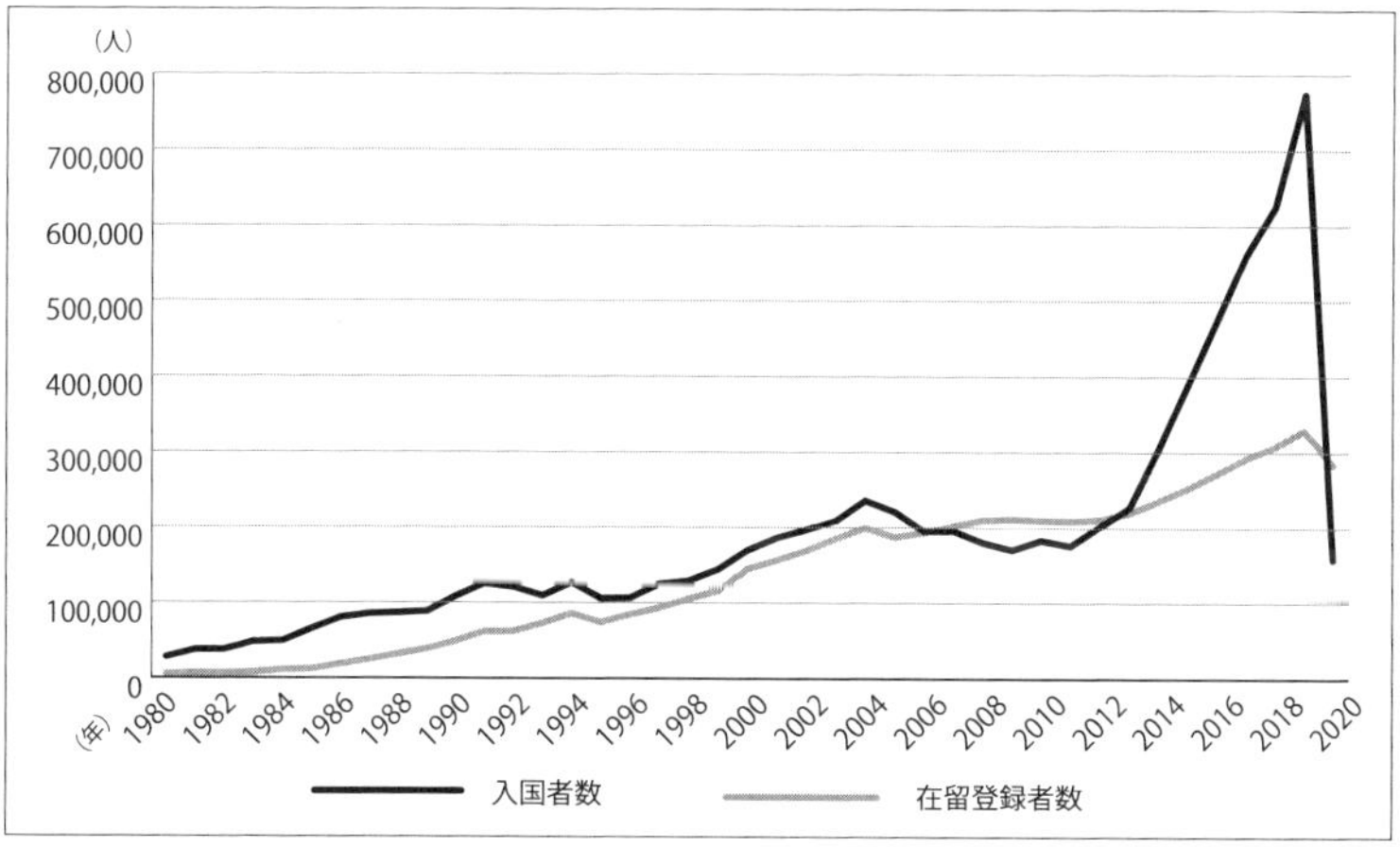

出典：法務省「在留外国人統計」より作成

世代が、仲間を作り、自分たちの声を発信し、フィリピンと日本社会の橋渡しを担いはじめている。

永住者	定住者	技能実習	
			「難民条約」を批准
192			「国籍法」両性平等に改正
292			
541			「農村花嫁」広まる
1,083	1,190		日系人の在留資格「定住者」創設
1,461	2,617		
2,956	4,006		「JFC ネットワーク」設立
4,120	4,740		阪神淡路大震災
5,936	5,584		日本人の子を養育する親に「定住者」資格
8,111	6,751		
10,617	8,385		
14,884	10,181		
20,933	13,285		
26,967	15,530		「DV 防止法」制定、2004 年改定
32,796	18,246		
39,733	21,117		「人身売買禁止議定書」発効
47,407	23,756		米国務省「人身売買報告書」
53,430	26,811		刑法改正「人身売買罪」創設　在留資格「興行」厳格化
60,225	29,907		
67,131	33,332		
75,806	35,717		「EPA」発効、翌年看護師介護福祉士受入
84,407	37,131		婚外子の日本国籍認める「国籍法」改正
92,754	37,870	5,600	在留資格「技能実習」創設
99,604	39,331	8,233	東日本大震災
106,399	40,714	8,842	外国人登録制度廃止、「住民基本台帳」へ
111,952	42,156	10,077	
115,857	43,997	12,721	日本「ハーグ条約」加入
120,390	45,680	17,740	「家事支援」在留資格創設（経済特区のみ）
124,477	47,663	22,674	フィリピン「ハーグ条約」加入
127,396	49,773	27,809	
129,707	52,008	30,321	在留資格「特定技能」新設
131,933	54,359	35,874	
133,188	53,941	31,648	COVID-19　世界的な流行となる

出典：出入国在留管理庁（法務省入国管理局）「在留外国人統計」

表Ⅲ-1　在日フィリピン人（男女）数と在留資格の推移

					主な在留資格		
年度	総数	女性	男性	女性の割合 %	興行	日本人の配偶者等	
1980	5,547						
1981	6,729						
1982	6,563						
1983	7,516						
1984	9,618				3,835	2,967	
1986	18,897	16,302	2,595	86	9,075	5,299	
1988	32,185	28,284	3,901	88	13,243	11,298	
1990	49,092	43,206	5,886	88	18,783	20,516	
1992	62,218	53,866	8,352	87	20,090	28,351	
1994	85,968	74,805	11,163	87	30,464	36,435	
1995	74,297	63,094	11,203	85	12,380	39,909	
1996	84,509	71,848	12,661	85	16,814	42,521	
1997	93,265	79,494	13,771	85	18,954	44,545	
1998	105,308	89,645	15,663	85	24,278	45,619	
1999	115,685	98,103	17,582	85	27,020	46,152	
2000	144,871	123,209	21,662	85	43,790	46,265	
2001	156,667	132,115	24,552	84	44,784	46,233	
2002	169,359	141,557	27,802	84	46,547	45,510	
2003	185,237	153,862	31,375	83	50,539	44,366	
2004	199,394	164,020	35,374	82	50,691	43,817	
2005	187,261	148,941	38,320	80	23,643	45,148	
2006	193,488	152,310	41,178	79	14,149	49,195	
2007	202,592	158,145	44,447	78	11,065	51,076	
2008	210,617	163,298	47,319	78	9,199	49,980	
2009	211,716	164,512	47,204	78	7,465	46,027	
2010	210,181	163,965	46,216	78	6,319	41,255	
2011	209,376	163,230	46,146	78	4,188	38,249	
2012	211,269	157,562	53,707	75	894	33,123	
2013	220,217	160,908	59,309	73	997	30,561	
2014	235,695	165,077	70,618	70	1,411	29,150	
2015	252,581	170,286	82,295	67	1,179	27,701	
2016	271,969	177,205	94,764	65	1,509	26,687	
2017	292,150	185,818	106,332	64	1,690	26,401	
2018	307,694	191,644	116,050	62	2,048	26,322	
2019	329,465	197,074	132,391	60	2,020	26,699	
2020	284,165	196,003	88,162	69	1,283	26,022	

2 第一期（一九八〇年―一九九四年） フィリピン移住女性との出会い

入口としての「芸能人ビザ」

一九八〇年にはフィリピン人五五四七人が外国人登録をしており、一九八四年からは在留資格別登録者数が記載されるようになり、「興行」三八三五人、「日本人の配偶者」二九六七人、「永住者」一九二人、総数が九六一八人となっている。その後のフィリピン人の在留資格でもこれら「興行」「日本人の配偶者等」「永住者」の登録数が増えていく。外国人が日本に入国し、滞在するためには、出入国管理法で規定されている在留目的に則した「在留資格」（一般的にビザと呼ばれている）を取得しなければならないが、「観光」などの短期滞在ビザでの入国者も増えていた。

日本のあちこちでフィリピン移住女性との出会いが始まっていた。日本人男性のアジアに向けた「買春観光」が下火になる一九八〇年以降、日本とフィリピンのブローカーやリクルーターなどの斡旋業者が、若いフィリピン人女性たちを「海外出稼ぎ芸能人」として日本へ送り出した。日本への入国は、斡旋業者が手配する「興行」ビザであり、それが無い時は「観光」ビザでも入国させた。「興行」ビザは本来、プロの歌手やダンサーを対象として日本の出入国管理令（一九八一年から出入国管理及び難民認定法）のもとで短期滞在が許可された在留資格であった。マルコス政権下ではフィリピン人の海外労働者派遣事業が国の政策となったが、日本は外国人労働者受け入れ国ではなく、フィリピンからは一九六〇年代後半からバンド演奏や歌手、民族舞踊など芸能人が来るのみであった。それが七〇年後半から八〇年代になると、「興行」ビザの中身が一変する。「在留資格」の中でも、「観光」や「親族訪問」では滞在期間も短く、仕事もすることができない。日本とフィリピンのブローカーが「興行」という在留資格を利用して、出稼ぎを希望する若い女性たちをエンターテイナーとして来日させ、「お店」で男性客を相手にサービスさせる「出稼ぎ」ルートができあがってきた。

日本の好景気にわく性産業界では接客業の人手不足、水商売のホステス不足が起きていた。フィリピンでは若い娘たちがリクルートされ、歌やダンスを仕込まれ、にわか芸能人を養成するようになった。「興行」で来日したものの、本当の仕事は「夜のお店」の接客業などに従事させられていた。ブローカーたちはフィリピン人女性だけでなく、タイなどの貧しい農村の娘たちもターゲットにし、偽造パスポートなどで入国させていた。「興行」ビザを得ることができない場合にはブローカーが用意した観光ビザで入国し、短期の滞在期間が過ぎても働き、入管や警察の手入れが入ると逮捕され、強制退去となっていた。

知りあいのフィリピン人の多くはこの時期に来日している。ある女性は一六歳のとき年齢を偽ってシンガーとして来日した。母親の病気が彼女の出稼ぎを後押しした。六か月の滞在は日本語が分からず英語でやり通した。気丈な彼女は我慢強く、客に気に入られていたという。帰国後は父親から激怒され、また日本にやってきた。日本人と結婚し、離婚。五〇を過ぎた今でも自分の「お店」を守っている。しかし将来はフィリピンで兄弟姉妹と一緒に暮らすことを夢見ている。「本当の仕事」が何か知らされずに日本にやってきた女性たちのなかには、自分が商品として転売されているのを知って、逃げ出した女性も多い。「お店」と宿舎との往復、あるいは「同伴（「お店」に出勤する前に客と過ごして来店してもらう）」で連れて行ってもらった場所の記憶しかない。自分が日本のどこにいるかわからない状態で、逃げ出した女性は店のオーナーに捕まり暴力を受け、三日間水も食事も与えられず過ごした。二度目の脱出で出会った日本人が親切で助けてくれ、結婚したが、同居していた夫の家族から追い出され、別居。その後は妊娠、中絶を繰り返し、カトリックの彼女には耐えがたい経験をした。彼女が経験した困難は夫の暴力、覚せい剤使用と続く。私のところに来たときの彼女は、二人の子どもを育てるシングルマザーで、離婚裁判を終えたところだった。二人の子どもを育て、今は成人した息子と住んでいるが子どもたちはフィリピンが嫌いだという。女性は身体の不調を訴え病院通いも多く、もうフィリピンには帰らないという。

移住女性たちからの訴え

日本は中小企業が人手不足であっても外国人労働者の受け入れを認めず、一方で企業戦士である日本人男性の快楽を助長するエンターテイナー、「興行」という在留資格で外国人女性を受け入れてきた。国家が容認したこの構図はどこかで見たような気がする。戦時中、日本軍の性奴隷とされた「従軍慰安婦」のアジア女性たちと現代の「エンターテイナー」のアジア女性が重なって見えてしまう。

女性たちは、性産業に組み込まれるのを黙認してきた日本の偏った「入国管理政策」に翻弄された人身売買被害者であった。「興行」という在留資格を隠れ蓑に利用して闇の商売が横行し、女性たちが搾取され、暴力にさらされ、人格が傷つけられていた。これらの実態が明らかになったのは、闇の手から逃れることができた女性たちからの訴えや犠牲になった女性の声なき声だった。そして、日本社会にむけて問題提起をし続けたのは、当事者の相談を受けてきたフィリピンの女性団体や日本の外国人支援団体であったことは第Ⅰ章で見たとおりである。

一九八五年に結成された「滞日アジア女性の問題を考える会（現在のコムスタカ）」（熊本市）は、設立当初に起きていた売春強要や契約違反を訴えてきたフィリピン人女性の救援活動から始まっている。また京都で外国人の相談窓口を運営する「ＡＰＴ（Asian People Together）」の前身である「ＡＷＴ」は、あるフィリピン人女性が祇園の「お店」から逃げるのを手伝い、女性の希望で帰国までの支援をしたことがきっかけとなり活動をスタート、その後も同じようなケースを経験している。大阪では「ＲＩＮＫ」、神戸では「外国人救援ネット」、「アジア女性自立プロジェクト」の設立に、私も関わっていた。こういった日本の各地域で起きていた問題の集結を担い、中央政府に訴える機関として、一九九六年に「移住労働者と連帯する全国ネットワーク」（現在は「移住者と連帯する全国ネットワーク」）が結成された。毎年全国集会を異なる地域で開催し、九九年に外国人女性の人権を守るための「女性プロジェクト」が移住連の部会として発足した。

日本で明らかになってきていたアジア女性への暴力や人身売買の実態について、フィリピンや日本のＮＧＯは、機会あるごとに国際会議などでも提起してきた。それらの一つである一九九五年に北京で行われた「第四回世界女性会議」と同時開催の「北京ＮＧＯフォーラム」には、フィリピンのバティスセンターとともに私も分科会に参加した。同年の国連女子差別撤廃委員会の最終見解では、「商業的性的搾取」または「移民女性の売買」について「具体的かつ効果的措置をとること」が日本政府に勧告されている。二〇〇三年の同委員会でも日本政府の報告が不十分として、「人身取引と戦うための取組を強化するよう勧告する」との最終見解が出されている。しかしながら残念なことに日本政府はこういった勧告には応じず、二〇〇四年のアメリカ国務省「人身取引報告書」で日本が「人身売買大国」である旨の報告がなされるまで、何らの対策も講じることはなかった。

　エンターテイナーで得る収入が約束されたものでなくとも、あるいは強制的に働かされる結果となっても、女性たちはフィリピン家族のために来日を繰り返した。今でこそ、当時の悪質ブローカーによる性産業の構造が「人

社会　事件　ひと　話題　1991年（平成3年）11月25日（月曜日）　3版　10

フィリピン母子に「法の壁」

ビザ切れ、収入なし
入管「早く出国を」
日本人の父、認知せず

静岡市の市立静岡病院で、フィリピン人女性の元ダンサー(二三)が女児を出産したが、相手の日本人男性は認知も養育も拒否したまま。女性は市から出産費など約五十万円を請求されたが、興行ビザはすでに切れたため働けず、収入ゼロで途方に暮れている。赤ちゃんは「アイコ」と名付けられた。師走間近の風が、異国の母子に冷たい。

この女性は、一九九〇年九月にマニラから「エンターテイナー」として来日、鹿児島県内のバーで約一カ月半働いた後、知り合った静岡市内の作業員(三九)と同市へ移り、同居、九一年一月ごろ妊娠した。同年九月下旬、二人は不仲で別れたが、女性は今月二日、認知のないまま二、三九〇グラムの未熟児を産んだ。

妊娠中にビザが切れ、女性はボランティアの市民団体「アジアを考える静岡フォーラム（FAS）」（鈴木大静代表）に相談。事務局長の松谷清・静岡市議の仲介で、市に生活保護と国民健保を適用するよう求めたが、市側は「厚生省から昨年十二月、不法・短期滞在外国人への生活保護支給はしないようにと指導されている」と、難色を示している。外国人労働者が急増する中で、"福祉の空白"が浮き彫りになった形だ。

アイコちゃんは二週間、保育器に入ったが、今は体重も三〇〇〇グラムを超えた。母子は二十二日、市立静岡病院を退院、市内のフィリピン人女性宅に寄宿している。

名古屋入管は女性の滞在を出産まで認めたが、①労働の禁止②出産後、速やかな出頭、帰国――を指示。医療費支払いの見込みは立っていない。

ＦＡＳは市民からの寄付を呼び掛けるとともに、「アイコちゃんのような子供は今後、増えることが予想される。新生児が安心して医療を受け、生活を送れるよう福祉面で救済策はないのだろうか」と訴えている。

無策は許されない

外国人労働者の支援活動をしている大阪市の市民団体「アジアンフレンド」（小柳伸顕代表）事務局の金成光さん(三三)は「国際化していく中で、国内での外国人労働者の出産も増えてくるだろう。日本で生まれた子供については、国籍を問わず日本国民と同じように保護すべきだ。外国人労働者の流入は、日本経済の要請でもあり、政府の無策は絶対に許されない。厚生省の、地方自治体に対する外国人労働者への"生活保護不支給"指導はすぐやめてほしい」と話している。

退院直後、ＦＡＳのメンバーに抱きかかえられ、すやすや眠るアイコちゃん

毎日新聞1991年11月25日

身売買」であると位置づけられているが、日本社会は長い間それを放置してきた。「お店」で親切だった日本人の男性と結婚を期待しても、子どもができると裏切られ、同居していても相手の暴力から逃げざるをえない。そんな女性たちは在留期間も切れていて帰国を迫られる。

一九九三年には日本の外国人超過滞在者が三〇万人近くなり、フィリピン人も三万五〇〇〇人が法務省入国管理局統計に報告されていた。神戸でフィリピン人コミュニティとして活動していた「ルスミンダ」は、超過滞在者の帰国を手伝うのに忙しかったことが思い出される。大阪の外国人支援団体に来る相談も、「超過滞在」になっている人たちからのものが多かった。第Ⅱ章で取り上げた相談の当事者たちは、「三人の無国籍児」のように「超過滞在」だった。「超過滞在」や「無国籍の子ども」のなかには、「婚姻届」、「出生届」、「認知届」などの手続きさえすれば、日本国籍や在留資格が得られる人たちが多い。「特別在留許可」を求めて裁判する国際結婚のカップルや「日本国籍確認」を訴える子どもを、日本の団体が支援することになったのも、当事者たちだけでは解決できない問題が多く、弁護士や支援者が必要とされていたためであった。

「結婚移住」

在留資格「興行」では長期滞在は許可されず、来日と帰国を繰り返すしかないが、日本人男性と結婚し、「日本人の配偶者」ビザを得れば「結婚移住」が実現する。一九八二年には「日本人の配偶者及び子」という在留資格が新設されていた。外国人支援団体には「日本人男性との結婚」相談が多く寄せられ、結婚ガイダンスの知識が必要になった。

そして、行政主導型のアジア女性とのお見合い結婚が一九八五年、山形県の朝日町から始まった。その後、山形県の周辺市町村から、新潟県、秋田県など他県にも普及し、八〇年代後半には多くのアジア人女性が「農村花嫁」として迎え入れられた。農村の働き手は高度経済発展する都会に引き寄せられて農村人口が減り、農家の長男と結婚する女性を海外から迎え入れることで農家の跡取りを確保できた。外国人の妻たちが経験する日本生活は、受け入れの「家族」や地域、社会によって異なるだろう。多くの研究者が「農村花嫁」について言及しているが、砂田美穂氏の「外国人花嫁をめぐる農村の現状」に登場するフィリピン人女性の忠告、「（フィリピンの）友人にはあえてこのような結婚は勧めない」が心に残った。

当時は国際結婚を斡旋する業者をインターネットのサイトで多数検索できたが、行政主導型の集団見合いによる日本人男性とフィリピン人女性との婚姻事業には驚いた。しかし行政が介入する婚姻支援事業は今でも各地に存在する。現在は行政主導による国際結婚の話は聞かないが、民間業者が斡旋するルートは存在し続けている。欧米の男性とアジアなどの発展途上国の女性を結び付ける「メールオーダーブライド」のアジア版ともいえる「国際結婚紹介」の斡旋業者サイトでは、若い女性の写真カタログがアップされており、ラブレターの書き方や口説き方の手ほどきまでサービスが行き届いていた。結婚を希望する日本人男性が支払うのは約三〇〇万円から五〇〇万円のようである。しかし、営利を目的とする結婚サービス事業者が婚姻後の夫婦間の調整役にはならず、女性たちが「人身売買」されることによって生じる家庭内暴力や人権侵害が多発したため、フィリピン政府は一九九〇年に営利による結婚斡旋業者の活動を禁止するに至った。しかし未だに日本のインターネットサイトでは国際結婚斡旋業者がフィリピン人女性の写真を載せ、「花嫁」の商品化が続いている。日本政府の対応は不明だが、放置せずにこれらのルートが不当なものでないか、こういった手段で来日する女性たちへの来日後のフォローアップがあってもよいのではないだろうか。

私は「農村花嫁」として来日したフィリピン人女性を知らないが、兵庫県の田舎の旧家に「嫁」に来たフィリピン人女性からの相談を受けたことがある。フィリピンに残してきた長男が病弱でそのために毎月三万円の送金を約束してくれた男性と結婚した。フィリピンの知り合いが仲介者で、夫は三〇〇万円を払っていたらしいが、自分は知らなかった。来日して夫からしつこくお金のことを言われた。婚家に寝たきりの義父がおり、その世話を彼女がしなければならなかった。我慢できなかったのが、その義父からのセクハラで、夫に訴えても聞いてもらえなかった。妊娠してから喧嘩が絶えず、夫は暴力を振るうようになり、家を出る決心をした。兵庫県のシェルターから女子寮に移り、無事出産でき、男の子が生まれた。旧家にとって長男が生まれたのは喜ばしいことだろうが、彼女は家に戻らず、離婚の途を選び、子育てしながら働き、やがてフィリピンにいる息子を呼び寄せることができた。アジアの貧困国から富める国日本に来た「嫁」にとって、結婚の前提となるのが、「愛」ではなく、「経済力」であっても、「愛の商品化」や「人身売買」被害者という意識がないように思える。今でも時々訪ねてくれる彼女にとって、「結婚」は来日の手段であり、自分と子どもの未来をつくるチャンスでもあったのだろうと過去を振り返って思う。

3　第二期（一九九五年―二〇〇七年）移住女性の人権

「定住者」への途

国際結婚がうまくいくかどうか、言葉や文化が違う者どうしにはお互いの理解力が試される。離婚相談が多くなるのもこの頃である。日本人との離婚が成立すれば「日本人配偶者」の在留資格が喪失し、外国人は国に帰らなければならない。日本での生活に慣れ、子どもと帰国しても生活が維持できない女性たちは、夫の暴力に耐えて離婚を留まっていた。そのようなとき、一九九六年七月三〇日に法務省からの通達「日本人の実子を扶養する外国人親の取扱について」（通称七三〇通達）が出され、日本人と離婚しても子どもを養育することを条件に、当事者の外国人に「定住者」資格としての在留が認められることとなった。もともと「定住者」資格は、日系人三世の受け入れのために一九九〇年に新設された在留資格だったが、この「定住者」資格は外国人女性が日本人の夫から離婚でき、子どもと日本に住み続けるために大きな役割を果たしてくれた。それは、「日本人の実子としての身分を有する未成年者が、我が国で安定した生活を営むことができるようにするため、その扶養者たる外国人親の在留についても、なお一層の配慮が必要であるとの観点から、入国在留審査の取扱いを定め

図Ⅲ-3　在日フィリピン人在留資格の推移　1986－2021年

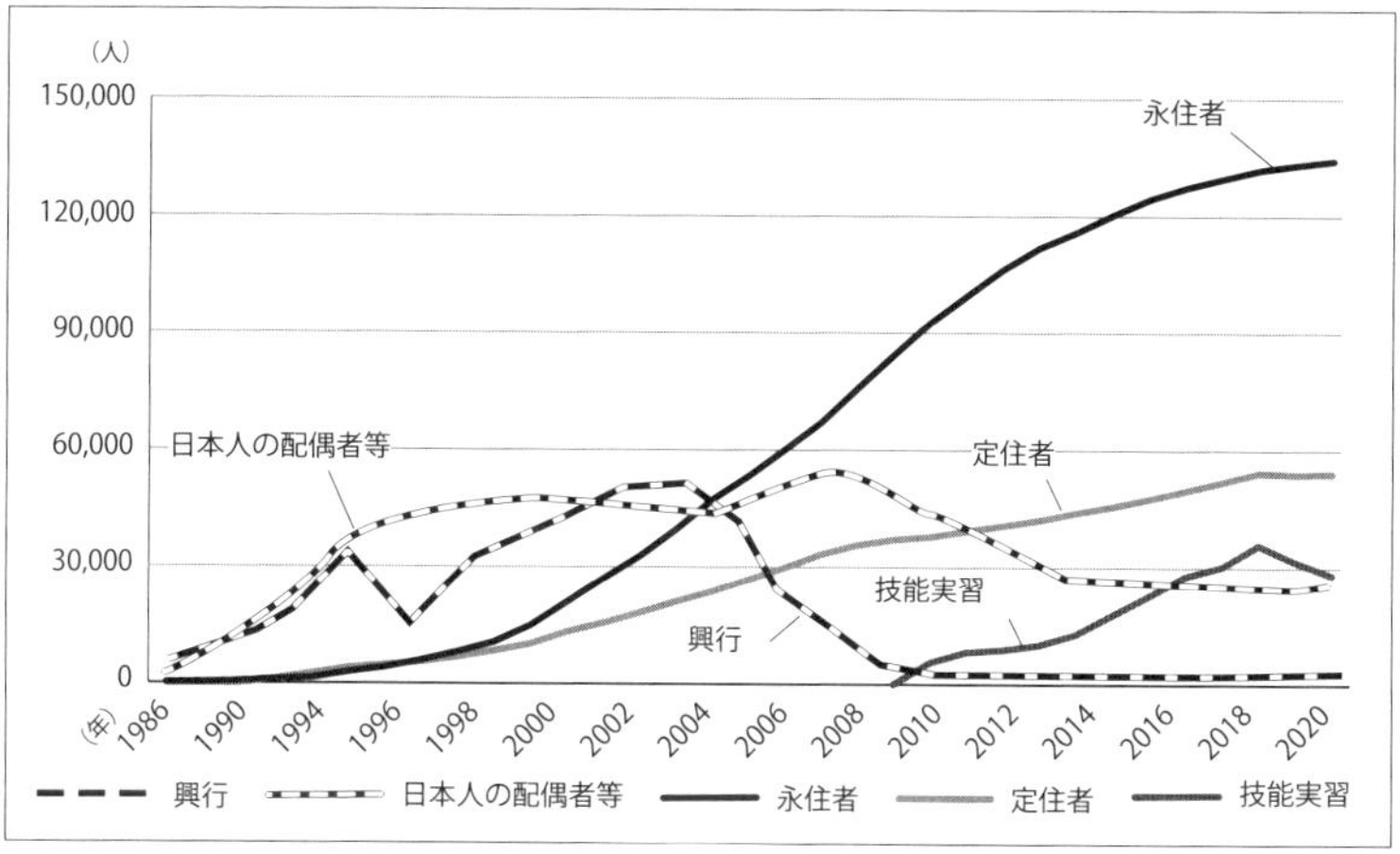

出典　法務省「在留外国人登録統計」より作成

図Ⅲ-4　国際結婚（夫日本人ー妻外国人）の推移

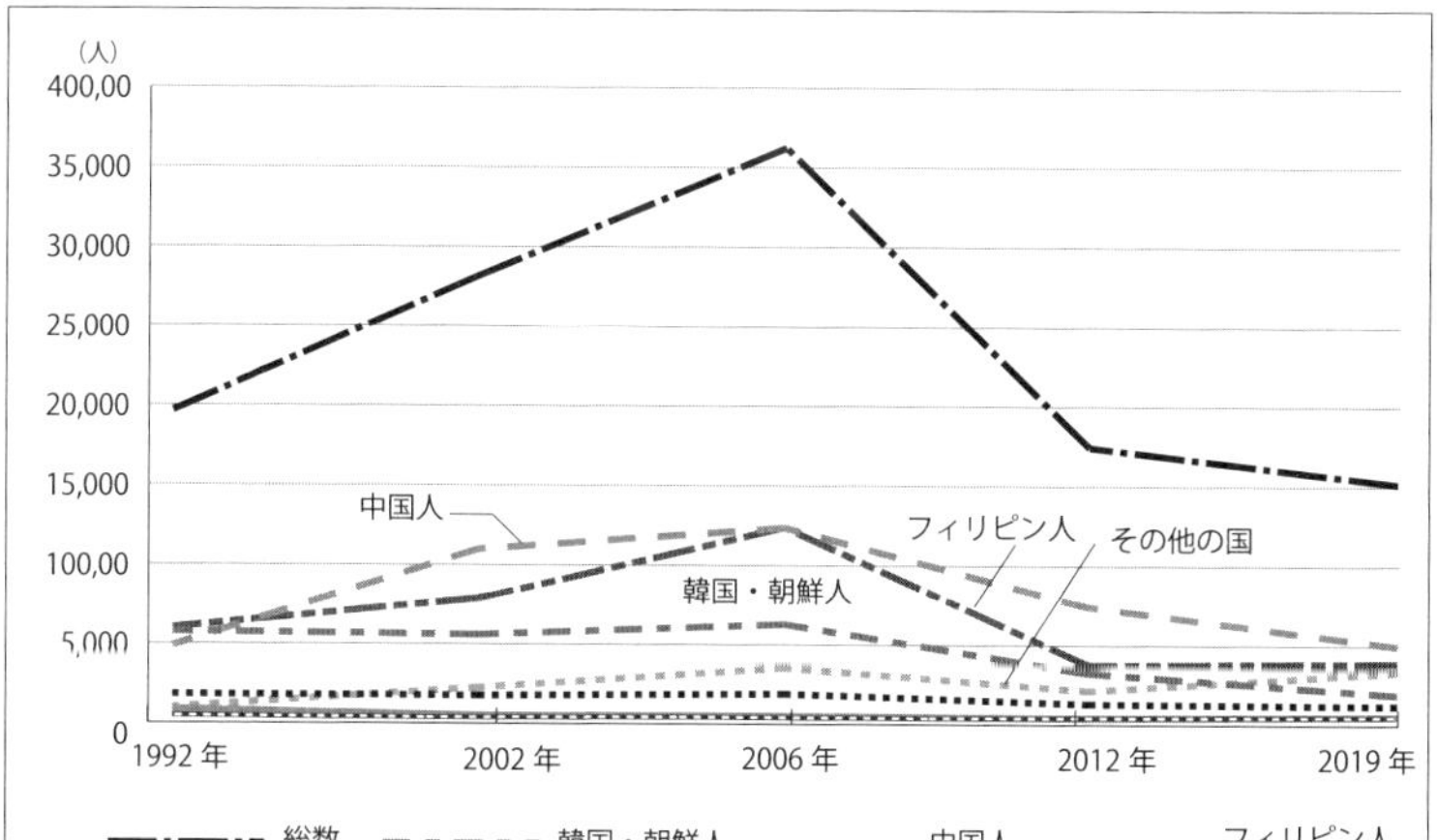

出典：人口動態統計より作成

た」という趣旨であった。当時は日本人の夫の暴力や暴言に耐えきれず離婚を考えるフィリピン人女性からの相談がよくあった。しかし今更自分の国に帰ることもできず、離婚すれば日本にいられなくすると夫に脅かされていたりする。この「七三〇通達」によって、子どもがいる場合は、子どもを引き取ることで、「定住者」となる。しかし子どもがいない場合の在留資格はない。

日本に住むフィリピン人の八割が女性で、「興行」という資格でエンターテイナーとして働くうち、日本人男性との結婚が増え、「日本人の配偶者等」に変更し、のちに「永住」資格を取得、また離婚が多くなると「定住」者が増えるという現象が起きている。阪神淡路大震災があった一九九五年に多くの外国人が帰国しているが、フィリピンからは徐々に再び「興行」で来日する女性が増え、二〇〇四年まで続く。しかしながら、「日本人の配偶者等」、「永住」、「定住」などで日本に在住するフィリピン人が益々多くなっており、「出稼ぎ」から「生活者」への移行が明確になっている（**図Ⅲ－3**）。また、日本人の配偶者であることや日本人の子どもとの親子関係を理由に在留が認められたため、「超過滞在」となっていた場合も入管に出頭して日本人とのつながりを証明することができれば、「特別在留許可」を得て日本に住むことができるようになった。

夫からの暴力

私が友人とともに神戸で「アジア女性自立プロジェクト（ＡＷＥＰ）」を設立し、帰国後のフィリピン人女性の仕事作りを始めたのが一九九四年、その翌年から在日外国人の相談事業を始めた。それは、一九九五年一月一七日の阪神淡路大震災がきっかけだった。私自身も被災者の一人だったが、被害は少なく、数日後には大阪から来てくれたＲＩＮＫやＹＷＣＡのメンバーと一緒に外国人被災者へ物資を配っていた。そのときに知り合ったフィリピン人女性が妊娠六か月で、夫と義母が彼女を置き去りにして逃げていた。被災しても医療が受けられない人たちや情報が届かない外国人がいることがわかり、神戸のカトリック教会が外国人支援の拠点となり、支援者が集まった。この時に集まった有志によって「ＮＧＯ神戸外国人救援ネット」が生まれ、現在も同じカトリック教会の社会活動センターの一角で相談活動を続けている。

「ＮＧＯ神戸外国人救援ネット」の構成団体となった「アジア女性自立プロジェクト（ＡＷＥＰ）」が地域に住む外国人女性と知り合ううちに、彼女たちの相談にのり、日本語クラスを始め、情報発信を始めたのは自然な成り行きだった。個別に女性たちの相談に対応してきたが、一九九九年から「生活電話相談」を毎週水曜日に設定し、ある時期はフィリピン人女性に担当してもらった。震災時に夫と姑から置き去りにされたフィリピン人女性は無事出産し、夫との離婚が成立したが、彼女が受けた行為はまさにドメスティック・バイオレンス（ＤＶ）だった。

一九九〇年代は、日本の女性が長年経験してきた「夫からの暴力」がやっと社会問題化されてくる時期だった。夫からの暴力は「うちわのこと」で、外に言うものではないという妻に課せられた規範から解放され、「あなたは悪くない」と勇気づけられた女性たちが語り始めた。

これらの背景には世界的な人権意識の高まりがあり、特に女性の人権の確保が人権問題のなかでも最重要課題であるとされた。一九九三年の世界人権会議（オーストリア、ウィーン）では世界各国の首脳が集まるなか、世界の人権団体がワークショップを開催した。私は大阪のＲＩＮＫメンバーとして参加したが、「Women's right is human right」という標語が忘れられない。女性の人権保障の確保は世界的な課題であった。一九九三年国連総会では「女性に対する暴力の撤廃に関する宣言」が採択され、一九九五年の世界女性会議の「北京宣言と行動綱領」につながっていく。

世界、そして日本の女性に対する人権意識が高まるなか、日本の女性たちは家庭内の夫の暴力を声にし始めていた。女性団体や地方自治体、そして国がＤＶ被害者の実態調査を始めた。一九九九年、総理府が行った「男女間における暴力に関する調査」では、二一人に一人が生命の危険を感じる暴力を夫から受けていたという（総理府男女共同参画室）。ちなみに本調査は三年毎に行われ、直近の二〇二〇年調査では四人に一人の女性が夫からの暴力を受けている。

日本人男性と結婚した移住女性たちからもＤＶの相談が各地の外国人支援団体に寄せられていた。一九九九年から生活相談をしていたＡＷＥＰにも子どもを連れて夫から逃げてきた女性が怪我をしており、救急車で病院へ運んだこともあった。着の身着のままで逃げてきた女性とともに、夫の留守を見計らってパスポートなどを取りに行ったこともあった。電話相談が口コミで広がり、二〇〇二年の相談では「夫からの暴力（ＤＶ）」が三五件中七件（ＡＷＥＰニュースレターNo一八）、二〇〇五年は四六件中八件（ＡＷＥＰニュースNo二四）という記録が残っている。公的機関では婦人相談センターに「配偶者暴力相談支援センター」を設け、婦人相談員を配置し、ＤＶ被害者の保護施設となった。しかし、外国籍の女性にとっては言葉や習慣が違い、外部との接触も絶たれるため、そこからも逃げ出すフィリピン人女性がおり、民間のシェルターに頼ることが多かった。そこで二〇〇一年、神戸の女性

図Ⅲ-5　**夫日本人―妻フィリピン人**
婚姻と離婚件数の推移

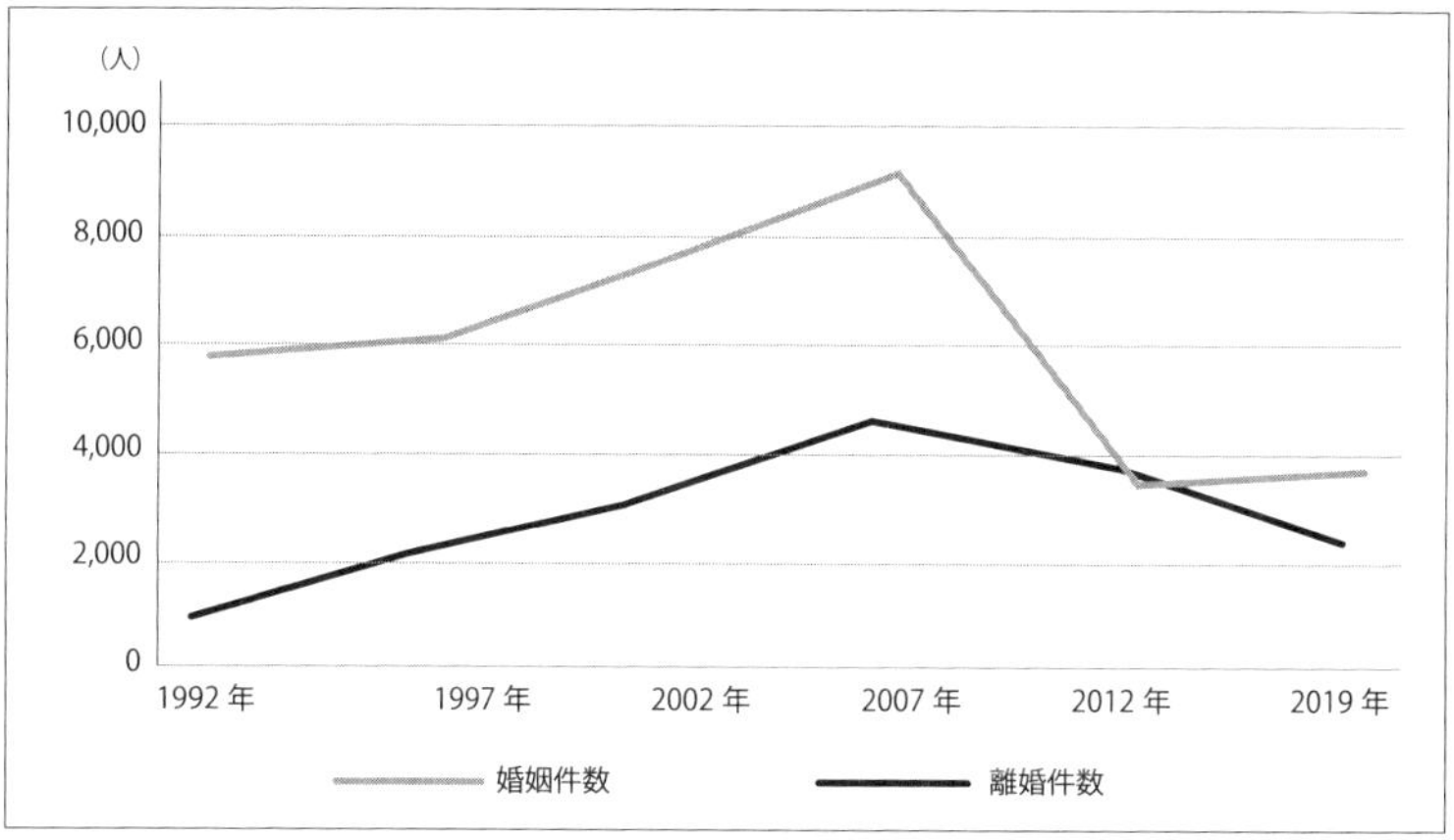

出典：人口動態統計より作成

団体は「外国人女性が利用しやすい支援センターを実現する会」という名称で、兵庫県知事に「言語の問題、在留資格の理解、婦人相談所の閉鎖性、情報取得の困難」を改善する要望書を提出した。同年四月に「配偶者からの暴力の防止及び被害者の保護等に関する法律（DV防止法）」が制定され、一〇月から一部施行されるときだったが、そこには移住女性固有の状況についての配慮はなかった。

　この状況が変化したのは三年後に改正されたDV防止法で、その第5章（職務関係者による配慮等）に、「被害者の国籍、障害の有無等を問わずその人権を尊重すべき」と明記された。改正DV防止法は、暴力の定義を身体への暴力だけでなく、精神的暴力にも拡大し、対象も子どもや離婚後の元配偶者に拡大した。また、配偶者からの暴力防止、被害者の自立支援を含めた適切な保護を国および地方公共団体の責務として、その施策の基本方針の作成を義務づけた。改定にともなって政府が提出した基本方針には、「法が対象としている被害者には日本在住の外国人（在留資格の有無を問わない）や障害のある者も当然含まれていることに十分留意」することとし、「被害者が不法滞在外国人である場合には、関係機関は地方入国管理局と十分な連携を図りつつ、被害者に対し適切な対応をとることが必要」とある。

フィリピンDV被害女性のロビー活動

DV被害者の国籍や在留資格の有無に関係なく、被害者に対する適切な保護が公的責務とされた改正の背景には、「移住者と連帯する全国ネットワーク」女性DVプロジェクトを中心とした外国人支援団体と被害を受けた当事者たちの働きかけが大きかった。二〇〇二年九月には、移住女性のための「暴力・DV全国一斉ホットライン」が実施され、各地のNGOが参加、相談に対応した。その結果、従来から言われていた通り、移住女性は特に暴力を受けやすいこと、また特有の被害状況もはっきり見えてきた。特有の暴力とは、①夫が在留資格の取得・更新に協力しない。②日本語習得や行動の自由を制限し、孤立し情報が得られない。③家族ぐるみの嫌がらせ、虐待、遺棄。子どもを取られる。④仕事に就かせない、生活費を渡さない。あるいは夫が働かない経済的暴力。⑤同国人との付き合いや母国の文化を認めず、偏見を持つ。これらの暴力に重ねて身体的暴力を受けてきた移住女性たちは精神的に追い詰められ、子どもとともに家を出るしかなかった。

「移住連女性DVプロジェクト」では、これら移住女性被害者の声を集約し、被害当事者である移住女性たちと共に議員や省庁に直接要望を訴えるロビー活動を展開した。その結果、二〇〇四年に改正されたＤＶ防止法には、「国籍や在留資格を問わない」との規定が盛り込まれ、その後の関連法の運用にも変化が見られた。法律上、あるいは基本方針で国の指針が示されたことによって、各地方自治体においても移住女性被害者に対する保護に関しての施策が取られるところが多くなった。またオーバーステイ状態のＤＶ被害者に対する保護については、入管法上の通報義務を優先しなくてもよいとする通知が法務省から出された。しかしながら、二〇二一年に名古屋入管で亡くなった移住女性ウィシュマさんはＤＶ被害者であったにもかかわらず、救済には至らなかった。その背景には何があったのか国からは明らかにされておらず、遺族が国を訴える裁判を起こしている。外国人女性たちが先のＤＶ防止法の改正にむけて闘ってきたその成果として、たとえ超過滞在の外国人であってもＤＶ被害者として配慮されることが「基本方針」（参考資料）として掲げられていたにもかかわらず今回の事件で生かされなかったのは、本当に残念でならない。

（参考資料）

「配偶者からの暴力の防止及び被害者の保護等のための施策に関する基本的な方針」

10 職務関係者による配慮・研修及び啓発 （1） 職務関係者による配慮

ウ 外国人等の人権の尊重外国人や障害者である被害者等の人権の尊重が必ずしも十分徹底されていないとの指摘があることを踏まえ、法においては、職務関係者は、被害者の国籍、障害の有無等を問わずその人権を尊重しなければならないことが確認されたところである。法が対象としている被害者には、日本在住の外国人（在留資格の有無を問わない。）や障害のある者等も当然含まれていることに十分留意しつつ、それらの被害者の立場に配慮して職務を行うことが必要である。出入国管理及び難民認定法においては、「正当な理由」がある場合を除き、所定の期間内に住居地の届出をしないことや、配偶者の身分を有する者としての活動を六月以上行っていないことが在留資格取消事由とされているが、外国人である被害者が配偶者からの暴力を理由として避難したり、又は保護を必要としている場合は、「正当な理由」がある典型的な事例として、在留資格の取消しを行わないこととされている。なお、被害者が不法滞在外国人である場合には、関係機関は地方出入国在留管理局と十分な連携を図りつつ、加害者が在留期間の更新に必要な協力を行わないことから、被害者が不法滞在の状況にある事案も発生していることを踏まえ、事案に応じ、被害者に対し適切な対応を採ることが必要である。また、国においては、被害者から在留期間の更新等の申請があった場合には、被害者の立場に十分配慮しながら、個々の事情を勘案して、人道上適切に対応するよう努める。

「人身売買」大国

第二期（一九九五年－二〇〇七年）のこの頃は、フィリピン人女性たちが日本で家族を構成し、定住を始める時期であった。しかし他方ではまだまだ「興行」ビザでの来日が続き、二〇〇三年には五万人を超えた（表Ⅲ－1、図Ⅲ－3）。フィリピン政府による海外移住政策はこの時代にも推奨され、二〇〇三年に海外に渡ったフィリピン人労働者（ＯＦＷ＝Overseas Filipino Workers）は、八六万七〇〇〇人で、全国人口の約一・一％だった。フィリピン国内では生計維持が難しく、海外で働く機会があれば子どもや家族を残してでも出稼ぎを選ぶ人が多かった。シンガポール、香港、アメリカ、カナダ、ヨーロッパ、中東などにはフィリピン人女性の家事労働者が多い。

日本への出稼ぎが可能となる「興行」ビザを得るためには、芸能人としての踊りや歌の訓練を受けて、フィリピン労働雇用省から「芸能人資格認定証（ARB）」を取得しなければならない。フィリピンのプロダクションがリクルートした若い女性たちにダンスや歌を訓練し、日本のプロモーターに紹介して契約が決まる。しかしこのような手続きを踏まずに「観光」あるいは「日本人配偶者」などの偽造パスポートで入国したケースも報告されている。マニラにある日本領事館に行ったとき、ブローカーに連れられた若い女性たちがビザ発給を待っていた。「興行」ビザを得た女性たちは日本の空港でも華やかな雰囲気を醸し出していたが、実際のところは不安で一杯だったのではないだろうか。女性たちからの「聞き取り」で分かった実態は、パスポートを取り上げられ、ブローカーに連れていかれたスナックで、芸能人としてではなくホステスとして働かなければならなかった（「フィリピンエンターテイナーのライスストーリー」）。賃金は帰国時にしか渡されず、来日費用は天引きされる。店のオーナーに引き渡され、いやな仕事を拒むと転売されることもあるという。自分が日本のどこにいるのかさえ分からず、逃げることも難しい。かろうじて逃げてきた女性たちからの話は共通するところが多い。こういった一連の行為が国際組織犯罪として認識され、特に女性と子どもが人身売買の被害者となっている問題が国際社会で大きく取り上げられ、具体的な法整備が進むようになったのもこの頃である。

国際社会の取り組み

二〇〇〇年の国際連合総会では、「国際組織犯罪防止に関する国際連合条約を補足する人の取引、特に女性及び子どもの取引を抑止し、及び処罰するための議定書」（人身取引議定書）を採択した。議定書の内容は、特に女性と子どもの人身売買を防止し、禁止すること、人身売買被害者の人権を尊重し保護し支援すること、これらの目的を達成するために締約国間の協力を促進することとあり、人身売買の定義が明文化されている。人身売買とは、「搾取の目的で、暴力や脅迫、誘拐、詐欺、権力の濫用、金銭や利益の授受などによって人の獲得、輸送、移送、引き渡し、蔵匿し、収受することをいう。搾取には、売春、その他の性的搾取、強制的な労働、奴隷化させる行為、隷属、臓器の摘出を含める」（「議定書」三条）とある。そしてこのような人身売買の行為を犯罪事案とし、それを罰するために必要な立法措置を取ることを締約国に義務づけ、被害者の保護、支援を要求している。

日本政府がこの議定書に署名したのは二年後、そして議定書の締結に向けて二〇〇四年一二月「人身取引対策行動計画」を発表した。日本政府を動かした背景には、国際社会の日本批判、特に二〇〇四年六月のアメリカ国務省人身取引報告書やＩＬＯ駐日事務所報告書があった。前者の報告書は各国の人身取引の現状と対策について毎年発表され、日本は人身売買の増加にもかかわらず対策が無く、二〇〇四年には「監視リスト」のなかに入れられた。当時、人身売買が犯罪として規定されていなかった日本では人身売買の予防も罰則もなく、被害者の保護すら実行されていなかった。たとえブローカーの手から逃げ出すことができても、同国の知りあいや外国人支援団体に行きつかなければ、警察や入管に逮捕され、被害者であるにもかかわらず強制退去が待っていた。「店」やブローカーなどの加害者に対しては売春防止法違反など一部の罰則規定があっても、「犯罪」として全体を取り締まることが不可能であった。ましてや外国人被害者の人権を配慮した公的機関の保護など期待できなかった。

こういった状況を見直す具体的な政府対策として作成された「人身取引行動計画」は、「刑法改正（人身売買罪の新設）」、「風営法の改正」、「入管法改正」、「旅券法改正」など法律・省令の改正をともない、人身売買の防止、取締及び訴追、被害者の保護を命題とした。二〇〇五年の入管法改正は、人身取引に関する刑罰等の新設、テロ、密入国対策が主な内容であった。一方で、長年人身売買被害外国人女性の救済を行ってきた外国人支援団体や女性団体、国際人権団体、法律家などが集まって、被害者救援、保護、支援施策としての「人身売買禁止法」を提案し、「人身売買禁止ネットワーク」を二〇〇三年に発足させていた。人身売買の被害にあっている外国人女性たちはいち早く「救済」されることが重要であるが、「強制退去」や「罰則」を恐れて自ら逃げることができない。警察や入管によって保護された被害者たちには母国語で、「女性たちが被害者であり、保護されること」が明確に伝えられなければならない。しかし政府は人身売買被害者の保護、支援機関として特別の機関を設けることなく、DV被害者の保護を行っていた「婦人相談所」を指定。はたしてそのようなところが人身売買被害者である外国人女性の立場を理解し、被害者の安心を得て、本人の癒やしや将来の希望を聞く環境を作って行けるのか、不十分な対応しかできないことは想像できた。

実際、「アジア女性自立プロジェクト」でも「婦人相談所（兵庫県女性家庭センター）」から人身売買被害者について相談を受けたことがある。二〇〇七年六月人身売買被害者として保護されたフィリピン人女性三人が日本語がわからないため、フィリピン人を通訳として派遣してほしいというものだった。「婦人相談所」が人身売買被害者の保護施設として指定されていたが、それは「配偶者暴力支援センター」としての機能を持つところであり、被害者本人にとっては外部との接触も禁止され、意思疎通もできず、「監獄」のようだという。相談された私たちはタガログ語の雑誌を通訳の女性に託し、通訳のフィリピン女性は国の食べ物を差し入れした。結局三人の被害女性たちは寂しい思いと不安で帰国を希望し、七月に帰国の途についた。（AWEPニュースレターNo二七、二〇〇七年十月一八日）

「興行」ビザの入国制限にとまどう「フィリピン芸能人」

人身売買の防止施策として、政府は二〇〇五年の「入管法」改正で、在留資格「興行」の厳格化を行った。それまで日本政府は、「興行」

第3種郵便物認可

女性「いつ助けてくれる」
国会議員「君は評判悪い」

「『圧力』が強まって対応は腰砕けになった」――。東京入国管理局のトップが入管行政の問題点を「告発」した。坂中英徳局長とのインタビュー内容は以下の通り。＝1面参照

東京入管局長の一問一答

――興行資格の何が問題なのか。

ホテルで演奏するバンドなどを想定したが、80年代から変容した。多数を若いフィリピン女性が占め、芸能に値する活動をせず、バーなどで接客させられている。

――実際、どのように働いているのか。

私自身、店の調査に数回、立ち会った。入り口には客の指名を前提に女性の写真が並んでいた。出勤簿には「DOHAN」（客と同伴での入店）や「TENGAI」（客との店外デート）という言葉があり、こんな日本語が定着していくのかと恥ずかしく感じた。

――「出稼ぎ女性のためになっている」との意見もある。

すべて悲惨とは言わないが、「いつ助けに来てくれるのか」という女性の訴えが東京入管に多数、寄せられている。「ヌードダンスを強いられる」「客とホテルに行けと言われた」など深刻な内容もあった。

――政府は何をしてきたのか。

対応の必要を感じたのは入国在留課長になった95年。調査した約440店の9割以上で資格外活動などがあった。きちんとチェックし、興行の入国者は94年の約9万人から、95年には約5万9千人になった。だが97年に私が仙台に転出した後、再び増加し、東京に戻った02年には約12万人に膨らんでいた。

――なぜ対応に揺り戻しがあったのか。

問題は女性からの搾取により利益を得る業者がいて、国会議員との結びつきもあることだ。立ち入り調査すれば、国会議員から電話がある。私が本省を去った後、圧力はさらに強まり、次第に調査に消極的になり、対応が腰砕けになった点は否めない。95年以降、私個人にも嫌がらせがあった。政治家から「君は業界の評判が悪い。東京にいられなくなるよ」などと言われたこともある。

――「ショーの合間に客の横に座るぐらい、大目に見たら」という声も一部にはあるようだ。

ショーもしていないのが実態。興行資格者の出演先として風俗店を認めていること自体、見直す時期だ。「酒をつぎ、カラオケを一緒に歌ってくれる外国人女性」を受け入れるべきだという世論があるなら正面から議論すべきだ。

ビザが「人身売買の隠れ蓑」になっていることに目をつむり、「興行」資格の範囲を拡大してきた。この「興行」ビザ問題については、坂中英徳氏、法務省東京入国管理局長（当時）のインタビュー記事が二〇〇五年二月二八日付けの朝日新聞に掲載されている。坂中氏は「興行」ビザにより入国した女性たちが資格外活動のホステス等で働いていたことを政府が認識しながらも放置し、入管側も業

1　4版　1892年3月17日第3種郵便物認可

「政治圧力 入管弱腰に」

興行ビザ問題 東京局長、指摘

坂中英徳 東京入管局長

芸能人に与えられる「興行」の在留資格をめぐり、坂中英徳・法務省東京入国管理局長が朝日新聞のインタビューに応じ、入国した外国人女性が実際には資格外のホステスになっている実態を指摘して、「政府が問題を放置したほか、業界や政治家などの圧力で入管行政が弱腰になったことが原因」との見解を述べた。現場のトップである現職局長が入管行政の問題点を明らかにするのは異例だ。＝14面に一問一答

興行ビザについては「人身売買の隠れみのになっている」という国際社会の批判が強い。今国会には人身売買対策のための刑法などの改正案が提出されており、坂中局長の発言内容は審議でも論議を呼びそうだ。

坂中局長は「興行資格での入国は事実上、外国人ホステスの調達手段で、時には劣悪な条件下の労働や売春まで強いるものになり果てている。これを政府も長年、放置してきた」と述べた。

自らが同局入国在留課長だった95年に興行資格のチェックを強化したが、その後、立ち入り調査の際に国会議員から電話があるなどの「圧力」が強まり、「対応が腰砕けになった」と話した。

そのうえで、「結果として国際社会から『人身売買王国』と批判される事態を招き、現場責任者として責任を痛感している。国民に実態をよく知ってもらうため、問題提起した」と語った。

坂中局長は70年入省。福岡、名古屋の入国管理局長を経て現職。3月に退職する予定。

（井田香奈子）

キーワード　「興行」の在留資格　外国人は27ある在留資格のいずれかを法務省から付与され、資格ごとにできる活動や在留期間が決まっている。03年の興行資格での入国者は約13万人。

出典：2005年2月28日付けの朝日新聞、政治圧力入管弱腰に　興行ビザ問題　東京局長、指摘」坂中英徳氏のインタビュー記事

界や政治家の圧力にあい弱腰になっていたと話している。入国在留課長のときにはビザ発給の不正を防ぐ方向に導いたが、女性を搾取して利益を受ける業者などが国会議員と結びつき、圧力をかけてきた。その後も政治圧力は続き、「結果として『人身売買王国』と批判される事態を招き、現場責任者として責任を痛感している」と反省を述べている。法務省の官僚が指摘するような性産業界と政治家の癒着には驚かされるが、末端で働く女性たちは渡航費用等の返済に迫られ、どれだけ搾取されてきたか本人たちには伝わっていない。フィリピン女性たちが日本で働けるようにと、フィリピン大使館が日本の斡旋業者から手数料を取っていたという報道（朝日新聞二〇〇五年二月一七日）もあり、どれだけフィリピン女性の稼ぎがピンはねされていたかわからない。それ

〜巻頭エッセイ〜

どうなる「フィリピン芸能人」の入国制限

もりきかずみ
（アジア女性自立プロジェクト・移住連共同代表）

3月15日から在留資格「興行」についての上陸許可基準が変わった。興行ビザ発給要件が、「外国の国、地方公共団体、これに準じる公私の機関が認定した資格を得る事」に変わって、「日本以外の国の教育機関で興行活動に関わる科目を二年以上専攻」、「日本以外の国で二年以上の興行経験」の二点となった。エンターテイナーとして来日するには、芸能学校の卒業証書や劇場・クラブでの出演証明書が必要となり、送り出しの国のフィリピンでは比政府が発行する「アーティスト・レコード・ブック（芸能人登録書）」で興行ビザを取得してきた関係者たちがとまどっている。

今回の日本入国制限に関して、フィリピン在住Aさんの報告によると、フィリピンの人権擁護女性団体と海外就労支援団体の計9団体が2005年2月上旬、日比両政府に対して共同声明を出したという。日本政府には、人権を侵害されたフィリピン芸能人に滞在か帰国かの選択肢を与えて、入国制限の実施ににも人道的配慮を求める。また、日本の成人娯楽産業の営業について監視を強め、資格を持つフィリピン芸能人が品位ある場所で働けるよう保証すること。男性が求める性的サービス、人身売買的行為の需要について対策を立てること。国連の人身売買防止議定書の批准を急ぐこと。日本渡航を目的とする偽装結婚を防止し、日比国際児童問題に対処することを求めている。3月15日が数日後に迫った10日午後、フィリピンの日本大使館前で抗議集会があり、「何で日本の店を罰しないで、フィリピン人を罰するのだ」という声があがっていたそうだ。

FTAによるあらたな看護・介護以上労働者受け入れ、フィリピン人エンターテイナーの専門化要求など、「出稼ぎ」の内容が日本の政治的判断で大きく変わる。今までの偏ったエンターテイナー受け入れが修正されても、日本の性産業界や日本人男性、移住労働者を受け入れる日本人全体の意識を磨いていかなければ、外国人女性への人権侵害は止まらない。現在外国人登録をしているフィリピン人の80%以上が女性で、明らかにジェンダーバランスを欠いている。今後もこの数字に注目していきたい。

でも、本国で働くより稼げるというリクルーターの話に誘われ、「海外芸能人」として海外に出稼ぎに行けることに夢中になる若い女性たちが多かった。「興行」ビザ取得がかなわない場合は、ブローカーによって偽造パスポートが提供されることや、偽装の結婚で「日本人配偶者」や、「観光」ビザで超過滞在、超法規も覚悟するというありさまだったようだ。このようなときに日本への入国制限が出された。

長年の「興行」ビザの濫用から突然の厳格化という日本の措置に、出稼ぎ労働者の送り出し国では大きな混乱が起きた。突然の「芸能人」ビザ発給の厳格化は、フィリピンでの激しい抗議行動となり、日本大使館前では六〇〇〇人から一〇〇〇〇人以上が集まり撤回を求めた。人身売買被害の予防策は、フィリピンの出稼ぎ希望者から仕事を奪い、出稼ぎに頼る家族の生活を奪う結果になることへの不安が大きい。日本にいるフィリピン人女性の中には超過滞在してでも送金しなければならなかった。

一方で、二〇〇四年一一月に日比政府の合意にこぎつけた「日比ＥＰＡ経済連携協定（ＦＴＡ自由貿易協定）」には、「人の移動」が新たなルールとして盛り込まれていた。今後日本がフィリピンからの看護師、介護士の受け入れを検討するというものであったが、当時はその人数や時期は不明であった。今後もフィリピンは海外への移住に頼らざるをえない経済状況にあり、香港やシンガポールの他に台湾や韓国にも移住するルートができており、必ずしも日本を選択する必要がなかったが、大きな移住労働市場を突然失うことへの抗議、「なんで日本の店を罰せずにフィリピン人を罰するのだ」という声も納得のいくものだった。（二〇〇五年四月号『Ｍネット』Ｎｏ七八－巻頭エッセイ－「どうなる『フィリピン芸能人』の入国制限」）

4　第三期（二〇〇八年―二〇二一年）移住女性の仕事と暮らし

定住化、高齢化する移住女性

神戸周辺に住む外国人女性が幼い子どもと一緒に参加できるような日本語教室や料理教室、ワープロ教室などを「アジア女性自立プロジェクト（AWEP）」の事業として開催してきた。在日外国人女性からの相談を受けるうちに、それぞれが孤立して不安を抱えている様子がうかがえ、一緒に集える場作りや情報のやり取りが必要だった。携帯電話の発信機能を使って定期的な情報を伝える「モバイル通信」事業や外国人にも役に立つ日本の制度・法律を学ぶセミナーを開催し、多言語の冊子作りも行った。

阪神淡路大震災時には外国人被災者の避難場所となっていた「たかとりカトリック教会」はそのあとも外国人支援団体や外国人コミュニティが集う場所となっていた。これらの団体が二〇〇〇年に「たかとりコミュニティセンター（TCC）」を立ち上げ、長期的な活動の場として教会の一部を使わせていただいている。このような活動の場があったからこそ、二〇一四年には二〇周年を迎え、そして現在も次の世代が「アジア女性自立プロジェクト」の事業を引き継いでいる。この間に行ったさまざまな事業に参加した女性たちはフィリピン人女性が多く、ほとんどが日本人男性と結婚しており、離婚してシングルマザーの人もいた。会の設立当初からずっと「付き合い」が続いているフィリピン人女性から、昨年（二〇二一年）「孫の誕生」メールが届いた。「私のひ孫」第一号だ。

はじめて来日したときは一七歳だった女性も今では五〇代の年齢になっている。図Ⅲ-6は、在日フィリピン人女性の年齢別人口を約一〇年毎に線で示し、年代別比較を示したもので、時代を経るに従って女性の高齢化が進んでいることがわかる。一九九六年には二〇歳代が、二〇〇六年は三〇歳代が、二〇二〇年には五〇歳代が一番多くなり、すでに七〇歳代にも突入している。

移住女性の仕事と暮らし

フィリピン人移住者が来日し始めて約四〇年経つ二〇二〇年、在日フィリピン人の総数二八万四〇〇〇人中の在留資格、「日本人の配偶者」が二万六〇〇〇人、「永住」が一三万三〇〇〇人、「定住」五万三〇〇〇人、これらを合わせると

図Ⅲ-6　在日フィリピン人、年齢、性別登録人口比較　1986—2020年

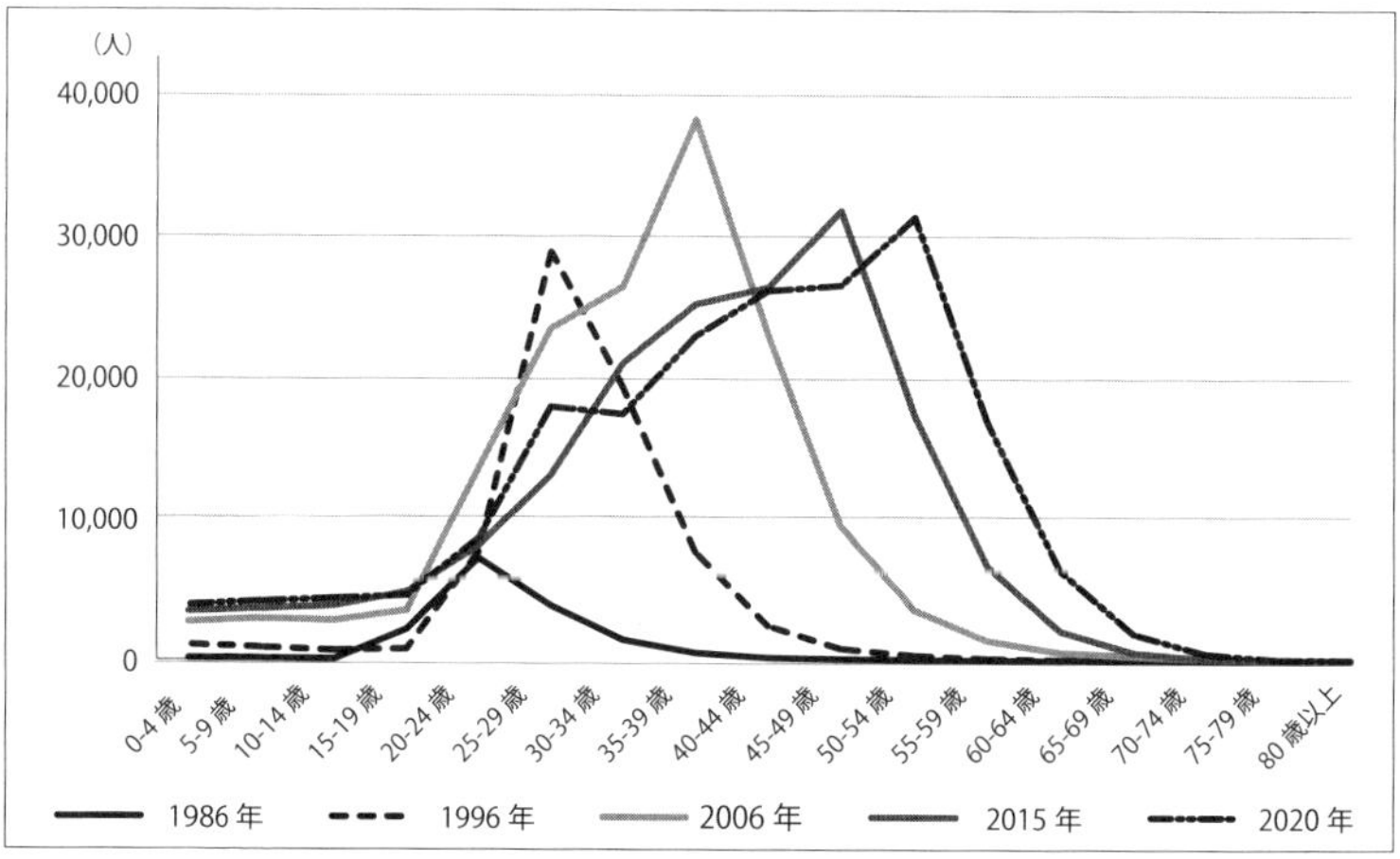

出典：法務省「在留外国人統計」より作成

在日フィリピン人の約七割以上を占め、日本に住むフィリピン人の多くが長期定住者であることがわかる。前述したように、在日外国人が日本に移り住むことになった歴史的経緯はそれぞれの出身地域や属性によって異なる。外国人の在留を管理する出入国管理制度は、こういったそれぞれの属性、あるいは在留の目的によって、「在留資格」を付与する。この「在留資格」には、①身分、地位に基づく在留資格（就労が認められ自由に職業を選べる）、②在留の目的に沿った職業のみ認められる、③留学など就労が認められないもの（資格外活動許可があればアルバイトができる）に分けられている。旧植民地出身者は「特別永住」資格があり、ブラジル日系人は「日本人の子」や「定住」資格者が多く、フィリピン人の場合は「永住」「日本人の配偶者と子」「定住」者が多くなり、①に相当し職業選択に制限がない。しかしながら外国人というハンディを持ち、子どもを育てるシングルマザー世代が多いなか、就労できる職種は自ずと限定されてくる。

次の報告書は二〇〇五年の国勢調査を基にして国籍別に外国人女性の仕事について述べたものである（拙稿「日本に住む外国人女性の仕事と暮らし」『ひょうご部落解放』二〇一二年夏号№一四五）。今読み返しても決して過去のものではなく、女性たちの生活は現在に引き継がれていることが、後に述べる二〇一五年の国勢調査による統計でも示されている。

「日本に住む外国人女性の仕事と暮らし」『ひょうご部落解放』二〇一二年夏号No一四五

外国人女性労働の背景

外国人が日本で働く条件は、「出入国管理及び難民認定法」で決められ、在留資格及び在留期間によって異なってくる。特別永住者（旧植民地出身者）や永住者、日本人の配偶者や子ども、そして定住者の資格がある場合は職種の制限なく働くことができる。その他の在留資格では認められた範囲内でしか仕事ができない。

外国人労働者の受け入れが制限されるなか、一九八〇年代から増え始めた「興業」資格は、フィリピンなど、アジア人女性のエンターテイナーとしての出稼ぎを容認するものだった。その後、フィリピン人女性たちの日本人男性との国際結婚による「日本人の配偶者」が多くなり、現在では永住、定住化傾向にある。一方で、エンターテイナーという名のもとで「人身売買（取引）」が行われているという内外からの批判に、興業資格取得が厳格化され、「興業資格」で来日し働くことが難しくなっている（**図1**）。

一九八二年、日本の難民条約批准に伴って、ベトナム難民が受け入れられ、家族の呼び寄せも進んだ。このころは日本経済がバブル期にあり、労働市場は人出不足で外国人労働者受け入れ容認に向かい、政府は人手不足の打開策として日系人労働者の受け入れも決めた。

一九九〇年以降は南米などから日本人移民の子孫たちが「日本人の配偶者等（日本人の子を含む）」や「定住者（日本人の孫）」として入国し、多様な家族を形成していった。また、少子高齢化対策として、2008年からインドネシア人看護師・介護福祉士候補者の受け入れが始まり、フィリピンなど他の国との経済協定によるケアーワーカーも日本の労働市場に参入し始めている。

　外国人女性が働く背景にはこのような日本の外国人受け入れ政策があり、地域経済の中で外国人女性労働者が担う役割もそのような制約を受けざるを得ない。さらに彼女たちは、言葉や習慣、文化の違いからくるハンディ、日本社会の偏見にさらされている。こういった条件のもとで、外国人女性たちはどのような仕事をし、生活しているのだろうか。

図1　在日フィリピン人の在留資格 1984—2009年

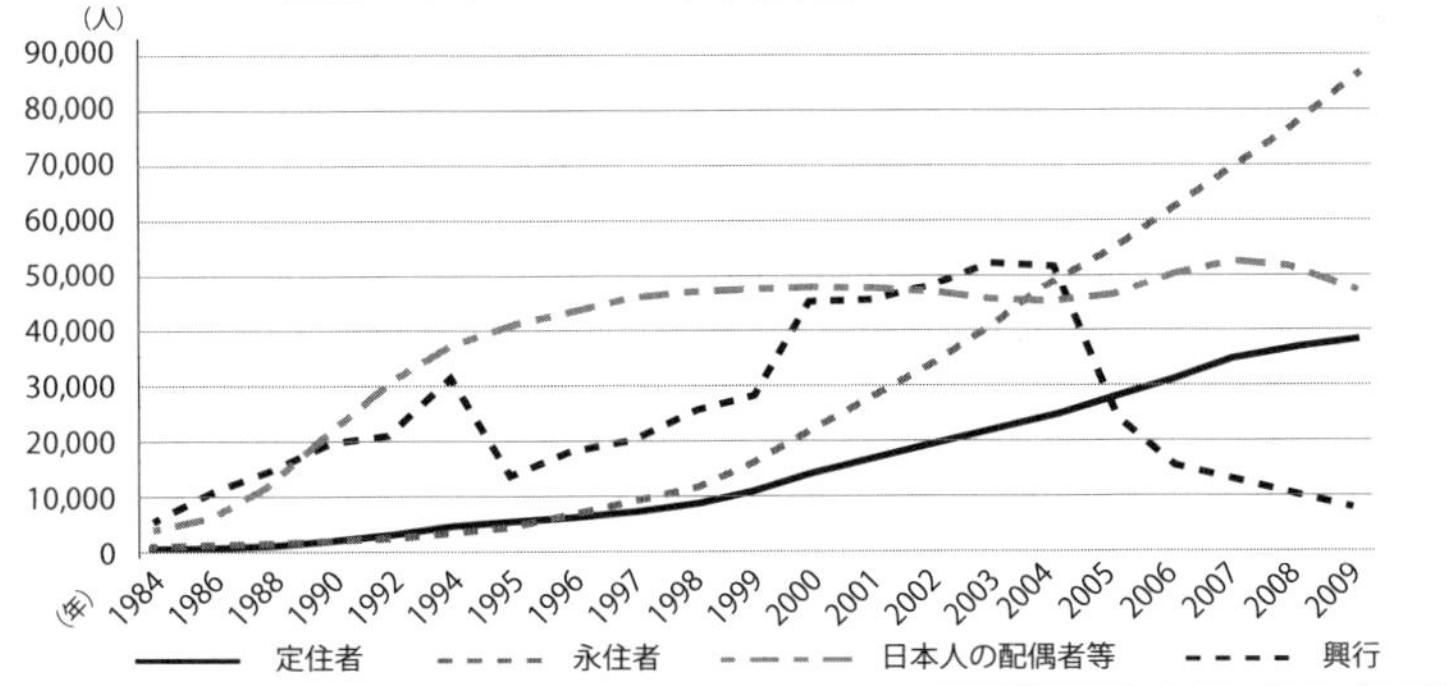

図2　年次別・性別国際結婚届出数

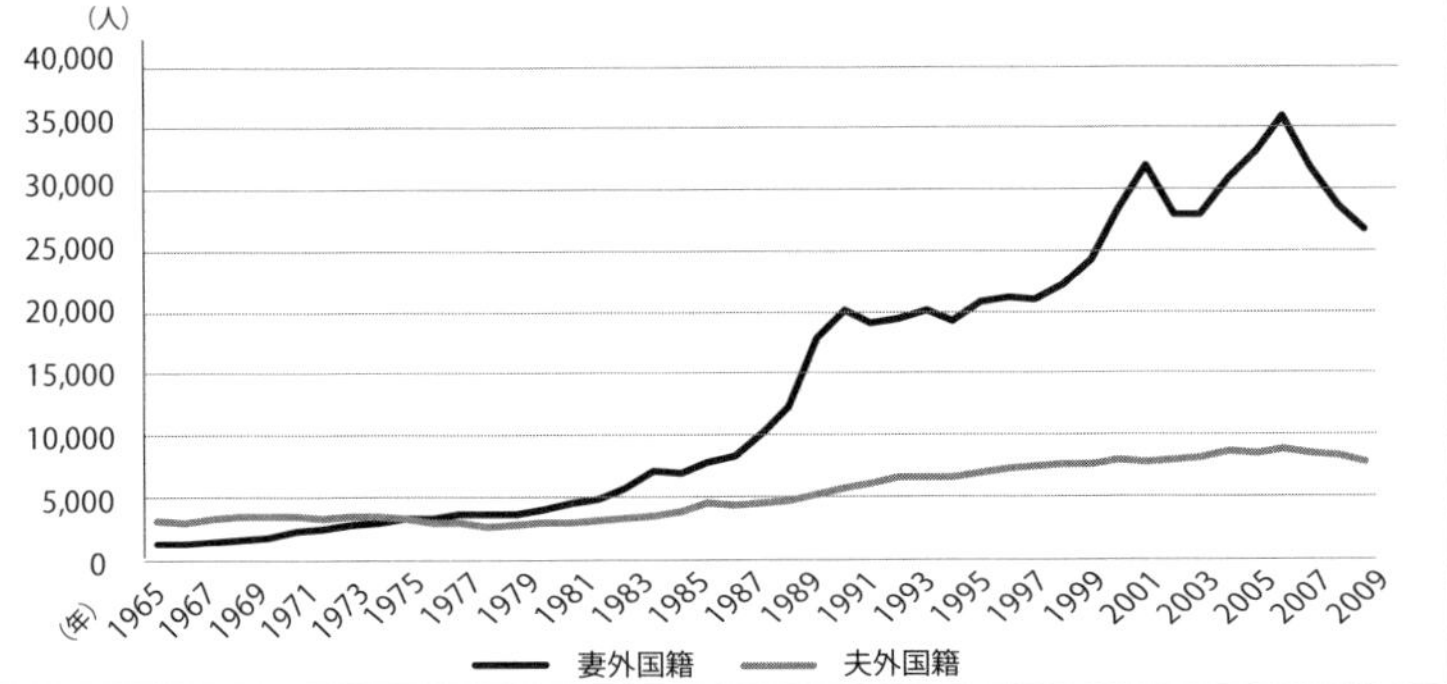

「国際結婚」という再生産労働

途上国からの移住女性が家事手伝いなどをして先進国の「女性の役割」を引き受けるなかで、先進国の女性は男性と肩をならべて働く環境ができるという南北問題が、一九七五年のメキシコ国連女性会議以来指摘されてきた。日本でも仕事を選ぶ女性が増えているが、まだ日本では結婚や出産あるいは介護によって仕事を中断せざるをえない。そのために未婚・非婚・晩婚を選ぶ日本女性が増える一方で、農村の長男だけでなく、都会の男性たちも、家族を持ち、老父母の介護を任せられる結婚願望を持つ人も少なくない。「国際結婚紹介」ウエブサイトは、「再婚の方」、「中高年の方」「農村の方」といった結婚を望む男性をターゲットにし、中国やフィリピン女性を嫁にと、あの手この手で誘っている。役場が「外国人花嫁」のあっせんを行ってきた農村もあり、日本人男性の国際結婚が激増している（図２）。

図３　2009年国籍別国際結婚（夫日本・妻外国）

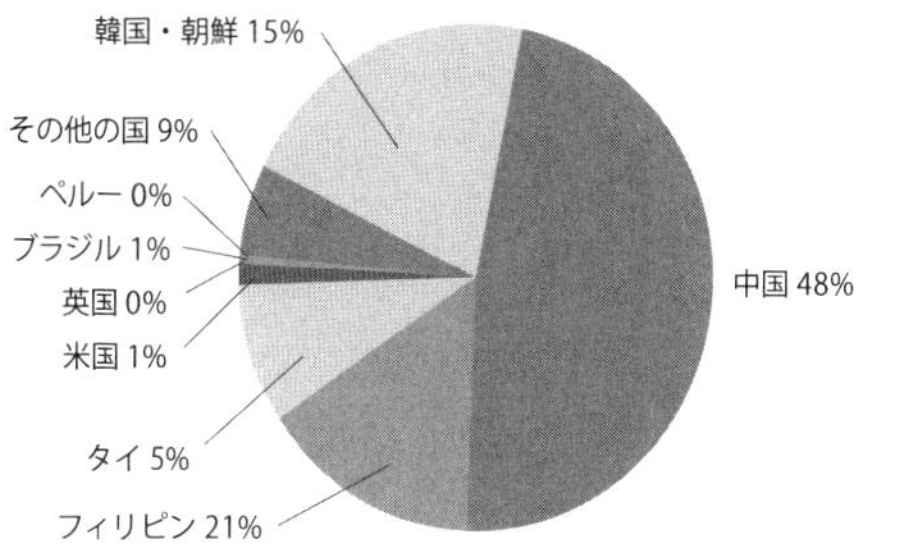

　結婚による労働の実態は、日本人女性の場合とあまり変わらないが、日本女性が家計を担っているのに比べ、外国人女性から聞く話では、夫の給料がいくらで、経済状態はどうなっているのかまったく知らされていない。ブラジル人のAさんは非日系人で日本人男性と結婚することで在留資格を得ている。夫が週一度スーパーに連れて行ってくれ、

夫が支払いをする。妻にはお金を渡さないが、妻が働くことを許さない。彼女は子育てに専念しているが日本語が十分でないため、義母や夫から孤立し、地域にブラジル人もいない。

スナックに勤めているフィリピン人女性Rさんは、一〇年前、夫と夫の家族の暴力から逃げてきたときは無一文だった。夫は病気の父を介護する役割を彼女に求め、フィリピン人ブローカーから三〇〇万円で紹介してもらい結婚した。彼女にとって結婚は就職だったが、夫や舅からDVを受け、長くは続かなかった。フィリピン人の嫁は「恥ずかしいから」というだけで、家から外へあまり出してもらえなかった女性もいる。地域の偏見の目に囲まれながらの子育ては想像以上のものがある。二〇〇六年に中国人女性が滋賀県長浜市で園児を殺害した不幸な事件はなぜ起きたのだろうか。日本人男性との結婚は中国人女性が一番多い（**図3**）が、子育てなどで相談する相手がいなかったのだろうか。再生産労働と地域社会との関係がきわめて薄いことが予想される。

多い製造業・飲食業、ケアーワーカー

外国人にとって日本語が十分できなくても働くことが可能な製造業は単純労働だが比較的就労しやすい。ブラジル女性の労働人口（五五〇二四人）の六二・八％、ベトナム女性（五〇七〇人）の七三・六％が製造業で、中国女性の場合（一〇四九五四人）も五二・七％が製造業従事者という偏りがみられる（**図4、5、6**）。大量生産されるコンビニの弁当や大量の洗濯のクリーニング屋、ケーキのパック包装、靴底貼りなど、外国人女性がかかわっている工場は人出不足の解消や労働力の調整弁として彼女たちを安く雇用する。子どもを育てながら働く女性たちは、時間を早く切り上げて不足分を生活保護に頼る場合もある。外国人女性のような地域の

経済になくてはならない安価な労働力は使い捨てであり、長期雇用にはつながってはいかない。

フィリピン人女性の場合（四九〇三三人）は、三四・三%が製造業、その次に多いのが飲食店で三〇・三%になっている（**図7**）。飲食店というのはそのほとんどがスナック、バー等を含む飲食業と考えられ、フィリピン女性の従事者が多い。二〇〇〇年の国勢調査ではその飲食店が最も多く、その次に製造、サービスであっ

図4　ブラジル女性の職業（国勢調査 2005 年）

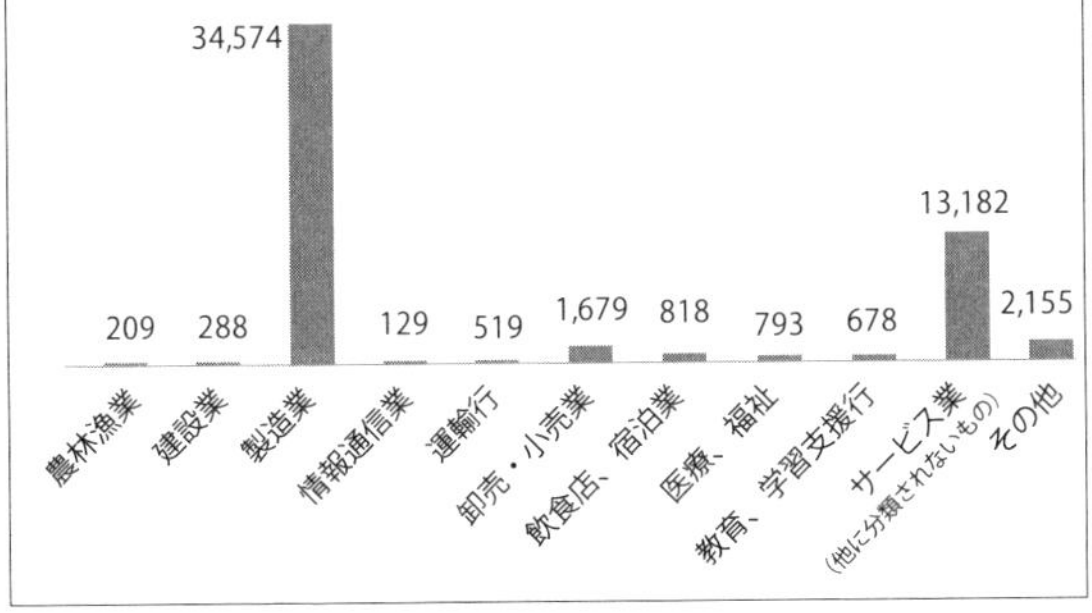

図5　中国女性の職業（国勢調査 2005 年）

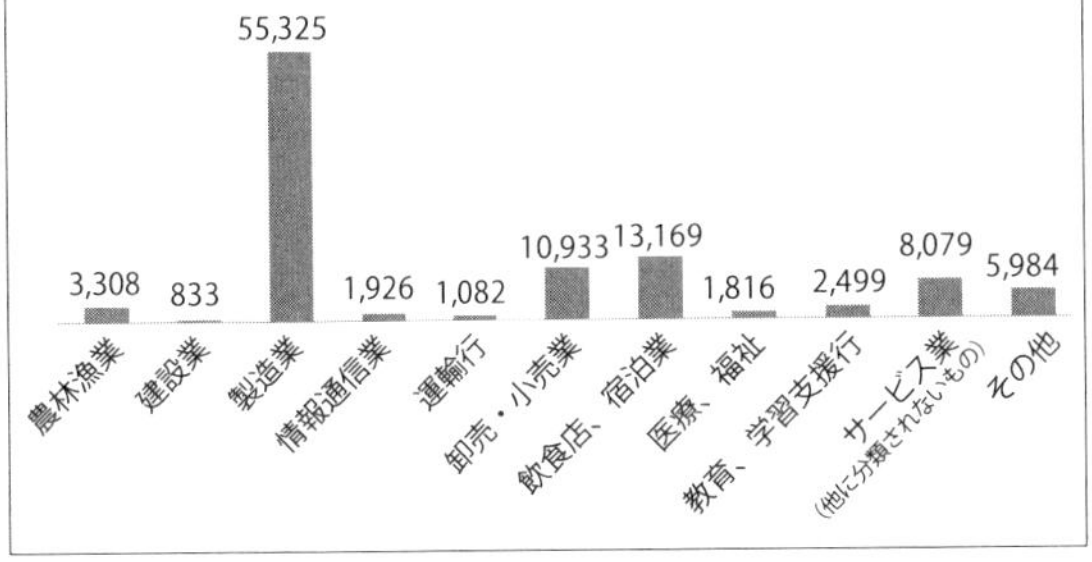

図6　ベトナム女性の職業（国勢調査 2005 年）

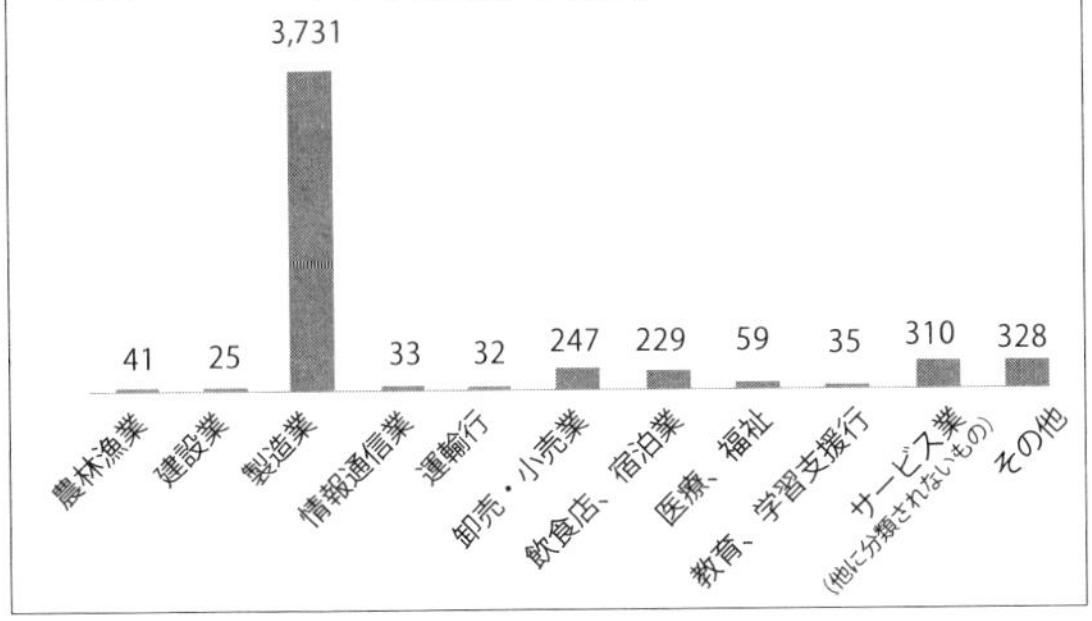

たことを考えると、フィリピン人女性の仕事がエンターテイナーから他の仕事へ移行している様子がみえる。図１のフィリピン人の在留資格の推移をみても二〇〇五年から「興業」ビザが激減している。これは、日本政府の「興業」ビザ発給が人身売買を助長しているという米国の人権白書報告が出され、法務省が「興業」ビザを見直し、条件を厳しくしたためで、新規入国は制限されたものの、フィリピン女性たちが夜の街から消えたわけではない。結婚から離婚を経験した女性たちが選択できる職業は多くなく、短時間で収入の多い夜の商売、スナックやバーに集中し、ママさんとして商売を切り盛りしている女性もいる。

もう一つ、外国人女性が担ってきた仕事の中に「看護・介護」など医療関係の仕事がある。日系ブラジル人のBさんは一七年間病院で介護の仕事をし、六〇歳を機にブラジルへ帰国することを決めた。彼女は社会保険に加入し、ブラジルで年金も受け取ることができる。ケアーワーカーの人出不足を解消するために政府はインドネシアとフィリピンから看護師、介護福祉士を受け入れ、国家試験の合格者は医療の在留資格が与えられる。しかし、その合格率は非常に低い。日本社会のニーズに応えるために来日し現場で働いているケアーワーカーたちは一〇〇〇人近いが、合格しなければ三年の滞在しか認められていない。外国人の優秀な人材を日本が使い捨てにする政策がまた取られようとしている。（後略）

図７　フィリピン女性の職業（国勢調査 2005 年）

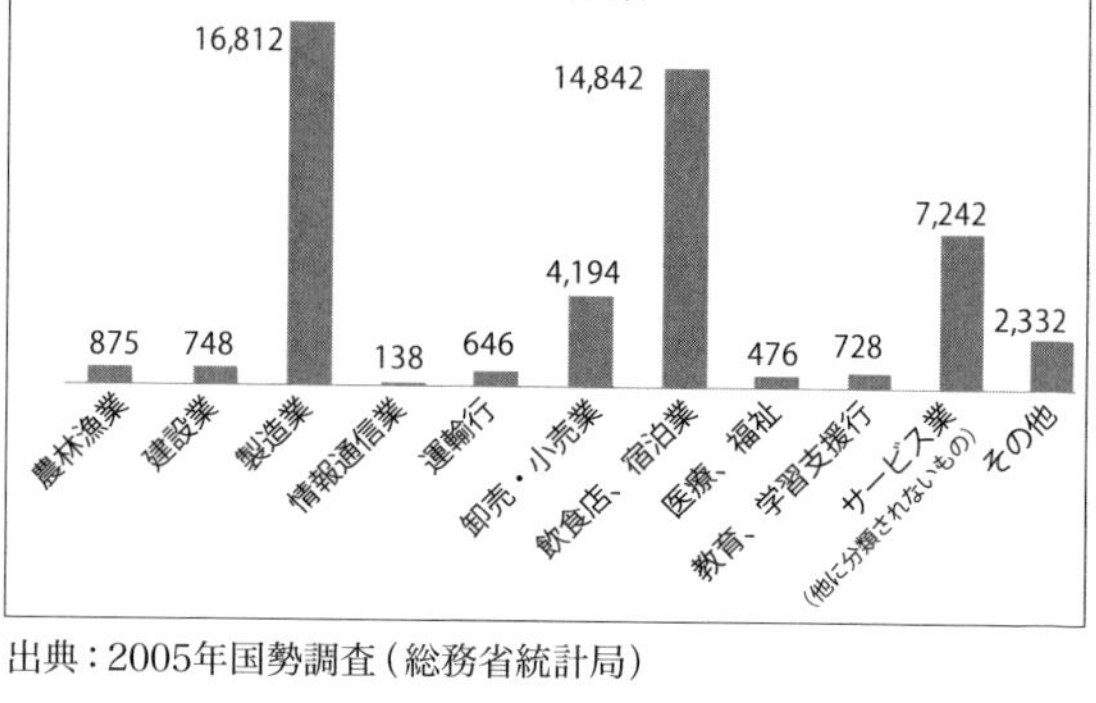

出典：2005年国勢調査（総務省統計局）

フィリピン移住者の職業移動

二〇〇五年においてはフィリピン人女性の仕事として製造業、飲食業、そしてサービス業が多かったが、その後の国勢調査では「興行」資格の入国制限の影響でサービス業が減少し、他の産業への移行が見られる。五年毎の推移を示す図Ⅲ―7では、製造業従事者がどの時にもトップになっているが、生活関連サービスや医療・福祉という分野で働く兆しも見えている。

長期定住化、高齢化をむかえているフィリピン人ではあるが、二〇〇五年まで八割以上を占めていた女性の比率がこの第三期に至って下がり始め、徐々にフィリピン人男性移住者が増えてきている。二〇一四年には三割、二〇一九年は四割がフィリピン人男性となり、二〇代から三〇代が多い。これは日本の外国人労働者受け入れ政策の変化によるもので、今後の動向を示唆するものである。図Ⅲ―8は、二〇一五年の国勢調査の職業別統計からフィリピン人男性の職業分類も併記したものである。

全国的にみても、国籍別でも、また男女別でも製造業で働く外国人が多い。日本語が十分理解できない移住者にとって工場の生産ラインでの仕事は難しいものではなく、働き口も少なくはない。小さい子どもを育てるフィリピン人女性には短時間の労働でも働けるメリットがある。またこれには、生産部門での人手不足を補う技能実習制度を設けてきた日本政府の意向も反映されている。増えてきた

図Ⅲ-7　在日フィリピン人女性の仕事の推移　2005年2010年2015年（産業別）

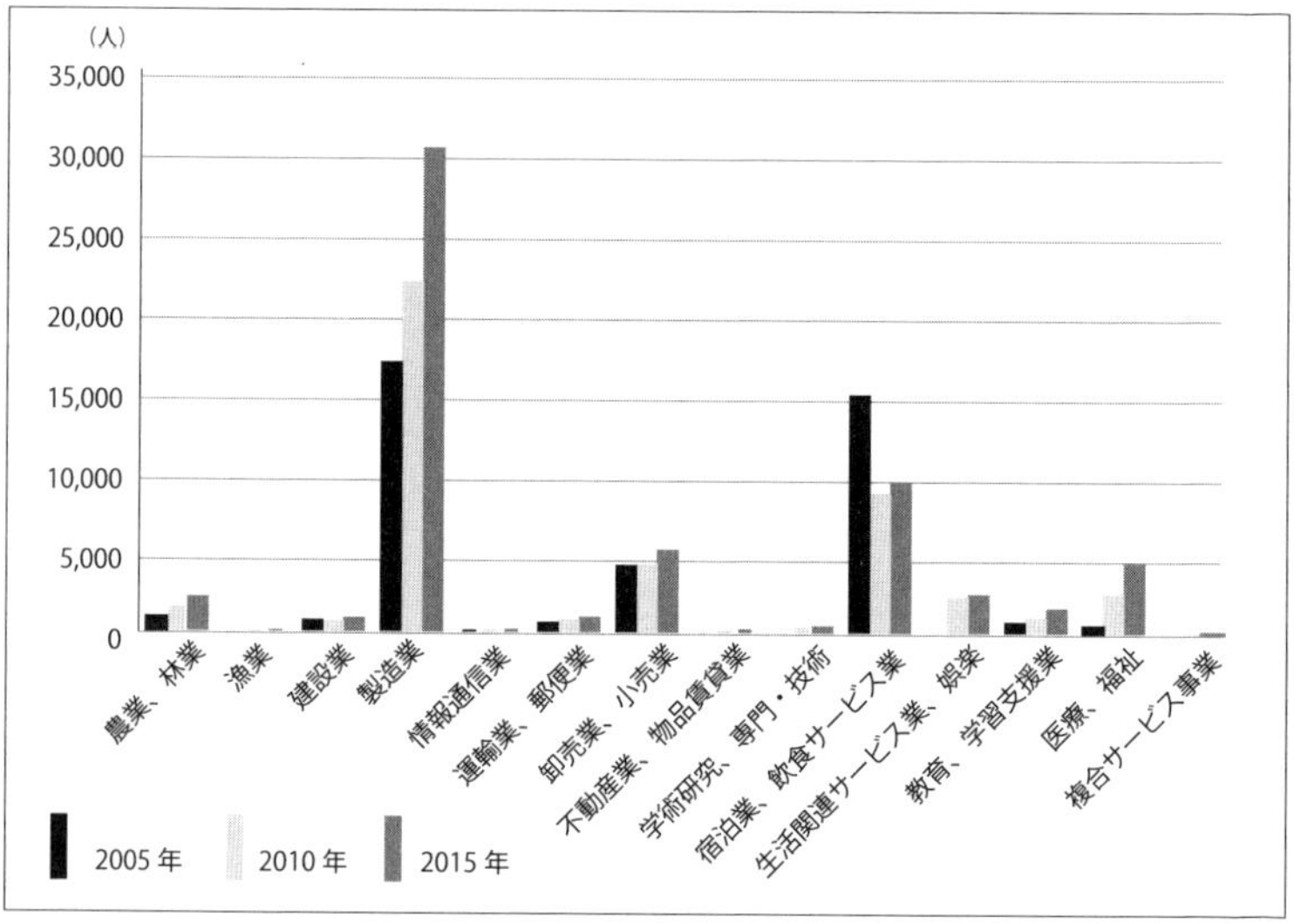

図Ⅲ-8　在日フィリピン人の職業　2005年、2015年（男女）

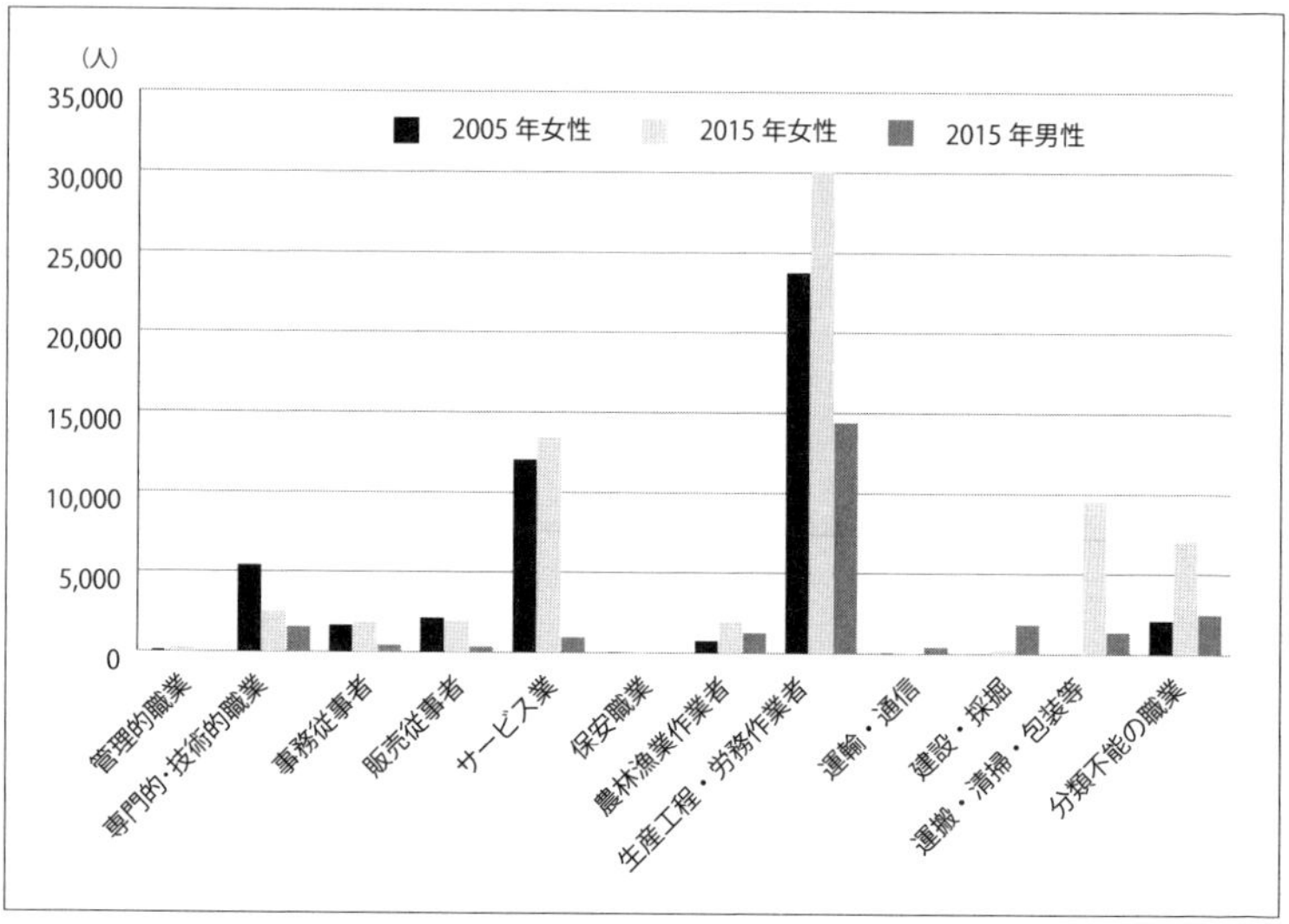

出典：国勢調査「職業、国籍、男女別15歳以上外国人就業者数（総務省統計局）」より作成

フィリピン人男性の職業でも、生産工程・労務作業が多い（図Ⅲ－8）。

ここまでは統計データから日本に住むフィリピン人の仕事をみてきたが、各地域に住むフィリピン人女性それぞれのステイタス、生活、仕事、家族、将来の夢などについてはどうなのだろうか。二〇一七年に移住連・女性プロジェクトが移住女性の体験を聞く「聞き取り調査」を行い、私も何人かのインタビューを行った。データ数は限られているが、現在のフィリピン移住女性の現実がみえる。次項では一人一人違ったフィリピン人女性の日本での暮らしに触れ、外国人の体験を通して見えてくる日本社会を考えてみたい。

「移住女性の就労に関するインタビュー調査」から

移住女性たちが具体的にどのような働き方をしているのかについて、二〇一七年に「移住者と連帯する全国ネットワーク（移住連）」、女性プロジェクトが五七人の移住女性から聞き取り調査を行った。調査の目的は、移住女性たちの仕事の実態を把握し、日本で保障されている労働上の権利、人権が守られているかを確認し、女性たちの暮らしが安定し幸福を保障するものであるためには何が必要なのかを提言していくためのものである。

回答者五七人のうち、三〇人がフィリピン人女性で、四人がＪＦＣ（日本三、フィリピン一）、あとの国籍では、ペルー九人、タイ三人、ベトナム四（日本一）人、ブラジル二人、韓国二人、中国二人だった。移住連、女性プロジェクトでは調査結果を二〇一九年八月の移住連機関紙『ＭＩＧＲＡＮＴＳ－

Ｎｅｔｗｏｒｋ（二〇五号）』に発表しているが、ここでは、フィリピン移住女性三〇人から得た調査の回答から、女性たちの体験を通して見える日本社会の何が問題であるのかを考えてみたい。

聞き取り調査の回答者

聞き取り調査の回答者たちは、調査を企画した移住連、女性プロジェクトを構成する各地の外国人支援団体とのつながりや、紹介によって協力を得た人たちが多い。質問項目については、聞き取りした時点での就労だけではなく、日本で生活を始めた時から現在（二〇一七年）までの仕事とその条件、そしてさらに将来の希望等にも言及しているので、調査結果には一人一人の歴史が詰まっている。主な調査項目は、１日本での仕事（職歴、労働条件、満足度、職業訓練の有無）、２日本語能力（習得方法、レベル）、３日本への移動とそれまでの生活（来日の時期、目的、在留資格、学歴）、４現在の生活（家族、生活保護、在留資格、差別）、将来の夢（将来の計画）、５基本属性となっている。

調査に協力してくれたフィリピン移住女性三〇人は、平均年齢が四六・八歳（二〇一七年現在）、六一歳が最高齢だった。一人を除いて他は日本人男性との婚姻または同棲を経験している。二〇一七年時点での在日年数三〇年以上が四人、二〇年以上が一五人、一〇年以上が一〇人、六年が一人。最初の来日時の在留資格が「興行」だった人が一六人、「日本人配偶者」が一〇人、「特定活動」二人、「国際業務」一人、「観光」での入国も一人いた。その後の女性たちの在留資格は調査時には、「永住」二二人、「定住」六人、「日本人配偶者」一人。「技術・人文知識・国際業務」ビザが一人でフィリピン人と結婚している。ここでも「永住」「定住」など中長期在住者が多いのは、日本人男性との婚姻関係や子どもの存在がこういった在留資格につながったためと思われる。

フィリピン移住女性の三パターン

調査の回答からは一人一人が多様な人生を歩んでいることがわかる。しかし一方で、これらフィリピン移住女性の共通した経験や日本人との身分関係から以下のような三つのパターンに分けることができる。

① 日本人との婚姻関係にある人（九人）

現在も日本人との婚姻関係にある人が九人おり、そのうちの五人は「興行」で来日、現在は「永住資格」四人、一人が「定住資格」（再婚）である。最初は「タレント」としてパブやスナックで働き、その後日本人と結婚して、専業主婦、弁当食品などの工場ライン勤務、ホテルや駅の清掃、ベッドメーキング、機械組み立て、介護職を経験している。レストランを開きたい、もう少し収入を増やしたいといった希望をもっている。このうち一人が生活保護を受けたことがある。「日本人配偶者」資格をもって来日した人が四人、現在は「永住資格」を得ている。仕事は家業の農業や専業主婦、そして工場労働者からALT（外国語指導助手）の英語教師になった人がいる。仕事に対しては不安定だが「満足」と回答している。彼女たちの希望は子どもの成長や家族が一緒に暮らせること、将来はフィリピンで暮らしたいと二人が答えている。

② 離婚、離別、シングルマザー（二〇人）

日本人と離婚・離別を経験した人二〇人のうち、離婚が一四人、別居中二人、死別三人、非婚一人で、この二〇人のうちシングルマザーが一五人いる。一人がフィリピン人と再婚し、その夫と日本で暮らしたい。工場勤務や弁当屋、ホテルの清掃、ベッドメーキング、クリーニング工場、荷物の仕分け、介護、幼児英語教師などの仕事に従事している。転職が多く、九回を数える人もいる。一三人が生活保護を受けたことがあり、そのうち四人が現在も続いている。将来の夢や計画は子どもの成長や教育、日本とフィリピンのどちらに住むかの迷いなど複雑な心境が見受けられる。

③　日本人の家族を持たない女性（一人）

二〇〇六年に、「技術・人文知識・国際業務」の在留資格で来日し、英会話講師、電話相談員、物流センターの発送業務を経験している。「永住」資格取得を望んでいる。フィリピン人夫と日本に住めることが幸せだという。本調査のフィリピン人のなかではこの分類に入るのが一人だけだったが、今後はこのような移住の形が増えてくるのではないかと思われる。

職歴について

彼女たちの職歴をみると、五回から一〇回もの転職を経験している人が半数以上になる。女性たちが経験した仕事の内容は決して条件の良いものではなく、雇用保険や失業保険の存在すら知らなかったという人が多い。なかには人身売買被害者であったり、夫からの暴力で家を出ていたりする。子育てをしながら外国人というハンディを乗り越えて十分な収入を得ること自体が難しい。そのようなときには「生活保護」に頼らざるをえない。調査中の一四人が受給したことがあり、四人が現在も受けている。日本でスキルアップのための講座や学校に行ったことがない人が一八人おり、制度があることを知らなかった人が一〇人、時間やお金がないという人もいた。一方で、一二人が講座を受けたことがあり、資格は今の仕事に結び付いていると一〇人が話している。派遣会社が企画するヘルパー資格取得講座が外国人に提供され、介護の現場で働くことができるようになった人や有料ではあるが、英語教師やジムのインストラクターの資格を取得して求めていた仕事に就いている人もいる。とはいっても、こういった仕事が安定した生活を彼女たちに保証するものではなく、一年契約であったり、不定期なアルバイトでしかなかったりする場合が多い。それでも、日本語の能力は、全員が会話能力を有し、ほとんどがひらがな、カタカナ、簡単な漢字の読み書きができるという。彼女たちは日本語学校で勉強した人はおらず、日常生活の場で、あるいはボランティアの地域日本語教室で勉強した人たちがほとんどである。

調査項目の中の「職歴」に関して、就いた仕事の内容や条件について詳しく聞いているが、ここでは、二人（A、B）の女性の「職歴」とその内容から移住女性の労働状況を見てみたい（表Ⅲ－2）。Aさんは一九八八年に「興行」資格で来日し、日本人と結婚、離婚を経験している。息子二人をフィリピンの親族に預けスナックやパブの経営も経験し働いたが、最近次男を日本に呼ぶことができた。今の英語保育に関わる仕事は自分に合っていると思うが、時給が安い。将来の夢は長男を日本に呼んで一緒に住むことだ。Bさんは、「日本人の配偶者」資格で一九八九年に来日し、縫製工場でアイロンかけを三年、建築現場で出たごみの仕分けを三年し、英語会話学校で三年間教えていた。現在夫とは別居中で今は娘の扶養家族になっている。公立学校の英語指導助手（ALT）の仕事を得たが一年契約の派遣なので直接雇用を望んでいる。将来の計画はフィリピンに帰って日本で得たことを糧にでき

契約書有無	昇進・昇級の有無	健康保険、年金	良い点、サポート体制	困難、退職理由、解雇か自主退職
なし	なし	なし	日本はよい所と思った	やくざが給料を持ち逃げ
なし	なし	なし	一時店がはやった	共同経営がうまくいかなくなった
なし	なし	なし	なし	
なし	なし	なし	自分の店なのでやりがいがあった	経営が成り立たなくなった
あり	なし	生活保護	重労働に対するサポートがない	身体を壊した、しびれ
あり	なし	生活保護	オーナーは親切	休みが自由に取れない
あり	なし	生活保護	自分に合っているが、時給が安い	

契約書	昇進・昇級	健康保険、年金	良い点、サポート	困難、退職理由　解雇自主退職
あり	なし	社保		病気で自主退職
あり	なし	社保		子どもの病気で自主退職
なし	なし	家族		病気で自主退職
あり	なし	家族	自宅でも英語授業	生徒が減少
あり	なし	家族	上記と兼業	転居
なし	なし	家族		
なし	なし	家族		
あり	なし	家族	出張、各種研修	労働日数が少ない
なし	なし	家族	上記と兼業	
あり	なし	家族	英語で説明あり	1年契約

表Ⅲ－２

A	職歴・仕事の内容	求職の方法	雇用形態	時期　期間	時給　給料	労働日数・時間	福利厚生	税金の差引
1	エンターテイナー	同国人の知り合い	3か月の繰り返し	3年以上5年未満	500ドル/月	毎日	なし	なし
2	スナックラウンジ共同経営	知り合い	雇われママ	5年以上	約20万円/月	ほとんど毎日	なし	なし
3	大阪のスナック	知り合い	アルバイト	5年以上	不定	不定期	なし	なし
4	フィリピンパブ経営	経営者	オーナー	1年以上3年未満	不安定	ほとんど毎日	なし	なし
5	介護労働	友達の紹介	パート	1年以上3年未満	1000円/h	週3日、4時間/日	なし	あり
6	クッキー製造会社	ハローワーク	パート	1年以上3年未満	900円/h	週3日、6時間/日	なし	あり
7	英語保育学校	ハローワーク	パート	1年以上3年未満	900円/h	週4日、5時間/日	なし	あり

B	職歴・仕事の内容	求職の方法	雇用形態	時期期間	時給、給料	労働日数	福利厚生	税金
1	縫製工場	日本人の知り合い	契約社員	1年以上3年未満	600円/h	週5日	なし	あり
2	電気系工場	同国人の知り合い	契約社員	1年以上3年未満	700円/h	週5日	なし	あり
3	建築現場	日本人の知り合い	直接雇用パート	1年未満	701円/h	週5日	なし	あり
4	英語学校で教師	日本人の知り合い	契約社員	3年以上5年未満	歩合制	受講生次第	なし	あり
5	多文化共生サポーター	公的機関	その他	5年以上	1400円/h	48時間	なし	あり
6	市の相談員	公的機関	その他	5年以上	7000円/日	週1回	なし	あり
7	相談員	日本人の知り合い	その他	1年未満	1600円/h	週1回	なし	あり
8	事務所スタッフ	同国人の知り合い	直接雇用パート	1年以上3年未満	1000円/h	週3日	なし	あり
9	通訳	同国人の知り合い	その他	1年以上3年未満	800円/h	不規則	なし	なし
10	英語アシスタント	同国人の知り合い	派遣・請負	1年未満	10000円/日	週5日	なし	あり

出典：２人（Ａ、Ｂ）の女性の「職歴」（調査票から抜粋）

図Ⅲ-9　来日後初めての仕事

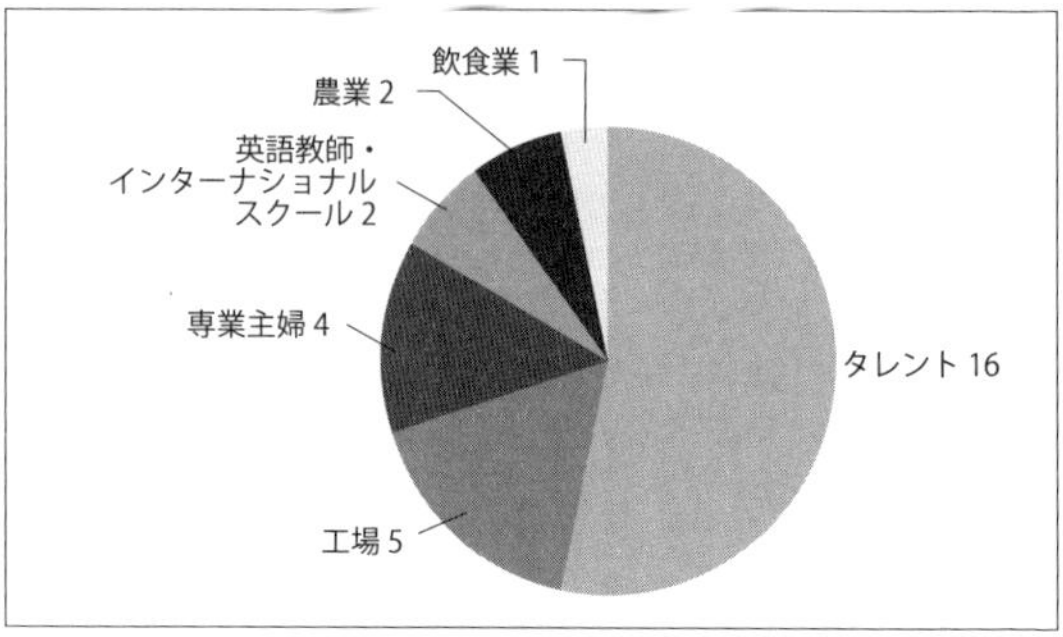

図Ⅲ-10　現在（2017年）の仕事

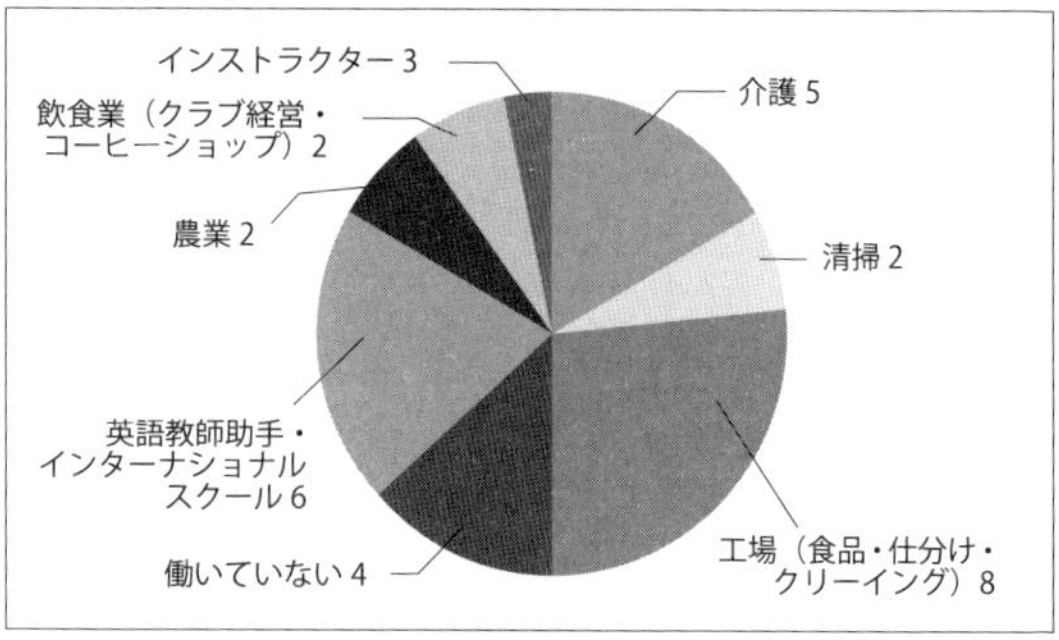

出典：移住連・女性部会調査結果から作成

る仕事をしたい。二人ともフィリピンの家族へ毎月送金しており生活に余裕がないが、娘や息子が成長し助けてくれているという。フィリピンの場合、小学生から英語教育があり英語が母語に近い人も多く、二人の女性だけでなく本調査内でも英語教育に従事している人が六人となっている。

三〇人の女性について、はじめて来日したときの仕事の種目別人数を示したのが図Ⅲ－9で、次の

SMJ 移住連 移住者と連帯する全国ネットワーク Solidarity Network with Migrants Japan

English

入会について　寄付をする

移住連とは　活動の紹介　あなたにできること　入会について　お知らせ　お問い合わせ

HOME ＞ テーマごとの取り組み

移住連は、移民のかかえるさまざまな課題について、テーマごとに取り組みをしています。

女性プロジェクト

移民・女性として直面する複合差別をなくすために

移民女性の現状

女性プロジェクトが発足したのは、1999年、国際結婚が増える中でDVや離婚、地域での孤立などのさまざまな問題が全国で顕在化してきた時期でした。移民女性は、移民であることと女性であることから複合的な差別を受けやすく、さまざまな困難に直面します。プロジェクトは、日本各地に点在する地域の移民女性支援団体と専門家を結ぶネットワークとして、支援情報の共有や支援の連携、移民女性の暴力に関するホットラインやDV施策にかんする調査などを行ってきました。また国際結婚女性の支援や暴力対策、離婚後シングルマザー家庭の支援に関する法制度などの改正を求めてロビイングやアドボカシー活動をしてきました。

さらに、2010年代に入り、JFC母子や留学生といった新たな形の人身取引の課題や、技能実習生の女性のセクハラや労働問題、家事労働者や介護労働者の問題などにも取り組んでいます。

出典：移住連ホームページ　https://migrants.jp/project.html

図Ⅲ－10は、調査した時点での仕事の種目別人数を示している。来日時に一番多かった一六人の「タレント」業については、調査時はゼロ、現在クラブ経営している人が一人いる。調査時に多かったのが「工場」での仕事で、八人、英語関連の仕事が六人、介護五人と分散している。二つの図を比べてみると、この間に女性たちの仕事の種目が増え、人数も分散していることが分かる。女性たちのほとんどが中長期在留型の就労に制限のない在留資格を有しているため職業を自由に選ぶことができる。しかし聞き取りの内容から見えてくる移住女性の仕事は不安定で、その生活は決して経済的に恵まれているとはいえない。それはどういうところに原因があるのかを以下①から④のように考えてみると、彼女たちが「外国人」であり、「女性」であるという複合的な差別、フィリピン人女性が経験してきた移住形態の特殊性にあることがわかる。

① 工場労働者が多い理由は、日本語の知識がない外国人が容易に就ける職種であること、

② しかし、妊娠、出産、子育て、義母の世話といった理由で辞めなければならず、転職が多い。

③ 離婚、別居、シングルマザーの女性はさらに経済的困窮に陥る。夫の扶養家族として補助的な範囲の仕事に就くか、離婚した場合は生活保護や児童扶養手当制度を利用できる範囲での仕事に就くか迫られる。年を経るにつれて、彼女たちは仕事があればなんでもやるという最初の頃とは違う仕事を求めている人もおり、日本でスキルアップのために講座・学校等に通った経験者が一二人、そのうちの一〇人が仕事のステップアップにつながったという。残念ながらこういう機会があることを知らなかったという人も一二人おり、情報の隔たりや開校されない地域

間格差などがあるようである。またたとえ情報を得たとしても、経済的、時間的制限があり、受講できない場合もある。

④「興行」ビザで入国した女性たちは短期滞在者であるため移住者としての扱いではなく、また「日本人配偶者」として来る場合は個別に来日する。どちらの場合も公的機関や企業、公共団体等のオリエンテーションのようなサービスを受けていない。労働者が享受できる社会保障や労働条件についての知識がなく、利用できていない。キャリア構築やステップアップのための職業訓練や方策が情報として入って来ない。こういったニューカマーのための情報共有ができていないのが問題である。各個人が在留資格に従って日本の各地にバラバラに送り込まれる。受け入れ地域の自治体がニューカマーの来日を知りえても何のサービスも提供しない。なぜなら彼女たちは「管理」するべき外国人であり、公共の「サービス」を提供する側がその対象としてとらえていないからではないだろうか。

インタビュー調査では、スキルアップのための講座や学校に行ったことがない人が一八人おり、制度があることを知らなかった人が一〇人、あとの一二人がなんらかの講座を受けたことがあり、おおかたの人が資格は今の仕事に結び付いていると話している。しかし彼女たちが受けた講座は介護関係が四人、英語やジムの講師、セミナーなどで、ハローワークなどの職業訓練ではない。政府が外国人施策として推進してきた中身は、「日系人就労準備研修」（二〇〇九年厚労省）や「日系定住外国人施策に関する基本方針」（二〇一〇年内閣府）、「日系定住外国人施策に関する行動計画」（二〇一一年各関係省庁）といった日系労働者施策に他ならなかった。こうしたなか、「日系人就労準備研修」が「定住外国人向け研修」に移行したのが二〇一五年で、二〇二一年現在も民間団体に委託されて「仕事のための日本語研修」が「永住者」「日本人配偶者」「永住者の配偶者」「定住者」を対象に二三都府県で開催されている。仕事に必要な日本語やコミュニケーション能力を習得する機会でもあり無料なのだが、開催地域が限定されており外国人集住地区に限られる。名古屋などでは外国人女性もこういった機会に参加し、ステップアップにつながっているという。しかしながら開催地域が外国人集住地域に限られているため、比較的外国人の多い兵庫県神戸市ですら開催地域になく、大阪まで行かなければその機会を得ることができなかった（二〇二一年八月から兵庫県神戸市でのオンラインコースの募集がはじまった）。日本人の配偶者や定住者は必ずしも外国人集住地域に住んでいるとは限らない。開催地域の拡大やニーズにあった多様な開催方法が検討されてもいいのではないだろうか。

5　日本社会の変容と不変容

「国籍法」を変えたＪＦＣたち

日本人父の認知を受けたのが出生後だったために日本国籍を得られなかった五歳から一一歳の子どもたちと母親の九組が集団で「国籍確認訴訟」を起こしたのが、二〇〇五年だった。本書の第Ⅱ章２「国際婚外子の国籍確認訴訟」で取り上げた大阪のフィリピン人女性の長女の場合と同じ理由（日本人父から出生後認知されたが日本国籍が認められない）で国籍確認を訴えたものであった。一九八四年に新設された国籍法第三条一項「準正による国籍取得」、つまり「認知と両親の婚姻によって子どもが日本国籍を取得する」という条件が、子どもの平等を妨げているというものであった。大阪で訴えを起こした裁判での結果は、二〇〇二年、最高裁判決によって棄却されていた。しかしこのときの三人の裁判官から出された補足意見に、「今日では国際化が進み価値観が多様化して家族の態様も一様ではなく、親の婚姻によって子どもに差異を設けることに合理性はない、日本人を親として生まれた子どもは日本国籍取得を期待し、出来る限り満たされるべきである」といった意見が出されていた。

東京でも国籍確認訴訟を起こすことになったきっかけは、「なんで日本人の父親から認知されても日本国籍が取れないのか」という母子たちの強い思いだった。子どもたちも自分たちは日本人だと信じて裁判では国と闘った。そして、二〇〇八年六月四日に出された最高裁判所での判決は、二審の控訴審判決を覆し、以下の論点で子どもたちの訴えを認めるものとなった。「立法において合理的とされてきたことは社会的環境の変化によって失われており」、国籍法三条一項は、「日本国民である父から出生後に認知されたにとどまる非嫡出子に対して、日本国籍の取得において著しく不利益な差別的取り扱いを生じさせているといわざるを得ず、憲法一四条（法の下の平等）違反である」とし、出されていた二件の訴訟についてすべての子どもたちに日本国籍があるとの判決を言い渡した（国籍確認訴訟の経過について、「ＪＦＣネットワーク」http://www.jfcnet.org/article03/ に詳しい）。

その後国会では一二月に国籍法が改正され、翌年の一月に施行された。裁判で勝った子どもたちだけでなく、この改正によって、出生後二〇歳（二〇一二年四月から一八歳）までに日本人父から認知を受けた外国人母の「婚外子」は両親が結婚していなくても「届け出」によって日本国籍を取得できるようになった。「届け出」は、日本の法務局、または在外日本大使館でも受け付けたので、海外在住の

毎日新聞　第45145号

婚姻条件の国籍法違憲

日比間の子 10人を認定　最高裁初判断

結婚していない日本人父とフィリピン人母10組の間に生まれた子ども10人が、国に日本国籍の確認を求めた2件の訴訟の上告審判決で、最高裁大法廷（裁判長・島田仁郎《にろう》長官）は4日、出生後の国籍取得に両親の婚姻を必要とする国籍法の規定を違憲と初判断した。大法廷は「遅くとも03年には、規定は合理的理由のない差別を生じさせ、法の下の平等を定めた憲法に反する」と述べ、10人全員の日本国籍を確認した。　（社会面に関連記事、9面に判決要旨）

最高裁判決で日本国籍を認められ、「勝訴」と書かれた紙を手に喜ぶジェイサさん（右）とマサミさん
＝東京都千代田区の最高裁前で4日、石井諭撮影

最高裁が法律の規定を違憲としたのは、在外邦人の選挙権を制限した公職選挙法を巡る訴訟の判決（05年9月）以来で8件目。国会は早急な法改正を迫られる。婚外子（非嫡出子）の不利益な扱いを違憲とした判決は、嫡出子と婚外子の相続に差を設ける民法の規定などを巡る議論にも影響を与えそうだ。

国籍法3条1項は、未婚の日本人父と外国人母の子について、父の出生後認知と両親の婚姻の両方を日本国籍取得の条件とする。原告は関東地方などに住む8～14歳で、父の認知を得て03～05年に国籍取得を届け出たが、認められなかった。

大法廷は、同項が設けられた84年当時は規定に合理性があったが、その後の家族生活や親子関係の意識変化、多様化で、立法目的にそぐわなくなっていると指摘。「国籍取得は基本的人権の保障を受ける上で重大な意味を持ち、不利益は見過ごせない」と述べた。

国側は「出生後認知のみで国籍を取得できるとするのは裁判所が新たな制度を設けることになり、立法権の侵害だ」と主張。大法廷は「原告の救済の観点から、婚姻要件を除いた部分を満たせば国籍取得を認めるというのが合憲的解釈」と退けた。

判決は裁判官15人中9人の多数意見。違憲判断は12人だった。横尾和子、津野修、古田佑紀の3裁判官は「家族の生活状況に顕著な変化があるとは思われず規定には合理性があり合憲」と反対意見を述べた。

◆判決のポイント◆

▽婚姻の有無で国籍取得を区別する国籍法3条1項は、遅くとも03年当時には合理的な理由のない差別として憲法に違反する
▽生後認知された子は、同項が定める要件のうち、両親の婚姻以外が満たされれば国籍取得が認められる。原告は取得届提出で日本国籍を取得した

日本国籍の取得　国籍法2条は出生時に法律上の父か母が日本人なら子は日本国籍を取得すると定める。母が日本人ならば無条件に子は日本国籍。日本人父と外国人母の子の場合は、出生時に両親が結婚しているか、未婚でも妊娠中に父が認知していれば日本国籍を取得する。一方、出生後認知された婚外子は、20歳までに両親が結婚し嫡出子の立場を得た場合に限って日本国籍を取得できる。

日本人父・外国人母の婚外子で原告と似た境遇の子どもたちは国内に数万人、海外に相当数いるとの学者の試算がある。【北村和巳】

原告側代理人の話　不合理な差別を正面から違憲と認め、高く評価できる。同じ境遇にある多くの子どもたちに希望を与える。

鳩山邦夫法相の話　国籍法の規定が憲法違反とされたことは厳粛に受け止めている。判決内容を十分に検討して適切に対応したい。

家族巡る法制度に影響

解説　最高裁判決は、社会情勢の変化を重視し国籍取得での婚外子差別を違憲と判断した。民法と同様に法律婚による「家族の結びつき」を基本とする国籍法の見直しを迫ったことは、家族を巡る法制度にも影響を与える可能性がある。

事実婚や婚外子の増加で、婚外子差別の見直しを求める声が高まり、住民票や戸籍では婚外子を区別する記載は撤廃された。一方で、国籍法は差別規定が維持されてきており、国籍がなければ参政権を得られず、就職や日本在留でも制限を受ける。同法の規定は違憲との学説が有力になっていた。

判決は救済の道を開いたが、直ちに婚姻の要件が無効になるわけではなく、原告と同じ境遇の子どもが法務局の窓口に届け出ても自動的に国籍が認められることにはならないとみられる。法務省は法改正に向けた検討を始めたが、どこまでさかのぼって救済するかや婚姻以外の要件を盛り込むかなどが議論になるだろう。

婚外子差別では、遺産相続を嫡出子の半分とする民法の規定が残る。法制審議会は96年、相続分を同一にするよう法相に答申したが、たなざらしのままだ。最高裁判決が初めて婚外子差別を違憲と判断した意味は重く、論議が再燃するのは必至だ。【北村和巳、坂本高志】

毎日新聞2008年6月5日

該当者は来日することなく、日本国籍取得手続きが可能であった。

しかし、その手続きは多くの書類を提出しなければならず、当事者だけでは難しい。国籍確認の裁判を支援してきた「JFCネットワーク」や外国人支援NGO、フィリピンでは「マリガヤハウス」や「バティスセンター」などのNGOが新たに日本国籍を取得するJFCに協力した。日本国籍を得るということは、血統主義の日本では日本人の父親をもつ子どもの権利であり、子どものアイデンティティとして両親の国籍を持つことは、自尊心を養い、自分に自信を持ち、地に足をつけて歩くための杖となる。日本にとっても多様な国民の誕生であり、豊かな国の形成に貢献する。法務省民事局によると、国籍法三条の改正

写真9　2013年にAWEPのスタディツアーでマリガヤハウスを訪問し、JFCの国籍取得支援等について聞いた。

表Ⅲ－3　国籍法3条改正、17条による国籍取得者数（人）

	3条、17条	3条で取得
平成21（2009）年		933人
平成22（2010）年		1149
平成23（2011）年		988
平成24（2012）年	1137人	936
平成25（2013）年	1030	803
平成26（2014）年	1131	886
平成27（2015）年	1089	836
平成28（2016）年	1033	776
平成29（2017）年	966	725
平成30（2018）年	958	757
令和元（2019）年	884	645
令和2（2020）年	772	578
令和3（2021）年	817	606
合計		10618

出典：法務省
（https://www.moj.go.jp/MINJI/toukei_t_minj03.html）

によって日本国籍を取得した人数が一三年間で一万六一八人になる（表Ⅲ－3）。また、国籍法三条による国籍取得に加えて、国籍法一七条等の規定に基づいて日本国籍を新たに取得した人数の合計が、表Ⅲ－3の左側の数字となっている。国籍別では不明なのでフィリピン出身者がどのくらいかはわからない。

この国籍法一七条には、国籍の留保をしなかった者の国籍の再取得が規定されている。なぜなら外国で生まれ、外国の国籍を同時に取得した日本人の子は、出生後三か月以内に出生届と国籍の留保届が必要とされ（国籍法一二条、戸籍法第一〇四条）、留保がない場合、日本国籍が失われ、戸籍には記載されないという規定がある。しかしその後、成人年齢までに日本に住み、生活の根拠が認められる場合、法務局に届けることで日本国籍を回復することができるというのが一七条一項である。この場合の日本人の子とは、両親の婚姻中に外国で出生し、生まれながらに日本国籍を持つが、それを留保しなかったという理由で日本国籍を喪失したとされる。「ＪＦＣネットワーク」が受けた相談では、「両親の結婚後に生まれた子ども四七二人のうちフィリピンで生まれた子は三四一人（七二・二五％）、国籍留保した子どもは一一一人（三二・五五％）、その他の二三〇人（六七・四五％）は国籍を喪失していた（二〇一一年一二月三一日現在）。国籍喪失ケースのうち、現在までに国籍再取得できたケースは三一件（一三・四八％）に過ぎない」。国籍法一七条で国籍回復の途があるとはいえ、来日し、日本で生活の基盤を築くのは簡単ではない。なによりも出生により日本国籍を取得している子どもたちにとって親が留保届をしなかったことで日本国籍が奪われるのは理解できないことである。

二〇一〇年、「子ども本人の意思によらない国籍法一二条による国籍はく奪は、国民の権利保障と法の下に平等を定めた憲法一三条および一四条一項に違反する」として二件の国籍確認訴訟が起こされた。フィリピン在住の原告四人のＪＦＣたちは、国籍法一二条が「①日本で生まれた者と外国で生まれた者とを差別する、②子どもの意思と無関係に父母が留保の意思表示をしたかどうかで差別する、③外国で生まれた婚外子（父から認知を受ければ出生後の時間の経過を問わず日本国籍を取得できる）と婚内子を差別する」ことを訴え、署名活動も行ってきた。

しかし、残念ながら一審、二審とも敗訴、二〇一五年の最高裁判所でも上告棄却という結果に終わった。主な理由は、「外国で生まれた子どもの国籍は形骸化する可能性があるから、その発生を抑止する必要がある」、「重国籍を防止する必要がある」。「またこのような立法目的を達成するために、日本国内で生まれた子と外国で生まれた子を差別扱いすることも合理性がある」とする内容だったが、差別に合理性があっていいものだろうか。このような判決を覆すのには複数国籍が当たり前になる時代まで待たなければならないのだろうか。

狙われるＪＦＣ母子

二〇〇九年の国籍法改正によって日本人への道が開かれたＪＦＣとその保護者である母親の「在留資格」や「生産性」が実際に利益を得ようとする日本の労働市場に都合の良い労働力を提供することになる。日本人父から認知された子どもの日本国籍取得は成人年齢までとされていたために、未成年のＪＦＣは日本人として、その母親は日本国籍の子どもを養育する「定住者」として日本での就労が可能になった。ＪＦＣらに来日を勧め、仕事を斡旋する業者の動きが顕著になっていた。日本の介護施設や工場での仕事を斡旋する日本の派遣業者がフィリピンに営業所を開設し、「新日系フィリピン人」をリクルートしていた。「新日系人」という新語は、戦前に日本からフィリピンに移住し家族を形成していた日本人の子孫である「日系人」と区別するためにＪＦＣが「新日系人」と呼ばれた。フィリピンの「日系人」は戦火の中で日本人父との関係を証明する戸籍や書類を紛失していたため、長い間日本政府から「日系人」として認められてこなかったが、日系人の結束や弁護士、支援者などの協力で認定された人たちは来日して就労の機会を得るようになってきた。

派遣業者やリクルーターなどの「出稼ぎ仲介業者」が、来日が可能となったＪＦＣとその母親を勧誘して、国籍やビザの取得、事前研修としての日本語学習、渡航手続きなどの費用を前貸しして来日させていた。日本では介護現場や生産工場などで変わらず人手不足が起きており、これら仲介業者による「労働力」の確保は日本企業からもフィリピン送り出し側の人材からも早急に求められていた。そしてその果てには、「人身売買」まがいの被害までが発生していた。

一方で、フィリピンと日本の「経済連携協定（ＥＰＡ）」発効にともなって、二〇〇九年から協定先の国から労働力、ケアーワーカーの導入が可能となり、フィリピンからも看護師や介護福祉士の受け入れが始まっていた。しかし日本の労働力不足は介護現場の特定技術者だけでなく、ケアーワーカー一般、工場労働者、建設現場などでも深刻な問題となっていた。人手不足を補うための留学生のアルバイトや研修生、技能実習生では間に合わなくなり、日本に入国してどんな職種にでも就労できる「日本人の配偶者と子」、そして「定住者」資格を得る可能性のあるＪＦＣの母親がターゲットになっていた。日本国籍を得た子どもたちは日本のパスポートで入国でき、母親も一八歳以下の日本国籍の子の保護者として来日でき、職種に制限なく仕事ができるチャンスでもあった。しかし当人にとっての国籍取得や渡航は自分たちの力で実現できるものではなかった。日本からの公的な支援がない中で、「日本国籍取得」「ビザ取得」「仕事斡旋」「父親捜し」「出発から出迎えまで」「日本語学習支援」などのサポートを掲げてリクルートする「ブローカー」に頼るしかなかったのだろうが、派遣会社としての資格がないものもあり、国際交流や支援団体を名乗る団体もあった。

私はフェアトレード製品を作っていたフィリピンのカウンターパートナーを訪問するために年に数回マニラに滞在した。二〇一二年には、生産者グループ「ランパラハウス」の設立にも関わり、現地での販売も開始していた。もともと日本に出稼ぎに来た女性の帰国後の仕事作りとして始めたフェアトレード事業で、設立者の女性の息子Ｔも今回の国籍法改正で日本国籍を取得することができた。マニラにある「マリガヤハウス」は東京の「ＪＦＣネットワーク」のマニラ事務所でもあり、ＪＦＣの父親捜しを始め、種々の相談に応えてきた。Ｔの父親捜しから認知、この度の国籍取得も「マリガヤハウス」に負ってきた。日本国籍取得は、日本人父を持つ子どもの権利として当然のことであったが、今まで否定されてきた日本人というアイデンティティを持つ機会にもなった。そして「日本人の父が暮らす日本に行きたい」「日本で働いてお金を稼ぎたい」というJFCの夢が実現する「パスポート」でもあった。

　フィリピンには多くのNGOが社会問題の解決のために活動しているが、なかには目的が非営利か営利なのか見分けがつかない場合がある。ケアーワーカーを日本の企業に紹介するというNGO「M」がマラテ地域にあるビルの二階にあった。広い空間に机がいくつかあるだけで、フィリピン人スタッフが一人いただけだった。東大阪の介護施設「J」がJFC母子を日本に送るために、この団体を立ち上げ、フィリピン人をリクルートし、日本での就労手続きや入管手続きを代行して介護施設に送っていたと後で知った。この介護

写真10、11　ランパラハウスの主要メンバーはJFCの母親たち。フィリピンでフェアトレード製品を作り販売してきたが、現在は活動を停止している。

会社との契約時に、「本人が日本で自然死しても刑事、民事いずれにおいても会社の責任を問うことを永久に放棄する」という旨の契約書に約三〇人のフィリピン人がサインさせられていた。そして、この介護施設での労働条件が労働基準法に違反する過酷なものであったため、二〇一四年にフィリピン人元従業員一〇人が厳しい勤務を強いられたとして未払い賃金や慰謝料を請求する裁判を起こした。会社側が女性たちの訴えを認め、和解が成立したのは三年後だった。

安全な渡航のために

移住連では日本各地の外国人支援団体から寄せられる外国人が抱える問題を、毎年の省庁交渉の議題として取り上げ、政府の担当部署から情報を得て意見交換を行っている。私も移住連の女性プロジェクトのメンバーとしてその時々の外国人女性が抱える問題を地域から発信してきた。移住連の省庁交渉は、それら地域の問題を中央政府に届け、政策や法律に反映させるための場として理解しているが、政府からの情報提供、資料公開もＮＧＯにとって参考になるものがある。しかし、ＪＦＣとその母親の来日と就労問題について、政府はどこまで問題を認識し、対処しているの

毎日新聞　2017年2月3日
介護施設で過酷な勤務を強いられたとして、職員だったフィリピン人の女性ら１０人が施設の運営会社（東大阪市）に計約４１００万円の賠償を求めた集団訴訟が３日、大阪地裁（菊井一夫裁判長）で和解した。会社側は女性らとの雇用契約の際、死亡しても会社の責任を永久に問わないとする誓約書に署名させた。和解は会社側が過酷労働や不適切な契約実態を認め、全面的に謝罪する内容。女性らには総額約１０００万円の解決金を支払うとみられる。【向畑泰司】

だろうか。二〇一四年に行った省庁交渉の「移住女性」についての質問の一つに、「人身取引事案（あるいはその疑いがある事案）は発生しているか」というのがあった。移住連を構成する各地の外国人支援団体でもこういった内容の相談が増えてきていた。警察庁保安課の回答によると、二〇一〇年に山口県のスナックでホステスとして無理やり働かされていたフィリピン人がフィリピン領事館に連絡、日本の警察や入管が動きウエイターやホステスのフィリピン人男女一三人、子ども五人がＪＦＣ母子に関する人身売買被害者として保護されていた。こういった事案の予防対策について、外務省南東アジア第二課からの報告では、外務省は日本に入国する母子に対してホームページで「人身取引の被害に遭わないよう注意喚起を行っている」という。実際、「フィリピン人親が日本人との間の実子を同伴して渡航する場合の必要書類」の身元保証人の項目には、「（注）あなたを日本で働かせその収益を搾取しようと企んで身元保証を持ちかける悪質なブローカーや人身取引を行う犯罪組織がありますので、気を付けてください」と記載され、英語の査証ページにも同文が載せられている。しかし渡航前になってこれらを読む母子がいるだろうか。日本で働くことが目的で面倒な手続きはブローカーに任せてしまうのではないだろうか。

支援者が恐れていた新たな人身売買の被害が報告されたのは、二〇一五年二月、岐阜と愛知のパブで働かされていたフィリピン人母子約二〇名が保護されたという事件だった。驚いたことに、これらフィリピン人母子たちを偽りの言葉で勧誘し、日本への渡航手続きを行っていたのが、「一般財団法人国際財団（広島県福山市）」で、二〇一三年一〇月「国際社会における弱者を救済支援する」こと等を目的に設立されたＮＰＯだった。九歳のＪＦＣを育てるフィリピン人女性は「日本で娘の国籍が取れる」と誘われ、中部国際空港からブローカーに連れていかれた先が岐阜県内のパブ。「国籍取得にかかる裁判費用」として六〇万円の借用書にサインさせられ、ホステスとして働くよう指示された。半年後に愛知県内の教会に駆け込み保護された。同様の被害者たちが「お金もなく食べ物も十分に与えられない」「子どもは学校に通わせてもらえない」などと知り合いのフィリピン人に助けを求め、民間シェルター等を移動して逃げていた。岐阜県警がパブ経営者やブローカーを逮捕したのは二〇一五年二月、中心人物と思われる容疑者は三月に再逮捕されたが、岐阜地検は容疑者の男性を不起訴とした。摘発後、約三〇名の被害者が判明し、名古屋入管の管轄内だけでも六〇人を超す母子がこの財団が保証人となって入国していたという。それにもかかわらず、このような人身売買容疑者が罰せられず、野放しにされ続けても良いとするのだろうか。国籍法が改正され正しい道筋が示された結果、やっと国籍が認知され、日本と向き合えるようになったフィリピン人母子を騙し、搾取する構造を防ぐことができなかった行政の責任は大きい。

行政がしないのならNGOがやるしかないと、JFCの安全な渡航と生活を守るためにいくつかの動きがあった。「JFCネットワーク」と「移住連女性プロジェクト」、「人身売買禁止ネットワーク（JNATIP）」はその実態を明らかにすべく当事者、JFC一〇名と母親九名へのインタビュー調査を行い、今後も増加するであろうJFCの日本社会への統合政策について考える報告会を二〇一四年に開催した（「改正国籍法施行以後のジャパニーズ・フィリピノ・チルドレンの来日と就労の課題」）。二〇一五年の「移住連全国フォーラム」の女性分科会で「岐阜・愛知の人身取引事案から日本に移住するJFC母子をめぐる課題を考える」報告がヒューライツ大阪の藤本伸樹さんからなされた。六〇人以上のJ

ＦＣ母子被害者のうち大阪カトリック大司教区社会活動センター「シナピス」が保護したのは一〇数人、警察もその他の被害者の動向がわからず未解決のままで終わろうとしていた。しかし被害者の権利回復と救済の課題が残されたままになっていた。来日の目的を果たすことや日本での自立支援、子どもたちの教育などの課題解決は、行政の窓口にはなく、外国人支援団体に委ねられるしかなかった。

安全な渡航のための対処として、フィリピン政府は大統領府管轄の「海外フィリピン人委員会（Ｃ

写真12、13, 14　「JFC母子の安全な渡航と定住問題」について、フィリピンのNGOでも会議が重ねれらていた。バティスセンターではフィリピン人の母親とJFCに向けたセミナーを行った。（2014年）

FO）による出国前審査、オリエンテーションを行うものの、対象はフィリピン人のみで、出国を阻止することは不可能としている。また日本政府においては、前述した外務省の対応が「警告」を発信したからそれで責任逃れができているという判断なのか。人身取引被害者が公的シェルターに保護されても当事者の自由度が制限され、仕事へのアクセスもできないという。「人身売買大国」と言われた政府の従来からの取り組みがいい加減で、被害者へのフォロー体制が整備されていないことがここでも露見された。

一方で、こういったJFC母子被害者に直面し、支援を担っていたNGOにとっては、同じような被害を防ぐためにも「JFC母子の安全な渡航と定住問題」は緊急課題となっていた。移住連の毎年の省庁交渉ではこの問題を取り上げ、母子の出国プロセスにおける安全対策や定住に向けての被害者の自立支援などを要請してきた。具体的な成果はまだ得られていないが、在フィリピン領事館が発行している仲介業者リストのなかの「悪徳業者」が、移住連の指摘によって削除されている。また、日本に来ようとする当事者たちが騙されないために何が必要とされるのか、今後の安全渡航について、在日フィリピン人コミュニティやフィリピンにある支援組織とともに考える日比合同プロジェクトが実施された。移住連が中心となって二〇一五年一一月から一年間、「安全な移動と定住に関するコミュニティの役割についての政策提言」が日本とフィリピンの経験の学び合いをつうじて話しあわれ、啓発ビデオを作成した。送り出し国フィリピンのマニラとダバオで、受け入れ国日本は東京と大阪でJFCや母親、コミュニティ、支援団体が意見や情報を交換しあった。

ＪＦＣの思いは

二〇一六年一月にフィリピンから来日したプロジェクト参加者（支援団体）との会議では、フィリピンから日本への移住を決心し、すでに借金を返済しながら日本の介護施設で働いている女性の話を聞いた。彼女はセブに本部がある「新日系人ネットワーク（ＳＮＮ）」という団体で二か月の日本語研修を受け来日、指定の職場で二年間働きながら渡航費用などを含めた借金三〇万円を返済するという契約をしていた。返済するまで自由に転職ができない契約になっていた。

「ＳＮＮ」は二〇〇六年、ある日本人男性がセブに発足した非営利とする団体で、事業内容は「新日系人母子の日本での就学・就労支援」「日本語学校、介護・ヘルパー養成学校の運営」「旅券・査証等取得の法的支援」と二〇一六年当時のホームページに掲載されていた。しかしこの団体はフィリピン政府の「フィリピン海外雇用管理局（ＰＯＥＡ）」によるリクルートエージェント許可を受けておらず、会員制の形で日本の企業から入会金、会費を徴収し、渡航を希望するフィリピン人女性とその子どもであるＪＦＣを紹介していた。私は二〇一六年二月、「ＳＮＮ」のマニラ支部がある「マニラ新聞社ビルディング」を訪ね、「ＳＮＮ」マニラ支部の日本人スタッフに話を聞いた。日本人スタッフは新任の女性で、そこではＪＦＣを「ジャピノ」と呼んでいた。一九八〇年代に使われていた呼称とはいえ、私は違和感を覚えた。

「日本で就職を希望する新日系人の母親であるフィリピン人女性、または本人に、セブで一か月から三か月間の日本語研修を本人負担（五万ペソ＝約一〇万円）で行っている。五人ほどが研修を終わると日本の企業が来比して面接、採用の可否が決まる」と説明を受けた。企業が保証人となり当人たちを送り出した後は、「ＳＮＮ」が関わることはないという。当事者負担、企業負担、「ＳＮＮ」との契約内容や経費の説明はなかったが、企業会員への請求（日本語研修費用、旅券、査証、国籍取得費用、航空券、前渡し金、その他残金）については入会案内書に明記されている。こういった経費が企業から「ＳＮＮ」に支払われ、これがその後フィリピン人母子が負担しなくてはいけない借金となる。この流れについては、一月の会議で自分の経験を話してくれたフィリピン人女性の話につながる。彼女は二年間どんなことがあっても指定された職場で働かなければならない。「ＳＮＮ」の新日系人と母親の会員が一〇〇〇人になったと設立者の言葉にあるが、こういったルートで渡航するＪＦＣ母子は少なくないのだろう。しかし、当事者たちは自分たちが「人身売買被害者」だと気づいている人は少ないのではないだろうか。

同年の七月、大阪で行われた会議では成人になったＪＦＣが企画したワークショップに日本在住のＪＦＣが集まり、ＪＦＣとは何かをテーマに話し合った。「夢」や「架け橋」、「多様性」といったプラス思考の言葉が並んだが、それぞれが歩んできた途は平た

写真15　「JFC is KEY.　JFCであることで不安になることがあり、JFCであることが私を元気にしてくれる。Hope」ＪＦＣのワークショップにて。

んなものではなかっただろう。複雑な心境があげられていた（写真15）。二四歳というあるＪＦＣの男性は、生後すぐに両親が離婚したためフィリピンで三歳まで育ち、母の再婚のため再度大阪に。日本国籍を持ち、戸籍は日本名だが、一九歳のころから母親のフィリピンの苗字を通称名として使い始めた。下の名前は戸籍と同じ名前なので、カタカナと漢字で表した姓名をあえて使うことで、自分がフィリピンと日本の「ハーフ」であることを示したかった。

母親の仕事の都合で子どもたちがフィリピンの親戚に預けられる場合も見聞きする。母親が迎えに来るのを待っている期間が長ければ子どもたちは日本語も忘れ、フィリピン文化を体現する。そしてまた母親に引き取られ来日すると、日本の学校に行かなければならない。日本への渡航時期によってＪＦＣが日本で経験することは異なるが、国籍法の改正によって日本人になったＪＦＣが母親の日本での仕事のためにフィリピン生活を捨てることになる「安全な渡航と定住」とは何なのだろうかと考えてしまう。

しかしフィリピンで行ったＪＦＣの若者たちのワークショップでは、「フィリピンで学校へ行くか、やめて日本にいくか」を聞いたところ、ほとんどが「学校をやめて日本へ行く」と答えたそうだ。母親たちがかつて日本に出稼ぎに行ったときのように、「日本に行けばなんとかなる」、「父親に会いたい」、「働いてお金を稼ぎたい」気もちが先行して、日本へ行ったあとのことが考えられていないと指摘するＪＦＣもおり、冷静に判断する姿勢も見られた。「安全な渡航と定住」とは、ＪＦＣの若者たちがもう一方の自分の国、日本に帰ったときにこそ社会から歓迎され、自分の目標を達成するための努力が報われるような道筋が見通せるようなときではないだろうか。

参考文献

砂田美穂「外国人花嫁をめぐる農村の現状　新潟県中魚沼郡川西町を事例として」『お茶の水地理』第三七号一九九六年 file:///C:/Users/kazumi%20moriki/Downloads/003707.pdf

京都ＹＷＣＡ・ＡＰＴ編『人身売買と受入大国ニッポン』明石書店、二〇〇一年

「日本における人身取引対策の現状と課題」国立国会図書館 ISSUE BRIEF NUMBER 485 二〇〇五年

シャーム・シャヘド、関口千恵『在留特別許可』明石書店、二〇〇二年

大下富佐江「ＮＧＯの相談窓口から見える人身売買」『Ｍネット』二〇〇四年一二月号/no75)

武田丈編著『フィリピンエンターテイナーのライフストーリー』関西学院大学出版会、二〇〇五年

Batis Center fou Women『A Speak Peek at Batis-YOGHI Development』二〇〇九年

「改正国籍法施行以後のジャパニーズ・フィリピノ・チルドレンの来日と就労の課題」二〇一三年度パルシステム東京市民活動助成調査報告書（改訂版）ＪＦＣネットワーク、二〇一四年

藤本伸樹「日本に移住するＪＦＣ母子に対する搾取」『部落解放』二〇一五年六月七一〇号

児玉由佳編『発展途上国の女性の国際労働移動』調査研究報告書アジア経済研究所、二〇一七年

駒井洋監修、小林真生編著『変容する移民コミュニティ』明石書店、二〇二〇年

レイ・ベントゥーラ他編『父の国・母の国をめぐる旅』ＪＦＣネットワーク、二〇二〇年

移住連・情報誌『ＭＩＧＲＡＮＴＳ　Ｎｅｔｗｏｒｋ（Ｍネット）』各号

高木澄子『性差別、人身売買、性暴力―移住労働者への性暴力、性搾取だった「人身売買」』生活思想社、二〇二一年

第Ⅳ章　新しい移住世代——外国人労働者受け入れの拡大

「日比経済連携協定（ＥＰＡ）」により、フィリピンから看護師、介護福祉士候補者の受け入れが始まったのが二〇〇九年。次いで二〇一〇年に在留資格「技能実習」が創設され、二〇一五年に「高度専門職制度」、経済特区には「家事支援制度」が設けられ、二〇一八年には「特定技能」在留資格が新設されるなど、外国人労働者の人材枠を拡大する施策が続いた。二〇一九年の在留外国人数は三〇〇万人近くとなる。しかしながら、翌年からは新型コロナウイルス感染症の流行のため、新規入国者が減り、フィリピン人だけでなく総体的に外国人登録者数は減少した。このような状況のなか、雇用の調整弁だったフィリピン移住女性とその家族たちは失業や休業、減職を余儀なくされ、母国への一時帰国もままならない時期を過ごしてきた。

二〇二二年六月現在、政府は海外からの外国人入国制限を緩和しはじめているが、外国人労働者の受け入れと定着は今後どのようになっていくのだろうか。新しい移住世代が生まれてくる予感がないことはない。いや、もう始まっている。本章では、従来から定着してきたフィリピン女性移住者たちの社会的背景とは違った新規外国人労働者たちの移住形態ついて概観してみよう。二〇一〇年のフィリピン人「技能実習」在留資格取得者は五〇〇〇人余りだったが、七年後には二万七〇〇〇人となり、同年の「日本人配偶者」数を超えた（表Ⅲ－1）。今まさにフィリピン移住者コミュニティには新しい移住世代が増え、次のステージへの移行期を迎えている。新しい外国人労働者受け入れ制度については問題が多く、日本の移民政策の抜本的な議論が欲しい。

1　フィリピン移住者としてのオールドカマー

一九七〇年代のマルコス政権時代から海外移住が国家政策として掲げられてきたフィリピンから、戦後の経済復興を遂げた日本へ「出稼ぎ」に行くルートは、女性のセクシュアリティの商品化から始まった。貧困から抜け出すための「出稼ぎ」は日本人男性を相手に、「お店」の客として迎えるか、あるいは家父長制度が残る「家」に嫁として入るかなどの「ルート」が仲介業者によって用意されていた。いずれも自分の本来の望むところではなく、フィリピンの家族が貧困から抜け出すために女性たちが追い込まれ、人身売買のターゲットとされた。日本政府は見て見ぬふりをし、対策が遅れたのは前章で報告した。そんな中で、両国はますます人の交流が盛んになり、普通の人びとが幾度も海を行き来し、日本社会に定着していった。日本人男性との結婚、子育て、ドメスティックバイオレンス、離婚、差別、偏見などを経験した女性たちから多くの相談を受けてきたが、そうこうしながら、フィリピン移住女性たちは日本での中長期在留者となっていった。

その変遷の過程は、Ⅲ章（表Ⅲ－1）にある「在留資格の推移」の数字に示されている。二〇〇五年、フィリピン人登録者総数が一万人以上減り、「興行」の登録者数が前年（五万人）の半分になった。これは同年三月の「入管法改正」で「興行」ビザによる上陸許可基準が急に変更された結果であり、その後も「興行」での登録者は減少していった。その後は日本人との結婚が増加、「日本人の配偶者」資格での登録者数が増えてくる。そして移住年数が長く安定してくると、「日本人の配偶者」から「永住」資格取得のチャンスが訪れる。日本人夫が亡くなったり、離婚でシングルマザーになると「定住」資格に移行する。これらの在留資格は、活動制限のない「身分・地位に基づく在留資格」と言われている。表Ⅳ－1は、「日本人配偶者」「定住者」「永住者」「永住者の配偶者」の総数がフィリピン人登録者総数に占める割合を示している。第三期になると、その割合は、フィリピン人全体の八割以上を占め、これはフィリピン移住者の特徴とも言える。活動制限がない在留資格を持つ外国人は、国籍要項がある職種以外であれば自由に職業を選択できる。現在でも八割以上のフィリピン人が活動制限なしの在留資格を持ち、それらの多くが女性で、フィリピン移住者としては居住年数も長く、彼女たちは定住型のフィリピン移住オールドカマーともいえる。そして前項で見たように、女性たちは自力で多くの職業に就き、日本の産業の底辺を支えている。彼女た

表Ⅳ－1　身分・地位に基づく在留資格（活動制限なし）が占める割合

年度	フィリピン登録者数	日本人の配偶者等	永住者	永住者の配偶者	定住者	合計	割合（%）
2000年	144,871	46,262	20,933	350	13,285	80,833	56
2010年	201,181	41,255	92,754	5,899	37,870	174,788	83
2021年	277,341	25,677	134,272	7,541	54,141	221,631	80

出典：出入国管理庁「在留外国人統計」より作成

ちの貢献はそれだけではない。JFCという子どもたちを生み育て、再生産労働力の一端を担っているのだ。

二〇一四年、神戸でフィリピン人女性支援を掲げて始めた「ワークメイト」でも日本語クラスを開講したが、その時の学習者たちは、個別に相談を受け、交流のあったフィリピン移住女性たちだった。在日歴が長く、日本語での会話

写真16 Masayang Tahanan（楽しいホーム）がフィリピン人女性グループのときの日本語クラス

写真17 フィリピン人コミュニティになったMasayang Tahananの日本語クラス

にはあまり不自由がなく、日本語の読み書き、漢字を習いたいという人たちが多く、ここでいうフィリピン移住オールドカマーの女性たちだった。この日本語クラスに「マサヤン・タハナン（タガログ語で「楽しい家（ホーム）の意味がある）」という名前をつけたのが当事者たちで、グループとしての活動を始めるようになった（写真16）。現在、フィリピン人コミュニティとして成長し、日本語教室だけでなく、就労のためのパソコンや介護教室を開設、神戸周辺に住むフィリピン人たちの居場所になっている（写真17）。私は「マサヤン・タハナン」の日本語コーディネーターボランティアとして、参加しているが、今までとは違うフィリピン人世代の参入に驚いている。マサヤン・タハナンの活動に参加を希望する人たちが増え、若い女性や男性が多くなっている。しかも、新しく参加する人たちの「在留資格」が、「日本人の配偶者」等に加えて、「技能実習」であったり、「国際業務」や「特定活動」、「留学生」であったりと、在留の目的が異なる人たちが多くなっている。以前とは違って、英語で仕事をしているためまったく日本語が話せない人もいる。そのような人たちが今、日本語を勉強したいと思うようになっているのは、最近になってやっと日本に定住するチャンス（あるいは自分からの希望）がやってきたということなのだろうか。オールドカマーのフィリピン女性たちや各地で活動するコミュニティが、新しく参入するフィリピン人たちを受け入れる基盤となっている。

日本政府は、長い間、外国人労働者受け入れを肯定してこなかったが、日系人や研修生の受け入れなど、人手不足に対応する数々の制度を創設してきた。新しい制度のなかには長期滞在への途が開かれているものもある。しかし、こういった新たな外国人労働者受け入れは、日本社会が「外国人労働者」を正面玄関から受け入れ、まやかしではない社会統合への方策を考え、実施していく覚悟があってのことなのかについてはまったく不透明である。しかしながら、今後は日本社会全体がどのようにこれらの制度に向き合い、外国からの移住者とつきあっていくのかが問われていることは確かである。

2 「研修」「技能実習」のニューカマー

新設された在留資格を得て来日し、働くフィリピン移住者の割合が増えているのは神戸だけに限ったことではない。一〇年毎の在留資格別フィリピン人登録者数（表Ⅳ－2、図Ⅳ－1）を比較するとその変化が明らかである。フィリピン移住者のニューカマーたちが新設された在留資格で日本に定住し始めた。しかしこれらの在留資格は日本での長期居住を保証するものではない。

二〇〇九年に創設された「ＥＰＡ看護師・介護福祉士候補者」はフィリピンでの選別を経て来日し、採用された施設で専門職についているが、日本での看護師や介護福祉士の国家資格を取得できなければ帰国しなければならない。二〇一〇年の「技能実習」制度は最大三年（後に五年に延長）の実習期間が定められており、終了後は帰国、また新たな実習生が来日する「入れ替え」、「非定住型」の制度となっている。ただ、高度の専門性が求められている二〇一五年の「高度専門職」や、二〇一七年「介護」の在留資格取得者においては、在留期間の更新に制限がない。熟練した技術を持つ高度人材に対しては、長期在留の扉を少し開けてはいるが、これらを取得するのは大変厳しい途でもある。残念なことに、日本政府はあくまで外国人労働者を移民として認めてはおらず、職種の移転を禁止する「活動制限」を課すなどして、日本の労働力不足の調整弁という扱いから一歩も進んではいない。

　これらの新制度のなかでも在留資格「技能実習」は、一九九三年から二〇〇九年まで一六年続いていた「研修」制度を引き継いだもので、フィリピン人にも日本への「出稼ぎ」手段として知られていた。しかし、この研修制度は「出稼ぎ」というニーズに応えるものではなく、また日本国内の人材不足を補うという目的で始まったものでもなかった。制度の趣旨が、「日本の技能、技術又は知識を開発途上地域等へ移転し、その

図Ⅳ-1　在留資格別フィリピン人登録者数の推移

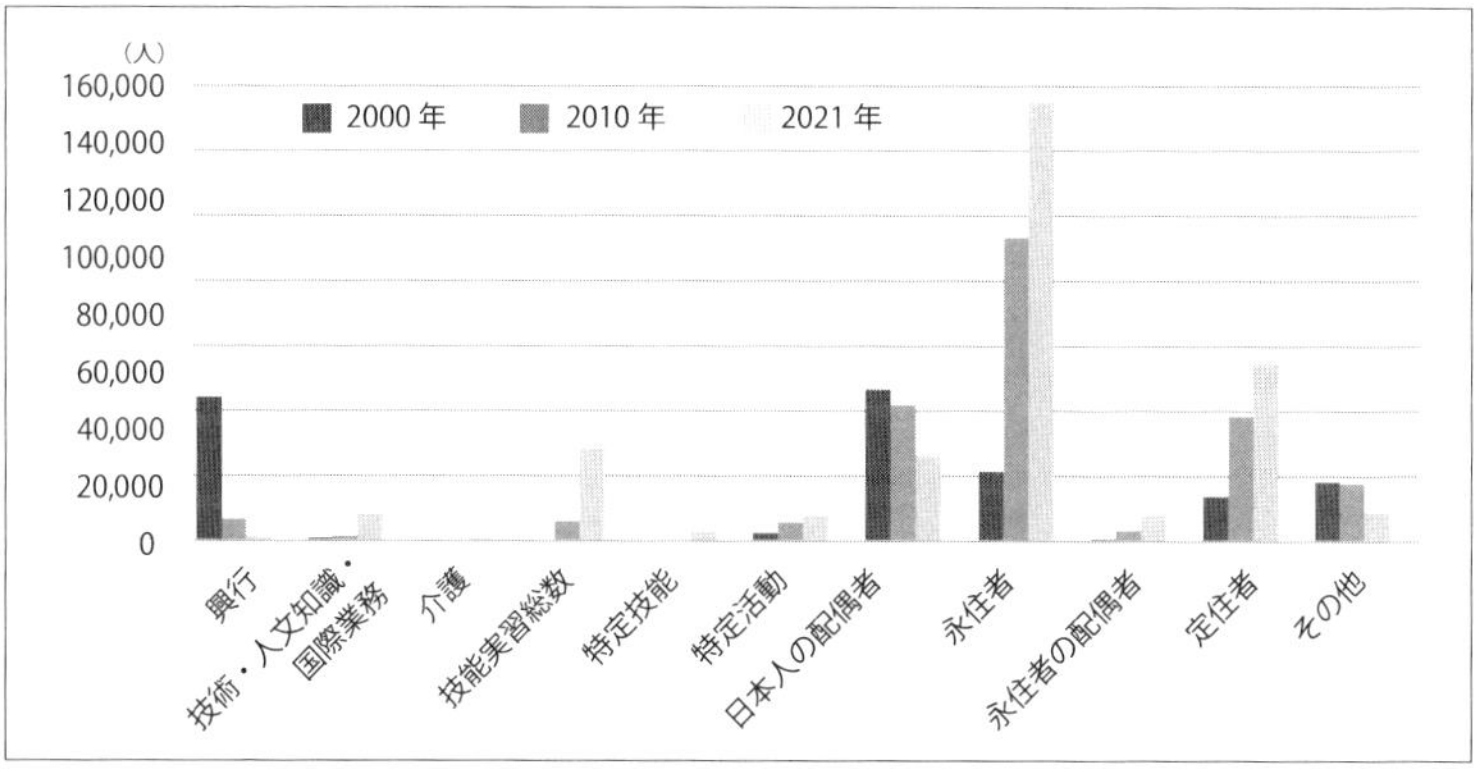

表Ⅳ－2　在留資格別フィリピン人登録者数の推移（10年毎）

年度	高度専門職	興行	技術・人文知識・国際業務	介護	技能実習総数	特定技能	特定活動	日本人の配偶者等	永住者	永住者の配偶者	定住者	その他
2000年	0	43,790	362	0	0	0	2,066	46,265	20,933	350	13,285	17.820
2010年	0	6,319	940	0	5,600	0	2,291	41,255	92,754	2,899	37,820	17,253
2021年	80	718	8,045	279	28,132	2,621	7,218	25,677	134,727	7,541	54,141	8,444

出典：　出入国管理庁「在留外国人統計」より作成

国の経済発展を担う人材育成を目的とする国際協力」とされ、人手不足に苦しむ中小企業による外国人労働者受け入れを政府が「大義名分」を付けて「研修」という「労働」を認める形となった。しかし、実際に「研修」を終えた実習生が帰国しても技能を発揮できる受け皿があるわけでもなかった。私がフィリピンで乗り合わせたタクシーの運転手は「研修生」として岐阜や大阪で建設会社の仕事をしたと言っていた。研修制度の中身は、雇用主が人手不足を補うための労働力として外国人を受け入れ、外国人にしても「労働」と「賃金」の交換でしかなかった。

このような制度の下では名ばかりの「研修生」が安い労働力として使われ、長時間労働で搾取されるなど多くの問題が起きていた。実際に働いていても、研修生という理由で労働者として認められず、研修手当として一時間三〇〇円程度の研修費しかなく、残業代も支払われないという訴えが研修生から発信されていた。「長時間労働」や「低賃金労働」、「賃金未払い」、「パワハラ・セクハラ」、「強制帰国」といった過酷な環境から逃げ出して、外国人支援団体などに駆け込む研修生が続いた。衆議院調査局法務調査室作成の「外国人研修・技能実習制度の現状と課題」（平成二〇年一月）による報告では、外国人技能実習生への人権侵害・法規違反の事例について国会での厚生労働大臣の答弁が記載されている。

参考資料

（—参—厚生労働委員会—一九号平成一八年五月一一日小池晃君（共産）に対する答弁）

「厚生労働大臣川崎二郎君今御指摘いただきました研修・技能実習制度、我が国で取得した技術等を母国において生かすことにより母国の経済発展や技術の進歩に寄与すること、この趣旨に沿った制度の適正な運用ということがなければならない。しかし、今、九〇六事業場を調査した結果、七三一の事業場、違反率八〇・七％と、こういう結果になっております。制度趣旨の理解不足を背景に一部の、一部のというより多くの受入れ機関において、研修生、技能実習生に対する研修手当、賃金の一部不払、パスポートの不適切な管理、こうした問題が出てきております。（二九九ページ）」

日本経済団体連合会は、研修・技能実習生の増加などに伴い、問題も生じているとして、二〇〇七年に、制度の適正化を求める「外国人研修・技能実習制度の見直しに関する提言」を出している。日本弁護士連合会は、「外国人技能実習制度の廃止に向けての提言」を二〇一一年に出すなど国内の人権団体からは制度の廃止が求められた。

こういった日本の問題が世界的に拡大し、二〇〇七年以降、アメリカ国務省の『人身取引年次報告書』には日本の技能実習制度が人身取引の一形態と指摘された。日本が人身取引の現場になっていると指摘されたのはこれで二度目である。日本政府は二〇〇九年に入管法の改正を行い、翌年から在留資格「技能実習」を新設し、「技能実習1号（一年間）」「技能実習2号（二年間）」取得者は雇用関係のある労働者として認められることになった。そして二〇一六年に「技能実習法」が制定され、翌年から「技能実習三号（二年間）」が設けられた。これにより二号からの移行で合計五年間の実習期間が認められ、受け入れ人数も拡大した。「技能実習法」は「外国人の技能実習の適正な実施及び技能実習生の保護に関する法律」であったが、しかし実際には依然として劣悪な労働環境は解消されず、技能実習生に対する人権侵害が続いている。

「外国人技能実習生の失踪問題に関する法務省の調査結果」によると、実習先から失踪した外国人技能実習生のうち七割弱が疾走の動機として「低賃金」を挙げている。月給についても半数以上が「一〇万円以下」と回答した。安価な労働力として外国人実習生に依存している実態が改めて浮き彫りになった。

ベトナム人女性の実習生が研修先に「中絶か強制帰国」と宣告され、逃げ出したことから、技能実習生が置かれている新たな人権侵害が明らかになっている（朝日新聞二〇一八年一二月二日）。新聞記事では、二〇一三年に中国人技能実習生が妊娠を理由に帰国させられそうになり、会社を訴えた裁判では女性側が勝訴、国会での議論でも外国人技能実習生の妊娠、出産、結婚を理由に帰国を強制することはできないと政府答弁がなされている。にもかかわらず、強制帰国や中絶を迫られる例が相次いでいると指摘している。

その後も各地の外国人支援団体には技能実習生や留学生などの外国人女性から妊娠、出産についての相談が寄せられ、問題の重要性を重視した移住連、女性プロジェクトでは、二〇二一年に「移民女性の妊娠・出産調査」を行った。目的は、「支援現場に寄せられる移民女性の妊娠・出産ケースについての課題を可視化させ、必要な政策を求めるため」であった。

二〇一九年四月から二〇二一年四月までに支援者や支援団体が受けた「妊娠、出産、育児ケース」についての相談の情報を収集した結果、六三ケースが集まった。そのうち対象となった五八ケース（技能実習一三人、特定活動一二人、在留資格なし一四人、就労系七人、その他一二人）についての分析がなされ、移住連機関紙『ＭＩＧＲＡＮＴＳ Ｎｅｔｗｏｒｋ』（二二〇号）二〇二二年二月』に報告されている。それによると、技能実習生の場合の特徴は、管理団体、送り出し機関、受け入れ機関などから妊娠を禁じる制約を受けている場合が多い。妊娠した一四ケースのうち、日本で出産、子育てをしているのは二ケースのみで、日本での救済／保護の仕組みが欠如し、技能実習機構も技能実習生を守

朝日新聞　新聞定価 朝夕刊月ぎめ 本体価格 3,739円(税込み 4,037円)、1部売り(税込み)朝刊 150円、夕刊 50円　第3種郵便物認可

「中絶か強制帰国」迫られた

実習生 研修先から宣告相次ぐ

外国人の技能実習生が妊娠し、強制帰国や中絶を迫られる例が相次いでいる。受け入れ機関側から「恋愛禁止」や「妊娠したら罰金」と宣告されるケースもあり、専門家は「人権上問題だ」と指摘している。

・自分の貴重品は自己責任で管理する。学校は一切関与しない。

・たばこを吸わないこと。賭博をしないこと。

・パーティーを行う時は、センター長の許可を得ること。

・男性と女性はお互いの部屋を行き来しないこと。恋愛をしないこと。

・教師と「ほう・れん・そう」をしっかり行い、身勝手な判断・行動はしないこと。

研修施設が技能実習生に約束させる同意書。「男性と女性はお互いの部屋を行き来しないこと。恋愛をしないこと」という項目もある

「妊娠2カ月なんです」。首都圏の人権団体のシェルターに保護された技能実習生のベトナム人女性(22)は静かに語り始めた。西日本の製紙工場で実習するために来日し、1カ月の事前研修を終えた矢先に妊娠が分かった。

「中絶するか、ベトナムに強制帰国かのどちらかを選べ」。研修施設の担当者に迫られ、中絶の薬を与えるとも言われた。

「子供を産みたい。でも日本で働き借金を返したい」と思いつめ、逃げ出した。ベトナム北部の貧しい地域の出身。日本に来たのは「病気の母の治療費で多額の借金があったから」。渡航費の約100万円は祖母が親戚らから借りた。

来日前に関係を持ったベトナム人男性との子だったが、相手は「自分の子ではない」と否定。女性はカトリック川口教会のベトナム出身のシスター、マリア・レ・ティ・ランさん(55)を頼った。SNSで相談すると、逃げる手はずを全統一労働組合（東京都台東区）と整えてくれた。

マリアさんの元にはベトナム人女性からひっきりなしに同様の相談の電話やメールがある。先日も「自殺したい」と32歳の実習生の女性から連絡があった。妊娠し、やはり実習先から帰国を迫られ逃げたという。

「妊娠 生産能力落ちる」元担当者

西日本のある研修施設の規則には「異性との恋愛行為は一切禁止」とあり、実習生に署名させている。「男性と女性はお互いの部屋を行き来しないこと」とも書かれている。研修施設での順守事項だが「企業実習に於いてもほぼ同様の規則となるので今から三年間は気を緩めず厳守すること」とある。

施設の元担当者は「会社は実習生を効率よく働かせたい。妊娠したら生産能力が落ちる。実習生に産休をとらせる会社など聞いたことがない」と理由を話す。

また、研修の教職員に配られた「トラブル集＆対応策テキスト」には、妊娠した場合①出産希望：強制帰国＋ペナルティーを科す②日本での研修を継続希望：一時帰国し処置をした後再入国——とされ、チケット代は自弁で罰金も科す、とあった。元担当者によると、出国前も「意識改革」と題した研修などで妊娠は禁止と指導しているという。

日本で亡くなったベトナム人実習生や留学生らを弔っている東京都港区の寺院「日新窟」には、2012年〜今年7月末で101件分の死亡記録があるが、24件分は中絶や死産による赤ちゃんのものだ。尼僧ティック・タム・チーさん(40)は「悩んだ末に中絶して、精神的に病んでしまう女性も多い」と話す。（平山亜理）

「明らかな人権侵害」弁護士ら

「妊娠、出産、結婚を理由に監理団体や実習実施機関が技能実習生の意思に反し、帰国を強制する行為は違法で、認められるものではない」。実習生の問題が議論された2016年11月の参院法務委員会で、政府はこう答弁している。雇用機会均等法も、事業主は女性労働者に、妊娠や出産を理由に解雇などをしてはいけないと定めている。

13年には、中国人技能実習生が妊娠を理由に強制帰国させられそうになり流産したとして富山市の会社側を訴えた裁判で、女性側勝訴の判決が出た。だが、妊娠を理由とした技能実習生の強制帰国や中絶例は後を絶たない。

「特定技能1号」でも 家族帯同認められず

実習生の実情に詳しい指宿昭一弁護士は「恋愛や妊娠を禁止することは明らかな人権侵害で許されない」と話す。現在参院で審議中の出入国管理法改正案でも、外国人の新たな在留資格「特定技能1号」は技能実習生と同様、家族帯同が認められていない。指宿氏は「労働者をモノとしか見ていないからだ」と指摘している。

朝日新聞2018年12月2日

るよう機能していないのが現状である。生まれた子どもの在留資格が特定活動や短期滞在で確定しておらず、確保されていない。母親も産休・育休で休んだ場合、技能実習の在留資格を失う可能性があり、母親も「特定活動」となる場合がある。

しかしながら二〇一六年に制定された「技能実習法」の目的の一つには、技能実習生の保護が謳われており（技能実習法第一条）、実習生の保護規定は、その第四六条から四九条に規定されている。技能実習制度改正にともなって作成された「技能実習制度運用要領」に運用の解釈があり、「技能実習生の妊娠・出産」については、男女交際等を禁止する行為や妊娠しないこと等を誓約させる行為などを禁止する旨がその第六章に詳しく記されている。

参考資料

「技能実習制度運用要領」第六章技能実習生の保護

○ 技能実習生の旅券や在留カードの保管や外出等の私生活の自由の制限は、技能実習生の国内における移動を制約することで実習実施者における業務従事の強制等の問題を引き起こし、技能実習生の自由意思に反した人権侵害行為を惹起するおそれがあり、こうした行為から技能実習生を保護することが必要とされています。

○ このため、技能実習を行わせる者若しくは実習監理者又はこれらの役員若しくは職員が、技能実習生の旅券や在留カードを保管することは、技能実習生の同意の有無や理由によらず、禁止されています。296特に、技能実習生の意思に反して技能実習生の旅券や在留カードを保管した場合には、罰則（六月以下の懲役又は三〇万円以下の罰金）の対象となります（法第一一一条第五号）。

○また、技能実習を行わせる者若しくは実習監理者又はこれらの役員若しくは職員が、技能実習生の外出その他の私生活の自由を不当に制限することは禁止されています。具体的には、技能実習生に対して、他の者との通信を禁止するために携帯電話等を取り上げる行為、外出を一律に禁止する行為（宿泊施設について合理的な理由なく一律の門限を設けることを含む）、男女交際等を禁止する行為、妊娠しないこと等を誓約させる行為、宿泊施設内の居室等の技能実習生のプライベートな空間に理由なくカメラを設置する（防犯目的でプライベートな空間が写らないように設置した場合は除く）等が想定されます。これに違反して、技能実習生に対し、解雇その他の労働関係上の不利益又は制裁金の徴収その他の財産上の不利益を示して、技能実習が行われる時間以外における他の者との通信若しくは面談又は外出の全部又は一部を禁止する旨を告知した場合には、罰則（六月以下の懲役又は三〇万円以下の罰金）の対象となります（法第一一一条第六号）。

また、二〇一八年七月三日の朝日新聞には、「三菱自の技能実習生二四人帰国へ　目的外の作業に従事」という見出しの記事があった。フィリピンから溶接技能を学ぶ目的で二年前に来日していたが、車の組み立て作業などに回されていたという。大きな企業の技能実習生の待遇も守られておらず、抜本的な制度の見直しのない中、実習生の数は二〇一九年まで増加し続け、全国で四〇万人を超え、フィリピン人の在留資格の中でも三万五〇〇〇人が「技能実習」とある。そしてこれはフィリピン人の「日本人の配偶者」数を超え、「永住」、「定住」の次に多くなった。ところが、こういった流れのなかで、新型コロナウイルスの流行が流れを止めた。二〇二一年の技能実習生登録者数は約三割減少し、二七万六〇〇〇人となった。移住連への報告では、各地で技能実習生への暴行、傷害事件、労災隠し、低賃金など相変わらず実習生への人権侵害が続いている。さらにコロナ禍による失職や休業、帰国不能などに遭遇する実習生が増え、これらの事例に対処できない「技能実習制度」の実態が明らかになっている。

　このような実態がようやく見直しされる兆しがみえたのが、二〇二二年の古川禎久法務大臣（当時）による「技能実習や特定技能制度の見直し」を進める意向表明だった。七月には「目的と実態が乖離《かいり》」している状態を、これ以上続けるわけにはいかないと、見直し論議を加速させるため、年内にも関係閣僚会議の下に有識者会議を設置、具体的な制度設計を検討すると発表（朝日新聞電子版七月二九日）した。移住連は政府の小手先だけの改正を危惧しこの機会に、「技能実習制度廃止　全国キャラバン２０２２」を五月から六月にかけて実施した。日本弁護士連合会は、二〇二二年四月、「技能実習制度の廃止と特定技能制度の改革に関する意見書」を取りまとめ、同月二五日付けで、各

移住連「技能実習制度廃止全国キャラバン」
HP　https://migrants.jp/news/event/20220520.htmlより

省庁に提出している。その内容は、技能実習制度を廃止し、現在の特定技能制度を改正して実習生を移行させるというものになっている。意見書の内容はどれも必要とされるもので、参考にしたい。

参考資料

日弁連　技能実習制度の廃止と特定技能制度の改革に関する意見書（要旨）

人権保障に適った外国人労働者受入れ制度を構築するため、国は、以下の施策を実施するべきである。

1　技能実習制度を直ちに廃止する。

2　特定技能制度を以下の条件を満たす制度に改革する。

（1）特定技能1号と2号を一本化して、特定技能制度により、現在は技能実習生として受け入れている技能レベルの非熟練分野の外国人労働者の受け入れを開始し、在留期間更新を可能とする制度を導入して定住化を進める。

（2）特定技能で受け入れた当初から、家族帯同の可能性を認めた上で、永住審査の要件である就労資格をもった在留の期間に含める。

（3）転職の実効性を確保する。

（4）ブローカーによる労働者からの中間搾取を禁止することを前提とする。

3　外国人労働者の権利保障のための施策と、外国人労働者及びその家族の定住化支援のために次のことを実施する。
（1）賃金等の労働条件における国籍や民族を理由とする差別の禁止を徹底する。
（2）労働者の権利の保障等のための相談、紛争解決の仕組みを充実させる。
（3）日本語教育を含む職業訓練や職業紹介制度を充実させる。
（4）医療、社会保障、妊娠、出産、育児、教育、生活習慣等に関する情報を外国人労働者及びその家族に提供する。

3 「特定技能」制度は移民受け入れにつながるか

厚生労働省が発表した外国人雇用状況のまとめによると、二〇一六年、日本で就労している外国人が一〇〇万人を突破した。それでもまだ深刻な人手不足が解消されず、二〇一九年四月新たな外国人受け入れとなる「特定技能」制度が始まった。日本政府が本格的な外国人労働者受け入れを決定したのは、二〇一八年の「経済財政運営と改革の基本方針」の閣議決定によるものだった。「実習」部分がなくなった「特定技能」という在留資格が新設され、国内外からの取得が可能になっている。ただし技能水準、日本語能力を試験などで確認され、該当する産業分野の専門知識と日本語能力が求められる。この新たな在留資格は人材が不足している分野での就労を目的としたもので、共通する業務区分内での転職が可能とされている。深刻な人手不足にある産業分野（一四分野）に対応できる一定の専門性・技能を有し、即戦力となる外国人材が対象となる。「特定技能1号」は通算五年までの在留が認められている。高い専門性を有すると認められた者については、「特定技能2号」において在留期間の上限を無くして、配偶者や子どもの帯同を認める扱いとなっている（一四分野とは、介護、ビルクリーニング、素形材産業、産業機械製造業、電気・電子情報関連産業、建設、造船・舶用工業、自動車整備、航空、宿泊、農業、漁業、飲食料品製造業、外食業）。

「特定技能1号」から「特定技能2号」に進級する機会が与えられているのは、二〇二二年二月現在のところ二分野（建設と造船業界）だけであるが、二〇二一年一一月一七日の「日経電子版」によると、「出入国在留管理庁が人手不足の深刻な業種一四分野で定めている外国人の在留資格、特定技能について、二〇二二年度にも事実上、在留期限をなくす方向で調整していることが一七日、入管関係者への取材で分かった。熟練した技能があれば在留資格を何度でも更新可能で、家族の帯同も認める。これまでの対象は建設など二分野だけだったが、農業・製造・サービスなどさまざまな業種に広げる」とある。しかし、この対象となる分野は農業などの一三分野で介護については含まれていない。「特定技能1号」には介護が含まれているが、すでに別枠として介護福祉士に設けられている在留資格「介護」があるため、介護分野の「特定技能2号」は不要とされているようである。

二〇二二年六月現在、「特定技能2号」枠の拡大報道はないが、実現すれば日本の外国人労働者受入れ政策が長期在留、家族帯同型に移行する突破口となるかもしれない。が、これはあくまで専門性を重視し、日本社会に役立つ人材を選別する施策となっている。しかも要求される専門性や技能、知識の習得は、外国人個々人の投資と努力によるものであり、国や企業の負担は「ＥＰＡ看護師・介護士候補者」、「技能実習生」受け入れよりも軽減される。

現在のところ「技能実習制度」が廃止されるのではなく、三年間の技能実習を終えた人たちは、すでに帰国している人であっても、「特定技能」の試験が免除され、在留資格「特定技能」で就労ができる仕組みになっている。本来ならば帰国して母国の経済発展に寄与しなければならない実習生を「特定技能」に切り替える途を用意しているところをみると、「技能実習制度」が発展途上国の人材育成とは程遠く、日本の人材不足を補うだけの「まやかしの政策」であることがよくわかる。

この「特定技能制度」が始まって三年になり、特定技能在留資格登録者数は増加の一途をたどっている（表Ⅳ－３）。私の周りでもフィリピン人の幾人かが在留資格を「特定技能」に変更できるよう、専門分野の試験と日本語能力テストを受けている。介護職種の特定技能は「日本語評価試験（ＪＬＰＴ　Ｎ４以上もしくはＪＦＴ―Ｂａｓｉｃ合格）」、「介護日本語評価試験」そして「技能評価試験」の三試験に合格しなければならない。それらのテストに合格すれば個人で受け入れ機関を探して直接採用されるか、国内在住の場合にはハローワークなどの職業紹介所で仕事を紹介してもらうことになる。特定技能制度では、監理団体や送出機関は設けず、企業が直接外国人を雇用し、採用した企業が雇用計画や外国人渡航費

表Ⅳ－３　特定技能在留外国人数の推移（人）

	特定技能在留外国人総数	介護分野	特定技能在留フィリピン人数	介護分野
2019 年 12 月	1621	19	111	14
2020 年 6 月	5950	170	369	49
2020 年 12 月	15663	939	1059	116
2021 年 6 月	29144	2703	2621	320
2021 年 12 月	49666	5155	4607	535
2022 年 6 月	87471	10411	8681	1308

出典：法務省出入国在留管理庁特定技能在留外国人数速報より作成

用や日本での生活をサポートすることになっている。こういった支援事業を雇用主ができない場合については、地方出入国在留管理庁に届け出て認可を受けた「登録支援機関」に委託することもできる。当該外国人はいつでも同じ分野での転職が可能で、就労先に問題があれば支援機関が手伝うことになる。しかし、「技能実習生」の妊娠、出産にまつわる禁止の風潮が「特定技能」外国人を雇用する企業にもあり、予期しない妊娠を経験したベトナム人女性が日本の労働者と同じ権利を行使できていないことが報告されている（Mネット NO二二二）。女性の妊娠が自己責任であると問われ、自費で帰国せざるを得ず、出産後は子どもを家族に預けて再来日し、新しい就職先を探さなければならないという。

4 「看護」「介護」にかかわるニューカマー

「EPA看護師・介護福祉士候補者」

経済連携協定（EPA協定）による「看護師、介護福祉士候補者」受け入れは、今のところインドネシア、フィリピン、ベトナムに限られており、自国で看護師、介護福祉士の資格を持っている「候補者」が日本の病院や介護施設に受け入れられ、働きながら日本語研修をし、四年目には「看護師国家試験」または、「介護福祉士国家試験」に合格しなければならない。二〇一九年までに受け入れられたフィリピン人候補者は「看護師候補者」六九一人のうち、二〇三人が国家試験に合格している。そして「介護福祉士候補」は二〇九二人のうち、合格者は四二五人であった（厚労省ホームページ）。合格者は看護師、介護士として引き続き期限なく就労でき、家族の呼び寄せができる。

二〇二一年六月現在のフィリピン人の在留登録をみると、「特定活動（EPA対象者）」本人としての登録者が一四〇一人で、家族滞在が一四〇人（在留外国人統計）となっている。ちなみに二〇二一年の看護師国家試験のEPA（ベトナム、フィリピン、インドネシア）全体の受験者数は三三五人、合格者数は七〇人で、国籍別に見ると、ベトナムが二八人、フィリピンが二五人、インドネシアが一七人となっている（ベトナムニュース総合情報サイトVIETJO［二〇二一年三月三〇日］）。

この制度が始まったとき、マニラ在住の私の友人は候補者の面接や制度の説明などを通訳する仕事を得ていたが、三〇〇〇人もの応募者がいてその中から絞られた六〇〇人くらいを面接すると言っていた。日本の病院や介護施設とのマッチングで最終的に選ばれたEPA対象の「看護・介護福祉士候補者」たちは六か月間フィリピンで日本語研修を受け、来日する。そして、入国後は病院又は介護施設で働きながら勉強を続け、四年目に看護師・介護福祉士の国家試験を受験し、看護師・介護福祉士資格の取得を目指すことになる。不合格になった場合は一年間の滞在延長が認められ、就労しながら再度の受験に挑戦できるが、これで不合格になると帰国しなければならなかった。ところが、二〇一八年に新設された「特定技能制度」は、このEPA候補の帰国者が希望すれば再び日本での就労を可能にするものであった。「EPA介護福祉士候補者」が四年間の就労と研修に従事し、帰国後であっても、在留資格「特定技能・介護」を取得するための試験が免除され、「特定技能1号」として働くことができる。二〇二一年の特定技能在留外国人数（出入国在留管理庁）の内訳をみると、「介護分野」のフィリピン人五三五人のうち、試験ルートによる取得者が四四五人、技能実習ルートはゼロ、ＥＰＡ介護福祉士候補者ルートは九〇人となっている。

在留資格「介護」とは

介護分野でも外国人が介護福祉士の国家試験に合格することは難しいと思われるが、日本の高齢化が進み、質の高い介護人材が外国人にも求められるようになってきていた。兵庫県にもいつの間にか外国人が多く在籍する介護福祉養成学校が創設されていた。これらの養成学校を二年以上在籍した養成施設の卒業者は、国家試験を受けずに介護福祉士資格を取得できていたが、二〇一六年の「社会福祉士及び介護福祉士法」の一部改正により、国家試験合格が必須となった。ただし卒業年度により経過措置が設けられている。こういった養成学校に在籍する外国人は留学生としての資格外活動許可を取り、養

図Ⅳ-2　在日フィリピン人とベトナム人の在留資格別登録数（2021年）

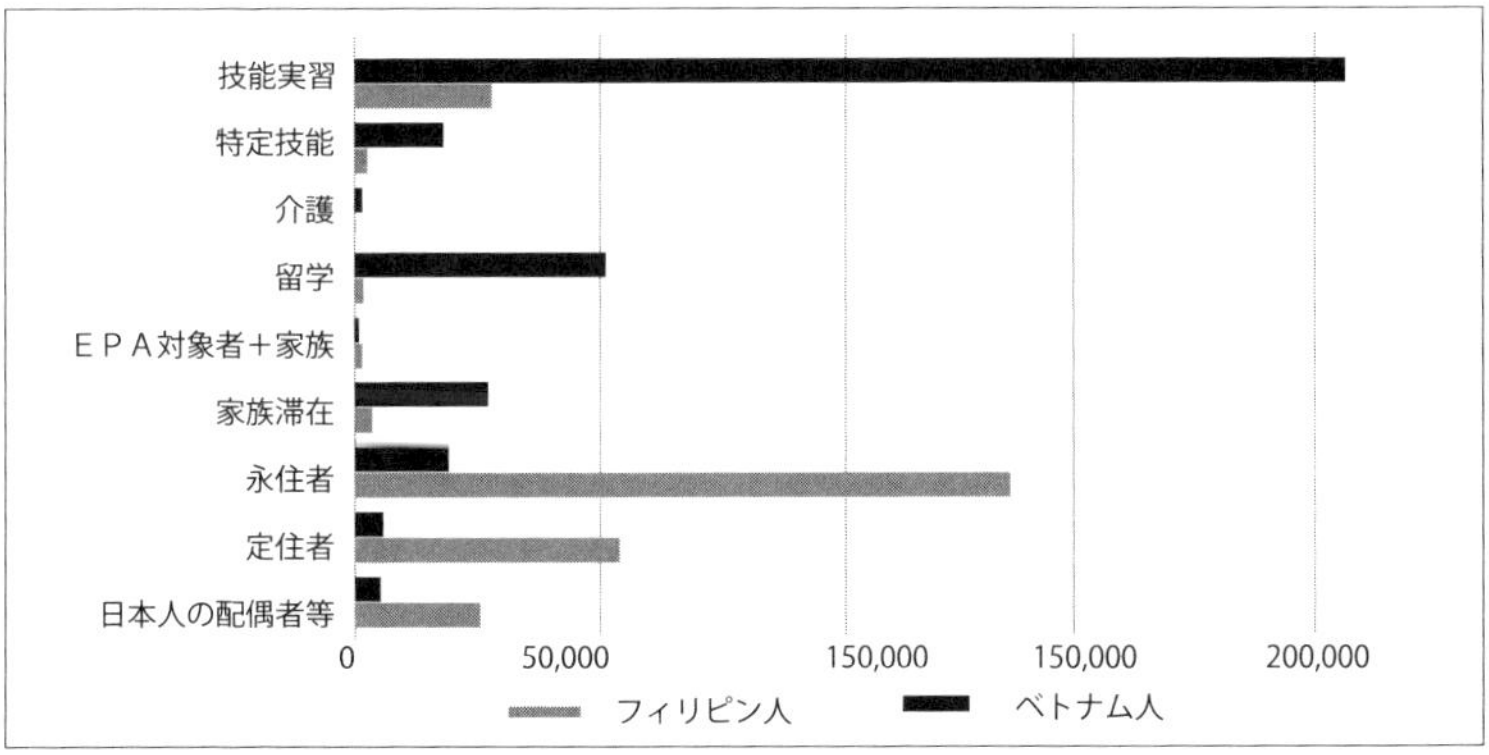

出典：法務省『在留外国人統計』より作成

成学校と提携する介護施設などで働きながら学資を得ることも可能である。兵庫県北部の丹波篠山市に全寮制の介護福祉士養成学校が二〇一七年に開校し、ベトナムから留学生を受け入れている（http //wellife.or.jp/sasayama）。留学生らは卒業後も五年間地域の介護施設で働き、介護士としての資格を得るという。このように介護福祉士資格を得た外国人が就労できるように「介護」の在留資格が創設され、二〇一七年九月から施行されている。二〇二一年の外国人登録には在留資格「介護」のフィリピン人は二七九人いるが、ベトナム人の登録者数は一五七二人にもなっている（表Ⅳ－４）。ベトナム人は日本に住む外国人のうち、中国人に続いて二番めに多く、「技能実習制度」が始まったころから増えている。この「介護」の在留資格を得ると、ＥＰＡ介護福祉士と同じく、家族の帯同が認められ、在留期間更新の回数も制限がない。

表Ⅳ－４　在日フィリピン人とベトナム人の在留資格別登録数

2021年	ベトナム人	フィリピン人
総数	450,046	277,341
技能実習	202,365	28,132
特定技能	18,191	2,621
介護	1,572	279
留学	51,337	1,770
ＥＰＡ対象者＋家族	852	1,541
家族滞在	27,351	3509
永住者	19,243	134,272
定住者	5,738	54,141
日本人の配偶者等	5,181	25,677

出典：法務省『在留外国人統計』より作成

「技能実習生としての介護」から「特定技能の介護」へ

二〇一七年一一月から技能実習制度のなかに「介護」分野が加えられた。介護固有の要件として日本入国時に基本的な日本語を理解できる程度の日本語能力が課され、またコミュニケーション能力の確保が要請されている。来日後一年は技能実習生1号として日本語と介護導入講習を受けながら、実際に介護の仕事につき、継続できれば技能実習生2号として二年、3号として二年の滞在が可能となる。在留資格の更新については、その都度の技能実習評価試験に合格していることが条件となる。

新たな在留資格「特定技能」の介護分野に移行するには、前述したように、介護分野の試験と日本語の能力試験に合格していなければならない。しかし、「技能実習生2号」を終了していれば、在留資格「特定技能」への移行が無試験で可能となる。在留資格「特定技能」では、さらに五年間の更新が認められ、介護分野での転職も自由にできる。「技能実習生」として入国し、五年間介護分野で就労し、その後「特定技能」に変更すればさらに五年間の在住が可能となる。今後はこのように長期在留型が多くなるのではないかと思われるが、今のところ、「介護」分野の「特定技能二号」への移行が認められていないので、このままでは帰国せざるを得ない。頑張って「介護福祉士」資格を取得すれば、在留資格「介護」が得られ、フィリピンにいる家族の呼び寄せも可能となるだろう。

厚生労働省の推計によると、二〇二五年に必要とされる介護サービス従事者数が約二四三万人、二〇一九年の従事者数二一一万人に比べると三二万人が不足していることになる。国は対策として「介護職員の待遇改善」や「多様な人材の確保、育成」、そして「外国人材の受入環境整備」についても取り組むとしている。外国人が介護職に従事するために、技能実習生、特定技能、介護（介護福祉士）といった複数の在留資格が用意され、新規入国のフィリピン移住者女性たちの仕事として「介護」が定着してきているように思える。「日本人の配偶者」や「定住者」、「永住者」などの「活動制限のない在留資格」を持つ女性たちの中でも介護職に就く人も多いが、一方で離職する人も少なくない。「毎日の仕事は入浴サービスばかりで腰を痛めた」、「利用者さんには好かれるが、他の職員からのいじめがある」、「報告書や日誌が書けないし、読めない漢字も多い」などの声をきく。政府は「外国人材の受入れ環境整備」を掲げているが、実際の介護現場での環境整備などもお願いしたい。

5 「家事支援」分野でのニューカマー

「特定活動」の家事使用人

フィリピン移住女性たちの仕事場として活用されてきた分野に、「家事労働」がある。世界的にみてもフィリピンからの移住者の多くは「ドメスティックワーカー」として働いている。しかし日本で在留資格を得るには、外交官や外資系企業で働く外国人幹部が雇用主であることが必要で、それらの外国人にも雇用するための要件が課せられている。こういった場合に限り、「特定活動」の家事使用人としての就労が認められている。

東京には各国の大使館やグローバル企業が集まっているが、フィリピン家事労働者のネットワークも東京にある。フィリピン人が多く集まる教会などで仕事の紹介や斡旋などが口コミで行われ、新しい仕事があればフィリピンの親族を呼び寄せるなど、潜在的ではあるが、活発に同業者ネットワークを広げてきたようである。二〇〇七年一一月号の移住連機関紙「Mネット」に記載されているブレンダ・レスレション・テネグラ氏によると、「在京フィリピン人家事労働者のネットワークには、三〇〇〇人ほどのフィリピン人女性家事労働者がいた」という。当時はフィリピンから日本への家事労働者仲介業者はなく、親族ネットワークや個人間での仕事の斡旋は安全であり、「相互扶助と利益の最大化が可能となる」、「このようなネットワークの力で家事労働のステレオタイプから解放され、彼女らがより良い雇用条件に向けた交渉を可能にしていった」とある。

しかしそのころでもすでに日本の一般家庭にも外国人家政婦が「静かに浸透」していたようである（朝日新聞二〇〇七年八月一〇日）。朝日新聞記事によると、「都心部中心　日本人家庭にも」とある。フィリピン人家政婦のJさんは週に六日、都内の日本人家庭四か所を回り、泊まり込みの場合も含めて三〇万円近い収入を得ている。しかし問題は、家事サービス会社などを通じて派遣される場合を除いて、労働基準法が個人の家庭で雇用される「家事使用人」に対しては適用されず、突然の解雇や契約違反に対しても弱い立場にあることだった。

都内の家事サービス会社にはフィリピン人スタッフが約一〇〇人登録しており、日本人の配偶者や定住者、永住者といった「活動に制限のない在留資格」で、日本人のなり手が少ない業界の穴埋めをしている。フィリピン人女性たちにとっても時間調整ができ、短時間の派遣で働ける職場は子どものいる家庭では有難いが、「家庭」という職場は、閉ざされた空間で多様な家事内容に対処しなければならず、介護分野での就労ほど在日フィリピン人には広がっていないのではないだろうか。

特別区での「外国人家事支援人材」受け入れ

一般の日本人家庭に外国人の家事支援サービスを拡大しようとしたのが、二〇一七年の「特別区における家事支援人材の活用」だ。これは、経済成長を念頭に置いた「規制緩和」のための国家戦略特区制度の一つで、家事代行サービスの市場規模拡大を狙っている。それまでの入国管理法にはなかった一般向け「家事支援人材」の資格（「特定活動」）を設け、二〇一七年三月から「特区」に限り外国からの人材受け入れを可能にした。特区とは、現在、東京都、神奈川県、愛知県、大阪府、兵庫県、千葉市となっている。

これに先立って二〇一五年に、移住連とアジア女性資料センターは「家事支援人材を受け入れるための国家戦略特別区域法及び構造改革特別区域法の一部を改正する法律案に関する要望書」を提出した。この特区法の前提とされた「日本の女性の活躍推進」のために「外国人家事支援」を容認するという施策は「家事は女性の役割」というジェンダー規範の固定化につながらないか。一九七五年の第一回世界女性会議がメキシコシティで行われたときに発展途上国の女性たちが先進国の女性たちにジェンダーの南北問題を突きつけた。先進国の女性解放は途上国の移住女性たちの搾取された「家事労働」の上で成り立っているという四〇年も前の指摘を思い出す。なぜ、日本の女性が活躍するために「外国人の家事支援」が必要なのか、立案者に聞いてみたい。また家事支援という仕事の範囲が曖昧で、家庭という閉じられた仕事場が、外国人が働く環境として適切であるのか、外国人材の送り出し機関、受け入れ機関の適格性の問題、外国人雇用の上での人権侵害や問題が発生したときの担当機関の明確化などの要望が出された。

整備された「外国人家事支援人材」の枠組みは以下のようになっている。受け入れ事業者は、国家戦略特区として認められた自治体と地方入国管理局、都道府県労働局、地方経済産業局などの国の機関で構成される「第三者管理協議会」が認可し、その管理のもとに置かれる。認可された受け入れ事業者（家事代行サービス会社）は、対象となる外国人を労働者としてフルタイムで直接雇用し、家事代行を利用する家庭に派遣する（住み込みでの形態は不可）という仕組みになっている。現在認可されている日本の受け入れ事業者は、掃除のダスキン、人材派遣のパソナ、保育のポピンズ、家事代行のベアーズ、介護のニチイ学館、在日フィリピン人女性で家事代行を行っていたピナイ・インターナショナルなどがある。これらの事業者は受け入れにあたって、フィリピンの送り出し機関との提携が必要となる。「外国人家事支援人材」の送り出し国は現在のところ、フィリピンのようであるが、フィリピンでは海外移住労働者の送り出し業者が多く、それらはフィリピン共和国海外雇用庁（ＰＯＥＡ）の管理下におかれている。「家事支援人材」の送り出し養成機関が日本の受け入れ企業と提携し、現地で対象となる「ハウスキーパー」を募集し、必要な研修（コミュニケーション、安全衛生、顧客との関係構築、専門能力など二〇〇時間以上）を受け入れ企業から委託されて行っている。

二〇一七年三月にはフィリピンから二五人の「家事支援人材」第一陣が来日し、二週間の研修を受けたのち、神奈川で働き始めた。「来日したのは人材派遣大手パソナが雇用する女性たちで全員がスーツ姿。フィリピンで二か月半、日本家屋を再現した施設で日本語やみそ汁の作り方の研修を受けてきた（毎日新聞二〇一七年三月九日）」。女性たちは、実務経験一年以上、家事支援の国家資格、日本語能力や専門知識取得のための研修を受けるなど、かなりハードな条件をこなし、三年間の就労に胸を膨らませていたに違いない。

突然の契約解除、フィリピン人女性は

行政が監督する「外国人家事支援人材」事業ということで始まった「外国人家政婦」の解禁だっ

たが、二〇二一年、フィリピン人女性二〇六人が人材派遣会社「ニチイ学館」から雇い止めや退職を迫られ、契約を更新されないという事態がおきていた。ニチイ学館は、日本での家事代行業の需要増を見込み、二〇一八年に特区での事業に参画し、二〇二〇年三月末で六九五人まで受け入れを拡大してきた。しかし予想ほど家事代行スタッフの需要は伸びず、左記の東京新聞にあるような事態となった。ニチイは、別の企業への斡旋はせずに帰国を求め、九八人が帰国、日本に残った一〇八人のうち、四八人の所在が把握できていないという。

二〇二一年三月五日東京新聞電子版

ニチイ学館２０６人契約更新せず
フィリピン人女性48人所在不明　家事支援で来日　国・都が調査

内閣府の国家戦略特区で家事支援従事者として就労を認められ、来日したフィリピン人女性２０６人が、雇い止めや自己都合退職により、大手医療介護人材派遣会社「ニチイ学館」（東京都千代田区）から契約更新されず、うち48人の所在が把握できていないことが同社の調査で分かった。４日、内閣府や都などで構成し、受け入れ事業を管理する第三者管理協議会が当事者から聞き取りを始めた（望月衣塑子）。

国の指針では本人が在留を希望する場合、雇用主は新たな受け入れ先の確保に努めるという規定があるが、同社は女性らに意向確認や別の職場の紹介をしていなかった。

第三者管理協議会は、この日、フィリピン人女性らから、辞めるに至った経緯や現在の状況、就労希望などを聞き取った。

女性らは「当初、3年の就労と言われてきたが、2年で契約更新はないと言われショックを受けた」などと答えたという（後略）。

外国人家事支援事業の仕組みをみると、外国人当事者が苦情相談できるのは雇用主である「ニチイ」か「第三者管理協議会」となっている。どれだけの外国人当事者が解雇や人権問題をこれらの「相談機関」に訴えることが可能なのだろうか。政府主導の外国人家事支援事業であるのなら、今まで起きてきた外国人技能実習生からの訴えを参考にするべきではなかったか。移住連や女性団体が本事業に伴っておこり得る労働者の人権侵害を危惧して、二〇一五年に要望者を提出していたことは前述した。日本経済戦略のための「女性の活躍推進」という名目で外国人家事支援人材、外国人労働者の拡大を進めるのであれば、受け入れ機関の的確性審査、監督、違反勧告等の罰則規定を定める国内法の整備が必要であった。どれだけ外国人家事支援労働者に制度の仕組みや日本での労働者の基本的権利、相談窓口の周知がなされていたのだろうか。今回もまた、当事者たちが駆け込むことが出来たのは同胞の知りあいか、外国人の相談を受けている支援団体であった。

「神戸外国人救援ネット」で出会ったKさんもその一人で、延長してもらった六か月の在留期間のうちに、他の在留資格取得を目指して日本語の猛勉強中である。在留資格「特定技能」への変更が可能ないくつかの能力テストに合格しなくてはならない。しかし将来の見通しも立たず、出稼ぎにきた日本で仕事もなく、ただ能力テストの勉強をしなければならなかったとは思いもよらなかっただろう。このような事態を招いた日本は、貴重な労働力を無駄にしているのではないか。

二〇二一年四月六日の東京新聞電子版ではこう締めくくられている。「安倍前政権は一九年度からの五年間で最大三四万人の外国人労働者を迎え入れるとし、菅政権もこれを踏襲した。コロナ禍でも清掃業や一部ホテルなどでは人手不足が生じている。家事代行での需要がないならば、国も早急に実態を把握し、需要の多い特定技能への移行を模索するなど支援策はあったのではないか」。

この問題が発覚してから、一年以上になるが、雇い止めされた人たちへのその後の救済措置はとられたのだろうか。「ニチイ学館」は二〇二一年九月に官制の第三者管理協議会から指導を受けただけで、外国人家事支援人材受け入れの特定機関としての許可取り消しなどはなく、外国人による家事代行サービスを続けている。

二〇二〇年二月以降、新型コロナウイルス流行の水際対策もあり、新規入国者や、帰国した外国人の再入国を規制しており、外国人労働者の新規受け入れが難しい。二〇二一年の外国人入国者数は約三五万人で、前年に比べ約三九五万人（約九一・八％）減り、新規入国者数は約一五万人で、前年に比べ約三四三万人（約九五・八％）の減少だった（出入国在留管理庁）。移住者送り出し国であるフィリピンでも出入国が容易ではなかったが、少しずつ人の往来も戻ってきている。

二〇二二年一月、厚生労働省より「『外国人雇用状況』の届出状況まとめ」が公表され、二〇二一年一〇月末時点の外国人労働者数は一七二万七千二二一人となった。「外国人雇用状況の届出」が義務化された二〇〇七年以降で最多を記録している。コロナ禍のなかでも外国人労働者数は微増し続けている。近い将来の見通しすらたたない昨今ではあるが、外国人移住者が労働力だけではなく、日本社会の住民として受け入れられる社会の構築が必須であることは間違いない。

参考文献・資料

衆議院調査局法務調査室「外国人研修・技能実習制度の現状と課題」平成二〇年一月
厚労省HP＝https://www.mhlw.go.jp/stf/seisakunitsuite/bunya/0000025247.html
ベトナムニュース総合情報サイトVIETJO［二〇二一年三月三〇日］
タガログニュース『ＫＡＰＩＴ　ＢＩＳＩＧ』ワークメイト　二〇一四年〜二〇二〇年
移住者と連帯するネットワーク『ＭＩＧＲＡＮＴＳ　Ｎｅｔｗｏｒｋ』（Ｍネット）各号
定松文「グローバルなケアの《分析》」『世界』岩波書店　二〇二〇年一月

日比移住関連年表

明治、大正期には日本からの海外出稼ぎ者、「からゆきさん」が外貨獲得に貢献。

- 1903（明治36）年　フィリピンの北、ベンゲットロード建設に多数の日本人労働者が移住。1904年、南のダバオではマニラ麻の栽培で日本人移住、日本人街が形成される。
- 1917−1924年　マニラやダバオで日本人会や日本人小学校が多数設立される。
- 1939（昭和14）年　フィリピン全土の邦人数2万9262人を記録。
- 1942（昭和17）年　日本軍、マニラを占領、フィリピン全土に軍政布告。
- 1945（昭和20）年　日本敗戦、日本軍のフィリピン占領が終わる。
- 1956（昭和31）年　日比賠償協定、マニラで調印。
- 1968（昭和43）年　フィリピン航空がマニラ―東京の運行を開始。
- 1970（昭和45）年　フィリピン政府が観光入国者ビザを無しとした。戦後の復興を急ぐ日本は東南アジアの資源を得るため商社マンが海外に進出、「エコノミックアニマル」と呼ばれながらも、高度経済成長期を支えた。海外への人の移動が活発化し、日本の旅行産業界がさまざまなツアーを提供した。そのなかには「セックスツアー」「買春観光」と呼ばれた団体旅行があり、日本の男性たちがマニラのホテルでフィリピン女性と過ごす「観光」は両国で当時の社会問題となリ、抗議デモが起きた。日本の国会でも取り上げられ、「買春観光」は下火になっていったが、その後はブローカーの手でフィリピン女性が「エンターテイナー」として日本に送り込まれるようになった。

1979（昭和54）年
フィリピンだけでなく、タイなど東南アジアから日本に出稼ぎにくる女性たちは性産業に絡め取られ、人身売買の犠牲者が増えていく。この年、「じゃぱゆきさん」元年とされる（『じゃぱゆきさん』山谷哲夫）。日本が「国際人権規約」批准。

1980（昭和55）年
外国人と結婚している日本女性の子どもに日本国籍がないという父系優先血統主義の「国籍法」改正を訴え、「国際結婚を考える会」が発足。

1982（昭和57）年
日本政府「難民条約」を批准、内外人平等が謳われる。「出入国管理及び難民認定法（入管法）」に「日本人の配偶者及び子」の在留資格が新設される。

1984（昭和59）年
「国籍法」が両性平等に改正され、翌年から施行される。この時に「国籍選択制度」導入される。

1985（昭和60）年
「女子差別撤廃条約」日本批准。

1986（昭和61）年
人身売買被害者拡大。被害女性のシェルター、女性の家「HELP」が開設される（東京）。農家の男性と結婚する「農村花嫁」、仲介業者を通した「アジア人花嫁」の移住が増える。

1985〜1995年
各地で外国人支援団体が設立される。

1988（昭和63）年
フィリピンで「バティスセンター」が設立される。

1989（昭和64、平成1）年　改定入管法成立、南米からの日系人出稼ぎ本格化。

1990（平成2）年　「不法就労」対策、不法就労助長罪、技術研修生の在留資格「研修」創設。

1991（平成3）年　「すべての外国人労働者とその家族の人権を守る関西ネットワーク」RINK結成（大阪）。フィリピン人女性、マリクリス・シオソンが日本で拷問殺害される事件が発生。そのためフィリピン労働雇用省は海外芸能人の資格を23歳以上とした。

1993（平成5）年　外国人超過滞在者が29万８０００人以上となる。
フィリピンの女性団体「バティスセンター」が、フィリピン人母と日本人父を両親とする子ども（ＪＦＣ）の日本人父探しを日本で展開。「父に会いたい」が社会問題化、ＪＦＣ弁護団が結成される。技術、知識を開発途上国へ移転し、経済発展を担う人材作りとしての「技能実習制度」が始まる。

1994（平成6）年　フィリピン労働雇用省が「芸能人資格認定証（ＡＲＢ）」制度を設ける。ＪＦＣの人権を守る「ＪＦＣネットワーク」設立（東京）ＪＦＣの父親探しが始まる。帰国後のフィリピン人女性の仕事支援「アジア女性自立プロジェクト」ＡＷＥＰ（神戸）始まる。

1995（平成7）年　阪神・淡路大震災。「ＮＧＯ神戸外国人救援ネット」設立（神戸）。世界女性北京会議。大阪のフィリピン人女性が日本人父から認知された長女の国籍確認を求める裁判を開始。

1996（平成8）年　「移住労働者と連帯する全国ネットワーク（移住連）」結成。毎年全国集会を各地域で開催。日本人との間に生まれた子どもを養育する外国人親の在留資格「定住者」枠を拡大。

1997（平成9）年 技能実習期間、研修期間1年から3年に延長。

1998（平成10）年 フィリピンに「マリガヤハウス」（「JFCネットワーク」マニラ出先機関）開設。

1999（平成11）年 「男女共同参画社会基本法」「児童買春等禁止法」制定。移住連女性プロジェクト発足。

2001（平成13）年 「DV防止法」制定、10月施行。

2002（平成14）年 大阪の国籍確認訴訟、最高裁で敗訴。

2003（平成15）年 「人身売買禁止議定書」発効。人身売買禁止ネットワーク「JNATIP」発足。

2004（平成16）年 米国務省「人権白書」の「人身売買レポート」において、日本が性産業で働く女性たちの人身売買を放置している国と指定され、監視対象国となった。政府は人身取引対策行動計画を発表。改正「DV防止法」制定、「外国人被害者」の保護が追加される。

2005（平成17）年 入管法改正、エンターテイナー（興業）ビザ厳格化。日本人男性とフィリピン人女性の子ら9人が出生後認知による日本国籍確認を訴える。

2007（平成19）年 米国務省「人権白書」で日本の研修・技能実習で働く外国人も「人身売買」であると報告。

2008（平成20）年 最高裁にて出生後認知の子どもの日本国籍が認められる（6月4日）。「日比経済連携協定（EPA）」発効。（人の移動・ケアーワーカーの導入が可能となる）。

2009（平成21）年　出生後日本人父に認知された子の日本国籍を認める改正「国籍法」施行（1月1日）。EPAによるフィリピン人看護師、介護福祉士候補者の受け入れが始まる。

2010（平成22）年　在留資格「技能実習」創設。

2011（平成23）年　東日本大震災、福島第一原子力発電所事故により多数の外国人が帰国。

2012（平成24）年　改正「入管法」及び改正「住民基本台帳法」が施行され、外国人登録制度廃止。外国人登録証明書に替わる在留カード発行。外国人も住民基本台帳に記載される。

2014（平成26）年　JFCとフィピン人の母親が介護施設経営者やブローカーにだまされるケースが多発。日本政府「ハーグ条約（国際的な子の奪取に関する条約）」に加入。

2015（平成27）年　高度人材受け入れのための在留資格「高度専門職1号、2号」新設。国家戦略特区に限り、「特定活動」に「外国人家事支援」資格導入。「国家戦略特別区域法」の改定。

2016（平成28）年　フィリピン政府「ハーグ条約（国際的な子の奪取に関する条約）」に加入。「技能実習法（外国人の技能実習の適切な実施及び技能実習生の保護に関する法律）」制定。

2017（平成29）年　在留資格「介護」創設、介護福祉士の資格を有する外国人対象。新技能実習制度実施。在留資格「技能実習」に「介護」分野が追加される。フィリピンから「外国人家事支援」で来日。

2018（平成30）年　「経済財政運営と改革の基本方針2018（骨太の方針）」閣議決定、外国人労働者拡大へ。在留資格「特定技能」（「特定技能1号」「特定技能2号」）の新設（翌年

4月から受け入れ）。

2019（平成31、令和1）年 「日本語教育の推進に関する法律」制定。外国人への日本語教育機会の拡大を目指す。

2020（令和2）年 新型コロナウイルス感染症流行のため、水際対策として外国人の新規入国等が規制される。

2021（令和3）年 水際対策の強化により、留学生、技能実習生等の入国制限。

ニチイ学館206人の外国人家事支援契約更新せず。

2022（令和4）年 水際対策の緩和。移住連「技能実習制度廃止全国キャラバン」を展開。

おわりに

書き残したことがまだまだあるように思う。ただ、フィリピン移住女性の四〇年を簡単に一冊の本にまとめることはできないにしても、一個人の記憶の記録を残すことはできたのではないだろうか。

阪神淡路大震災の経験が前年に始めていた「アジア女性自立プロジェクト」の活動範囲を広げ、国内の移住女性とのつきあいが始まった。主に日本人男性と結婚しているアジア女性たちで、フィリピン人が多かったがタイやインドネシアからも来ていた。活動拠点を提供してくれた「カトリックたかとり教会」は難民として日本に定住したベトナムの信者さんが集う場所でもあったが、震災で聖堂が全焼し、ベトナムから届いたというキリスト像が取り残された。その後は全国から集まったボランティアが救援に動き、仮設の建物がたち、紙筒のペーパードームができ、多言語の地域ラジオ「FMわいわい」が立ち上がった。たかとり救援基地はいつの間にかベトナム人だけでなくラテンアメリカの人たち、ブラジル人たちも集まる場となり、「アジア女性自立プロジェクト」にも仮設の部屋を提供していただいた。被災した外国人女性とのつながりを築くために日本語クラスやワープロ・パソコン教室を開始し、情報発信、生活相談も行った。フィリピン人女性からの相談だけに限っているのではなかったが、多くはフィリピン人女性たちだった。

日本に出稼ぎに来ていたフィリピン人女性たちが帰国後も仕事ができるように準備してきた甲斐があり、フィリピンの団体から製品が送られてきていた。それらを販売し、生産者を支えることが当面の課題だったが、後にはタイやインドネシア、ネパールといった国の女性の仕事作りにも協力することになった。村の女性たちの家族を支える出稼ぎは、人身売買の被害者になる危険があった状況のなかで、先進国の支援団体はフェアトレードという小規模生産者を支える市場を開拓し、女性たちは伝統工芸の継承やもの作りによる生活手段をかろうじて獲得していった。海外から製品を仕入れ、販売する「貿易ビジネス」も知らずに手探りで始めていたときに、地域の問題をビジネスで解決するという「コミュニティビジネス」に出会った。日本にいるフィリピン人女性たちがビジネスとしてやってくれたらなどと考えていたが、それは夢に終わった。

アジア女性の仕事作り支援は継続させたいという思いで、二〇一四年に「ワークメイト」という団体を発足し、フィリピン人女性にも加わってもらった。その近くにはカトリック中央教会があり、教会の社会活動センターの一角で外国人からの相談を受けてきたNGO神戸外国人救援ネットがある。多言語での相談体制が整い、相談件数は年々多くなっていた。特にフィリピン人女性からの相談が多く、人身売買被害、DV被害などで、私は運営委員ではあったが時には同行などの支援にまわった。震災時に活動していたフィリピン人コミュニティはなく、私は常々、相談に来た人たちが安全な場所で安心してつきあえる仲間、お互いに助け合えるようなコミュニティがほしいと思っていた。もちろんそういう思いはフィリピン人の中にもあった。まず「ワークメイト」が日本語教室を開設し、子どもたちも同時に学校の勉強が見てもらえるボランティアを募った。「マサヤン・タハナン（楽しいホーム）」という名前をつけた一〇人ほどの学習グループが「居場所作り」事業として発足した。現在、五〇数人が登録するフィリピン人コミュニティ「マサヤン・タハナン」は在日フィリピン人の手によって運営され、仕事や生活のための学習機会を提供し、フィリピン文化の紹介や母語での相談事業もできるように成長している。今後もこのようなコミュニティ活動を維持していけるかどうかは、当事者の自助努力だけでは十分ではない。日本社会が外国人を受入れ、包摂していく力が問われている。

二〇二〇年以降新型コロナウイルスの流行で、私はフィリピンへの訪問ができていない。マニラで手作り製品を作り地元での販売もできるようになっていた「ランパラハウス」はフィリピンの経済活動がコロナ禍停滞すると収入の道が途絶え、二人になったメンバーはそれぞれの家に帰ったまま、復帰の日処も立っていない。立派な縫製の技術を持ちながら自分たちの地域で活かせず生活ができない状況では、再び海外移住を考えざるをえないのではないか。しかしながら日本はこのような人たちの受け皿にはなっていない。借金して日本語学校に通い、仲介業者を通して技能実習先が決められる。昔は借金してダンス学校に通い、仲介業者を通して「お店」が決まるというパターンだった。今は自分で仕事を探す事もできる熟練労働者向けの特定技能という制度があるが、業種が限られ、誰でもできるというわけではなくハードルが高い。

日本はフィリピンやアメリカ、南米などに自国民を移民として送り出してきた国である。しかし、移民の受け入れは否定し、労働力不足を補うためのローテーション移住でやり繰りしてきた。韓国もかつては移民送出国であったが、今では外国人労働者の受け入れに積極的で、国家間で取り決めをする労働許可制を採用し、非熟練労働者や国際結婚移住者の社会統合プログラムが国家予算に組み込まれている。社会統合プログラムの実施機関は、二〇二〇年八月現在、全国三七四ヵ所になる。そこでは韓国語及び社会、文化理解コースが四一五時間受けられ、教材費を除いて無料で提供される。終了者には永住権や帰化申請に有利な措置があるらしい。外国人の参政権についても二〇〇五年から永住権を取得した外国人は三年後からの地方選挙に投票ができるようになっている。更に、移民国家カナダのケベック州ではこんな話も聞く。公用語がフランス語のケベック州政府のフランス語講座が移住してきた外国人は誰でも無料で受けられ、初級、中級、上級で約一年、一日五時間のフルタイム受講者は交通費のほかに週二〇〇ドルが支給されるという。

日本は二〇一九年に「日本語教育の推進に関する法律」を制定し、国や地方自治体、事業主の日本語教育の推進、及び実施する責務を明記した。しかし地域でボランティア日本語講座を開設する末端には未だにその施策が見えない。周りを見ても私たちのように日本語クラスをボランティアで開催しているところが多く、外国人受講者にとっても十分な時間を提供できていないのが現状である。日本には人口の二パーセントが外国籍住民となっているが、言いかえればたったの二パーセントに対する十分な統合施策さえ取れていないと言えるのではないだろうか。

本書の「おわりに」を書いている十月一五日、移住連メーリングリストに熊本の「コムスタカ」からメールが届いた。「二〇二一年五月末にコムスタカで保護した妊娠中のフイリピン女性（介護の元技能実習生）による妊娠出産を理由に退職を強要されたことへの損害賠償請求訴訟を十月一二日に提訴しました。」という内容だった。技能実習生の妊娠、出産の権利はこれまでの判例や規則で守られているはずである。にもかかわらず女性は監理団体や受入れ施設からの圧力で帰国せざるを得ず、出産後に来日し仕事を続けることを望んだがそれも叶わなかった。

なぜこのような問題が繰り返されるのだろうか。監理団体や受入れ機関は外国人移住者を人間として扱わず、労働力としてしか見ていないのではないか。その背景には外国人差別、女性蔑視の文化がある。外国人の労働力に頼らざるをえない日本は十分な制度設計をせずに外国人労働者を増やしてきた。しかしそれらは三年や五年ごとに入れ替えのきく労働力であって、定住や永住を想定しているのではない。日本人との結婚で配偶者資格を得ていても、夫から暴力を受け離婚に追いやられると、子どものいない外国人女性は在留資格を失う。女性が暴力の被害者であってもそれまでの日本での生活はなかったことになり、帰国を迫られる。日本では、そもそも外国人を日本社会のメンバーとして受け入れることが前提となっていない。そのこと自体が外国人の人権をないがしろにしている原因なのではないか。
外国人である被害者が裁判に訴えることができるのは氷山の一角に過ぎない。このような当事者の声を聞き、日本社会に拡散し、行政を動かす力になってきたのが、地域で外国人と共にありたいと活動する市民団体である。外国人移住者の経験から学ぶことは多く、二世、三世の世代も成長している。これからも外国人移住者と共に歩むことができる社会の構築を望みたい。

もりきかずみ

最後に、いろんなことを学ばせてくれたフィリピン女性の皆さんに感謝し、本の出版を実現してくださった明石書店の黒田貴史さんにお礼を申し上げます。

二〇二二年一〇月

〈著者紹介〉
もりきかずみ（森木和美）
1944年9月生まれ。関西学院大学卒業後、ベルギー、ルーヴァン大学に3年間在籍。米国に3年、ブラジルに5年美術を学びながらの子育て、1979年帰国。「国際結婚を考える会」発足、国籍法改正運動に取り組む。1990年以降、アジア女性と日本人男性の子どもの国籍や在留問題、人身売買の犠牲になる母子の存在が顕在化し、フィリピンでの仕事作りを目的に1994年「アジア女性自立プロジェクト」創設、2014年まで代表を務めた。その後、在日外国人女性の仕事支援、フィリピン人母子の居場所として始めた「ワークメイト」から、「マサヤンタハナン」日本語クラスが成長し、フィリピン人が運営するコミュニティに発展。現在はそこでのコーディネーターを務める。主な著書『国際結婚ガイドブック』『国籍のありか』（明石書店）

カバー絵「海を越えて」もりきかずみ

フィリピン移住女性と日本社会　**40年のインタラクション**

2023年1月25日　初版　第1刷発行

著　者　もりきかずみ
発行者　大　江　道　雅
発行所　株式会社 明石書店
〒101-0021　東京都千代田区外神田6-9-5
電話 03（5818）1171
FAX 03（5818）1174
振替　00100-7-24505
http://www.akashi.co.jp/
装丁　明石書店デザイン室
印刷　株式会社 文化カラー印刷
製本　協栄製本株式会社

（定価はカバーに表示してあります）　ISBN978-4-7503-5525-2